KB051763

파이브 포인츠

양원주 지음

BOOK STAR

추천사

오늘날 '학교 교육'하면 떠오르는 대명사는 공존의 혁신 미래 교육, AI 교육의 대전환, 인공지능 교육 등 다음 세대를 위한 '미래 교육'이다. 최근 내 자녀를 미래 교육의 주인공으로 성장시키기 위해서 가정에서 이루어지는 미시적이고 실천적인 교육 방법의 중요성이 커지고 있다.

"가장 귀중한 교육은 가족에서 얻는다."라는 톨스토이의 말처럼 자녀를 미래 인재로 키우는 교육에서 가장 기본이 되는 전제는 '우리 가정부터'라는 명제이다. 가정은 자녀의 성장에 있어 가장 중요한 교육기관이라고 할 수 있다. 저자는 '우리 가정부터' 실천해 볼 수 있는 실질적인 사례와 실천적인 교육방법을 다섯 가지 지수-질문 Points로 녹여 내었다.

부모님이 바라는 미래 인재로서 소중한 내 자녀 잘 키우기를 위해서 이 책은 유익한 지침서가 될 것이라고 생각하며, 오랜 세월 학교 현장을 지켜본 교육자로서 이 책을 적극 권장한다.

서울 신천초등학교 교장 **이선주**

"행복한 가정은 서로 닮았지만 불행한 가정은 모두 저마다의 이유로 불행하다." 톨스토이의 소설 〈안나 카레니나〉에 나오는 첫 문장이다. 양원주 작가의 〈FIVE POINTS〉는 미래 시대를 살아갈 자녀의 행복한 삶을 위해 필요한 공통 역량이 무엇인지에 대한 명쾌한 답을 제시하고 있다.

서울 중광초등학교 교사 **신배화** (『결국 인성이 이긴다』 저자)

아이를 미래의 인재로 키우려면 학부모도 교사도 함께 노력해야 합니다. 그건 마치 알을 깨고 세상 밖으로 나오려고 병아리와 어미 닭이 안팎에서 열심히 알껍데기를 쪼아 대는 것과 같이 저자가 어미 닭의 역할을 자처하고 나섰기 때문입니다. 이 귀한 책을 통해 아이가 학교와 가정에서 늘 질문을 품고 자라날 거라 믿어 의심치 않습니다.

칠곡 석적초등학교 교사 **이ㅇㅇ**

추천사

〈FIVE POINTS〉는 가정에서 아버지도 육아와 가정교육에 주도적으로 참여하기를 권합니다. 책에는 작가가 쌍둥이 자녀의 초등 교육에 적극적으로 참여하며 얻은 경험을 바탕으로 부모가 지켜야 할 원칙과 쉽게 적용할 수 있는 노하우를 지루하지 않게 지식과 사례로 설명합니다. 저 역시 초등학교 담임교사이자 동시에 두 아이의 아빠로서 곁에 두고 읽을 만한 책이라 생각되어 추천합니다.

서울 석계초등학교 교사 **박**ㅇㅇ

부모, 교사, 그리고 어른으로서 생각해야 할 부분들을 세심하게 짚어낸 책입니다. 창의, 공부, 감성 지수뿐만 아니라 현실에서는 함께 역경 지수와 공존 지수의 필요성이 절실히 대두되고 있습니다. 쌍둥이를 키우면서 끊임없이 고민하며 노력해 온 저자의 글이 그래서 더 공감이 가고 마음에 와닿습니다. 네 명의 아이를 키우는 엄마이자 초등 교사로서 저자가 제시하는 다양한 질문이 아이뿐만 아니라 부모로서도 성장하는 디딤돌이 되리라고 생각합니다.

서울 신상도초등학교 교사 **한**ㅇㅇ

"우리 아이가 스스로 행복한 삶을 살아가는 데 필요한 힘!" 이 책은 여전히 '잘해야 한다.'라는 것만 강조하는 교육에서 벗어나 한 명 한 명의 소중한 자아를 빛나게 하는 FIVE POINTS 힘을 알게 됩니다. 가정에서, 학교에서 좀 더 따뜻한 시선으로 아이들을 바라보며 참된 성장과 행복 교육으로 변화를 일으키는 기회를 얻게 될 것입니다. 우리가 원하는 미래를 위해 '더 중요해져야 할 교육'이 이 책을 통해 실현되기를 기대합니다.

서울 경인초등학교 교사 **김**ㅇㅇ

모든 부모는 자녀가 올바른 사람으로 성장하길 원한다. 이 책은 자녀교육과 관련된 수많은 고민과 질문을 'Five points'로 일목요연하게 정리하고 '전문가'와 '아버지의 입장에서 그에 대한 해답을 제시한다. 무서운 속도로 변하는 세상 속에서 더 이상 자녀교육이 두렵지 않고자 하는 분들에게 담담하게 권한다.

서울 새솔초등학교 교사 **홍**ㅇㅇ

이 책은 내 아이의 더 나은 미래를 위한 폭넓은 주제를 다루며, 학교생활, 감정관리 등 다양한 측면을 다룹니다. 5Q 성장을 위한 실제 경험담과 사례 연구를 통해 현실적인 가이드를 제공하며, 아이와의 긍정적인 관계 구축에 초점을 둡니다. 전문적인 내용을 쉽게 접근 가능한 언어로 풀어내어 부모들에게 큰 도움이 되리라고 판단됩니다.

파주 운정초등학교 교사 **문**ㅇㅇ

아동교육의 전공자가 아님에도 불구하고, 아동교육에 대한 이토록 심도 있는 연구는 저자가 얼마나 교육에 진심인지를 알려 준다. 특히 마지막 장에 언급된 공존지수는 가정에서 꼭 지도해 줬으면 하는 부분이라 매우 중요하게 생각되었다. 지금 공교육이 처한 상황에서 많은 학부모가 널리 읽어줬으면 하는 책이라 추천한다.

서울 시흥초등학교 교사 **엄**ㅇㅇ

자녀를 양육하면서 느끼는 불확실한 미래에 대한 불안감을 해소하고, 아이들의 어떤 역량을 어떻게 키워 줄 것인가에 대한 해답을 명쾌하게 제시하는 작가의 통찰력이 감탄스럽습니다. 아이들을 더 좋은 사람으로 성장시키고, 행복한 삶을 영위하는 최고의 인재로 키우고 싶은 학부모님들과 교사들에게 이 책을 권합니다.

서울 명일초등학교 교사 **전**ㅇㅇ

추천사

미래 사회를 비롯한 미래 교육에 대한 걱정이 일선 현장에서도 깊어지고 있습니다. '질문을 잘하는 방법이란?'과 같은 다소 막연한 주제에 대하여 학부모의 눈높이에서 다양한 잣대로 해법을 제시하고 있습니다. 학령기 아이들을 올바르게 키우는 데 고민이 많은 부모에게 여러모로 유익한 지침서가 될 것으로 기대합니다.

서울 한산초등학교 교사 **엄**ㅇㅇ

미래를 살아갈 우리 아이들에게는 새로운 교육이 필요하다는 교육계의 중론에 하나의 지침이 될 수 있는 책입니다. 작가는 창의력, 비판적 사고력 등을 주로 다루면서도 훗날 의사소통 능력과 협업 능력 등으로 발현될 인성 교육에 대한 부분도 놓치지 않았습니다. 아이들에게 가장 좋은 선생이자 교보재인 우리 부모들의 교육관 정립에 좋은 길잡이가 되어 줄 수 있으리라 생각해 이 책을 추천합니다.

서울 신양초등학교 교사 **조**ㅇㅇ

PROLOGUE

세계적인 석학 유발 하라리(Yuval Harari)는 "AI는 거의 모든 직업에서 인간을 밀어낼 것이며 새 직업이 생기더라도 인공지능이 그 자리를 차지할 테니 새로운 대책이 필요하다."라고 말했습니다. 2045년에는 '기술적으로 인공지능이 인간의 지능을 넘어서는 시점'이라는 의미의 싱귤래리티가 온다고 합니다. 지금의 발전 속도를 보면 그날은 반드시 올 수밖에 없습니다.

스마트폰으로 인한 정보 혁명이 20년이 채 되지 않아 구글이라는 거대한 공룡이 나타났고, 이제는 챗GPT나 구글의 바드(Bard)처럼 Generative AI(생성형 AI)까지 우리의 삶에 스며들어 영향을 미치고 있습니다. 이러한 변화를 깨닫고 올바른 질문을 통해 답을 찾아야 하지만 아직 이러한 변화에 무딘 부모들이 많습니다.

저는 쌍둥이 아들의 아빠로서 아이들이 세상의 빛을 본 후 13년 동안 변화하는 미래 사회에서 잘 살아 나갈 수 있는 아이로 키우기 위해 끊임없이 애썼습니다. 수많은 교육을 듣고 책을 읽으며 공부했고, 전문가들에게 직접 묻기도 했을 뿐만 아니라 저 스스로에게도 질문했습니다. 그렇게 시행착오를 거치며 차곡차곡 정답을 찾기 위한 길을 만들어 나갔습니다.

이런 과정을 7~8년 정도 겪고 난 뒤, 저는 크게 세 가지를 깨달았습니다. 일단 **유아기부터 초등학교 저학년 시기를 넘어서면 아이의 인생 습관을 키워 줄 수 있는 좋은 시기는 더 이상 없다고 봐도 무방합니다**. 그리고 **미래 사회가 오더라도 그와 별개로 부**

모로서 놓치지 말아야 하는 아주 기본적인 질문들이 있다는 점입니다. 마지막 하나는, 부모가 그동안 받았던 방식의 교육으로는 결코 불확실성이 큰 미래에서 살아남기 힘들다는 사실입니다.

생성형 AI라는 거대한 메기가 우리가 사는 호수에 등장해 커다란 변화를 예고하면서, 아직 더디게만 움직이던 4차 산업혁명의 열차는 막연하게 느껴졌던 미래를 향해 점점 속도를 내는 중입니다. 이 신기한 프로그램으로 인해 미래의 세상은 어떤 모습일지 그 실체가 조금씩 드러나고 있습니다. 사람들은 앞으로 사라지는 직업들이 생길 거라는 미래학자들의 주장을 막연하게 받아들였지만 이제는 아닙니다. 산업의 패러다임도 이 프로그램을 중심으로 변화하고 있으며 그에 따른 불안감도 커지고 있습니다.

3차 산업혁명 시대의 중심에서 열심히 살아왔던 기성세대들은 이런 새로운 시대로 인해 생길 변화의 직격탄에 비껴나 있는 듯해 보입니다. 하지만 문제는 10여 년 후의 미래를 살아야 할 우리 아이들은 이러한 변화의 태풍에 제대로 된 준비를 하지 않는다면 살아남기 어려울 수밖에 없습니다.

직장인들의 세계에서는 한때 구글링, 즉 검색을 잘하는 사람이 일 잘한다는 말을 들었습니다. 그만큼 제대로 된 데이터를 찾는 능력이 높은 가치를 지녔다는 사실을 의미합니다. 현재 생산된 데이터의 90%는 2015년 이후에 만들어진 것이며 IBM에서는

2020년 기준으로 전 세계에서 매일 25억 기가바이트에 달하는 정보가 생산되어 보관된다고 밝힌 바 있습니다.

이렇게 정보가 감당하기 힘들 정도로 차고 넘치는 상황에서 곧 도래할 것으로 보이는 생성형 AI와 같은 인공지능 시대는 우리에게 시사하는 바가 큽니다. 이제는 기계나 인공지능과의 경쟁보다는 이를 지혜롭게 활용할 수 있는 능력이 중요해질 수밖에 없습니다. 결국 우리 세대가 자라왔던 시대에 해왔던 단순한 방법이 아닌 완전히 다른 방식의 교육이 필요해졌음을 의미합니다.

이런 인공지능 프로그램의 활용도가 높아지는 시대에는 올바른 인성을 기반으로 창의력, 지능, 감성, 자존감, 사회성 등을 갖추고 결국 질문을 제대로 그리고 잘하는 사람이 경쟁력을 가지고 살아남게 될 수밖에 없습니다. 수능시험과 스펙으로 충분히 자신의 역량을 인정받고 좋은 직업을 얻었던 시대와는 완벽하게 달라진다는 의미입니다. 질문을 잘한다는 건 단순히 한 가지의 능력이 뛰어나다고 해결할 수 있는 영역이 절대 아닙니다. 머리가 좋다고 성공할 수 있는 시대가 지났을뿐더러 인성을 비롯해 전체적으로 고른 능력을 길러야만 하는 시대가 되었기 때문입니다.

이 책은 다섯 개의 챕터로 구성되어 있습니다. 새로운 시대에서 살아남기 위해 올바르고 좋은 질문을 스스로 찾을 수 있는 아이로 키우기 위해 필요한 요소들을 200명이 넘는 학부모님들의 대면 설문조사를 통해 엄선하여 구성했습니다.

PROLOGUE

아이를 키우는 일은 부부가 유지해 왔던 삶의 방식에 새 식구가 포함되면서부터 새로운 일상을 만들어 내는 과정의 연속입니다. 물론 아이들이 겪어 나갈 미래가 어떻게 펼쳐질지는 누구도 알 수는 없기에 아이에 대한 교육은 어렵게 느껴질 수 있습니다. 하지만 중요한 요소들을 잊지 않는다면 너무 두려워할 필요도 없습니다. 이 책을 통해서 보육의 시기가 끝나고 어떻게 교육해야 할지를 고민하는 시점의 부모님들이 조금이나마 도움을 얻으실 수 있으리라고 생각합니다.

미국의 저명한 철학자이자 교육학자 존 듀이(John Dewey)는 이렇게 말했습니다. "오늘의 학생을 어제의 방식으로 가르친다면 우리는 그들의 내일을 빼앗는 것이다." 이처럼 이제 부모도 달라져야 합니다. 독자들도 이 책을 통해 미래 사회에서 스스로 좋은 질문을 할 수 있는 능력을 지니고, 어려움을 잘 극복해 나갈 수 있는 아이를 키우는 지혜를 얻으실 수 있기를 빕니다.

CONTENTS

CONTENTS

3 감성 지수를 키우는 질문 : EQ (Emotional Quotient)

역경 지수를 키우는 교육 : AQ (Adversity Quotient)

공존 지수를 키우는 질문 : NQ (Network Quotiont)

CONTENTS

01

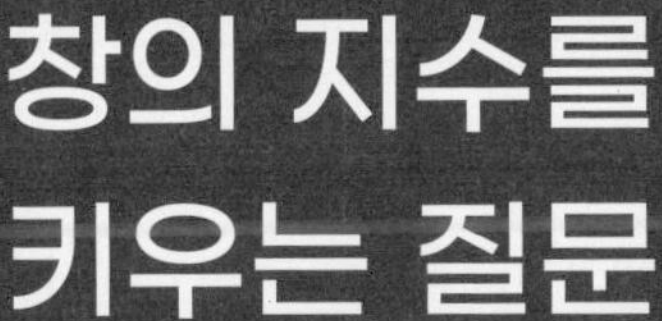

창의 지수를 키우는 질문

: CQ (Creative Quotient)

목 차

1. 창의력의 중요성을 계속 기억할 수 있는가?
2. 독서를 인생에서 가장 중요한 습관으로 만들어 줄 수 있는가?
3. 아이가 묻는 것을 두려워하지 않는가?
4. 인문학(문학, 역사학, 철학)에 대한 관심이 있는가?
5. 아이가 정말 원하는 일을 찾아줄 수 있을까?
6. 악기를 배우는 데 시간을 꾸준히 투자할 수 있는가?
7. 시간, 계획, 목표의 중요성을 가르쳐 줄 수 있는가?

CQ(Creavie Quotient)는 창의성 지수를 뜻하며 1950년 미국의 심리학회장 길포드(Guilford) 교수가 처음 주장한 개념입니다. 창의성은 새로운 생각을 현실화시키는 데 원천이 되는 능력입니다. 지금까지 우리가 살아온 3차 산업혁명의 시대는 지식을 습득하고 그를 바탕으로 한 문제 해결 능력이 주된 경쟁력이었습니다. 이제는 4차 산업혁명 시대가 시작되었고 예전보다 더 진화된 창의적인 능력이 필수적인 시대가 열렸습니다. 이번 장에서는 창의력을 키우는 교육에 대해서 다룹니다.

CQ를 키우는 질문

창의력의 중요성을 계속 기억할 수 있는가?

> 창의성은 거의 모든 문제를 해결할 수 있다. 독창성으로 습관을 깨는 창의적 행동으로 모든 일을 극복할 수 있다.
>
> –조지 로이스(미국 광고계의 전설)

'Creative(창의적인 사람)가 아니면 살아남을 수 없다.'

『능력 있는 사람은 무엇이 다른가』의 저자이자 창의성 전문가인 사이토 다카시 교수는 크리에이티브가 되기 위한 세 가지 능력을 강조했습니다. 누가 가르쳐 주지 않아도 스스로 핵심을 훔쳐 기술을 터득하는 '흉내 내기 능력', 이것과 관련된 '정리 능력', 그리고 요약하고 질문하는 '논평 능력'입니다.

창의력은 기존의 틀을 뒤엎고 완전히 새로운 혁신을 만들어 내는 능력으로 생각합니다. 하지만 진정한 창의력은 기존의 것을 활용하거나 새로운 형태로 바꾸는 능력입니다. 스티브 잡스 역시 "이 세상에 완벽히 새로운 것은 없다."라는 말로 이를 뒷받침한 바 있습니다. 문제는 우리의 창의력 교육이 미래를 위한 준비로는 충분하지 못하다는 점입니다.

◇ 불확실성이 커지는 미래

조병학 작가의 『2040 디바이디드』에서는 2025년에는 먹고사는 문제가 심각해진 사람들이 주변에 많아지며 2030년에는 사람이 모여서 일하는 공장은 사라질 수 있다고 경고합니다. 미래학자들과 전문가들도 이런 시스템이 완벽하게 개발되어 인간을 대체할 수 있는 시기가 아무리 늦어도 2035년은 넘지 않을 것이라 내다봅니다.

수많은 매체와 연구, 논문에서는 '미래에 없어질 직업'이라는 자극적인 제목으로 불안한 미래를 조명하고 있으며 빌 게이츠 역시 "AI(Artificial Intelligence)가 극도로 발달하면 인류에게 위협이 될 것이다."라고 말했습니다. **미래학자 레이 커즈와일은 2045년 인공지능이 인류 전체의 지능을 뛰어넘는 특이점, 즉 싱귤래리티(singularity)가 올 것이며, 그 이후에는 통제 불가능한 상황이 올 수 있다고 예측했습니다.** 『사피엔스』의 저자 유발 하라리 교수 역시 미래에 무용 계급, 즉 쓸모없는 계급이 출현할 것이라고 언급한 바 있습니다.

2045년이라고 하면 아직은 먼 미래처럼 느껴질 수도 있습니다. 우리 아이가 20대 후반에서 30대 초반 정도 되는 나이라고 하면 좀 와닿을까요? 그래도 실감이 나지 않는다면 가까운 미래로 다시 가서 일어날 확률이 매우 높은 몇 가지의 일들만 살펴보겠습니다.

일단 자동화 공장의 확산으로 공장의 노동자가 줄어듭니다. 현재 정부에서는 운전자 개입이 없는 완전 자율주행(4단계) 버스와 택시 생산을 목표로 삼고 있습니다. 이로 인해 운전과 관련된 직업도 줄어듭니다. 모바일, 인터넷뱅킹 사용 가속화로 은행원들의 자리도 빠르게 위협받습니다. 은행들은 이런 위기를 해결하기 위해 지점을 폐쇄하려 하지만, 너무 속도가 빠르다 보니 금융 당국에서 도리어 지점 폐쇄 조건을 까다롭게 하고 있는 실정입니다. 사회적으로 선호도가 높은 일자리 역시 대체될 가능성이 큽니다. 이미 인공지능 산업과 기술을 선도하는 여러 나라에서는 인공지능을 가진 의사(미국), 변호사(미국), 교사(일본), 약사(중국)를 일선에 투입하고 있습니다. 변화는 거기에 그치지 않습니다.

현재의 컴퓨터보다 훨씬 더 뛰어난 연산 능력을 지닌 양자컴퓨터가 상용화되면 인공지능의 정보 처리 능력이 향상되는데, 상황은 훨씬 더 심각해질 수밖에 없다고 전문가들은 주장합니다. 2019년에 처음 현재의 슈퍼컴퓨터를 능가하는 기술이 구현되었으며 이를 바탕으로 양자컴퓨터가 적용된 인공지능은 결국에는 인간만이 가능한 영역으로 여겨왔던 고차원적인 활동까지도 넘보고 있습니다. 스타크래프트나 바둑뿐만 아니라 미술처럼 인공지능이 넘보지 못하리라 여겼던 인간 고유의 고차원적 사고를 요구하는 영역조차 이미 그들에 점령당한 지 오래되었습니다. 인공지능 기술의 결정판이라고도 불리는 챗GPT뿐만 아니라 미드저니(Midjourney)와 같은 AI 아트 프로그램까지 나타나면서 점점 인간이 설 자리는 줄어들고 있습니다.

게르하르트 하우프트만의 『직조공』과 존 스타인벡의 『분노의 포도』는 기술 발달로 인해 위협받는 인간의 생존권을 적나라하게 그린 소설입니다. 책에서는 피폐해져 가는 노동자의 고통스러운 삶을 비극적으로 표현합니다. 기술의 급격한 발달로 인해 생긴 생존권에 대한 위협을 소설 속의 인간은 막아 내지 못합니다. 물론 노동쟁의나 국가의 정책적인 통제를 통해 변화를 막을 수도 있겠지만 임시방편일 뿐입니다. 인공지능 시대를 다룬 미래학자들의 저서들은 이미 미래를 모두 불안하게 바라보고 있으며, 2035년부터는 전문직의 30~50%가 인공지능으로 대체되어 실업자가 된다고 예측하고 있으니까요.

◇ 창의력, 미래 사회에서 생존하기 위해 점점 중요해지는 능력

미래 사회에서 내 아이는 어떤 직업을 가져야 할까요? 지금 인기가 높은 직업들이 10~15년 후에도 여전히 유망할까요? 제가 현재 다니는 공기업은 안정적인 직업군에 속한 편입니다. 한 조사에 따르면 취준생의 37%는 아직도 공무원이나 공공기관 취업하기를 희망한다는 결과가 나왔습니다(2022년 경총, '청년 구직자 취업 인식조사'). 안타까운 사실은 이런 안정성이 담보된 직업은 업무 중요성과는 별개로 미래 사회의 핵심 역량인 창의력과 상상력을 발휘할 수 있는 업무 비중이 높지 않다는 점이 약점입니다. 그런 관점에서 이 회사가 과연 10년 후에도 가장 인기 있고 유망한 직장으로 남을 수 있을까요?

이런 비관적인 판단의 가장 큰 이유는 많은 직무가 인공지능으로 대체될 확률이 높아서입니다. 현재에도 우리 회사에서는 직원의 업무를 대체하는 다양한 인공지능 시스템을 개발 중입니다. 인간보다 실수가 없으며 시키는 일만 하는 데다 비용도 덜 들어가는 시스템에 투자를 주저할 기업은 어디에도 없습니다. 이러한 시스템이 완벽히 운용되기 시작하면 현재 제가 맡은 업무에서 사람의 자리는 10년 정도면 반 이상 사라질 수밖에 없습니다.

우리나라의 창의력 열풍은 애플의 아이폰이 출시된 2007년이 시발점입니다. 그때부터 우리가 해왔던 일방통행의 주입식 교육도 창의력을 해친다는 이유로 비판받기 시작했습니다. 그 이후부터 세계 10위 수준의 경제 대국이었던 대한민국은 나라의 근간인 교육에 많은 변화를 꾀했습니다. 창의적인 교육을 위해 일선 초·중·고등학교에서는 일명 '창체'라고 불리는 창의 체험 과목도 생겼으며, 수학도 창의성을 계발하는 방향으로 무게 중심이 이동했습니다. 창의력은 선천적인 능력이 아니라 후천적인 노력과 교육으로도 얼마든지 향상될 수 있어서입니다.

점점 공교육의 패러다임이 변화하고 있다고 보이지만, 아직 미진한 점이 많습니다. 미래 사회의 중심 산업이 될 인공지능을 비롯해 자율 주행 자동차, 양자컴퓨터, 3D 프린팅, 자동화 공장, 바이오 헬스케어, 사물인터넷 같은 분야에서는 단순한 암기 능력이 필요하기보다는 창의적인 생각이 얼마나 되느냐가 관건이 될 테니까요. 물론 이런 분야가 꼭 아니더라도 창의력은 미래를 살아가는 아이들에게 큰 경쟁력이 될 것이라는 주장에 반론을 제기하는 사람은 거의 없습니다.

◇ 창의력을 가진 사람들의 특징

창의력은 아직 정확히 수치화하기 어렵다고 알려져 있지만 토렌스라는 학자가 만든 TTCT(Torrance Test of Creative Thinking)라는 창의성 검사 프로그램을 통해 유창성, 정교성, 독창성, 융통성, 제목의 추상성, 개방성 같은 개념들을 검사하여 참고 자료로 활용할 수는 있습니다.

수많은 연구에 따르면, 창의력이 높은 사람들에게는 몇 가지 특징이 있습니다.

첫째, 다양한 경험과 지식을 가지고 있습니다. 인지 능력 자체가 창의력과 배치된다고 여기며 지식을 쌓는 활동을 소홀히 하는 경우가 있는데 폭넓은 경험과 지식은 창의력에서 큰 비중을 차지합니다.

둘째, 위험 감수 능력이 큽니다. 위대한 발견은 위대한 실패를 기반으로 합니다. 실패를 두려워하지 않고 이겨 내는 문제 해결 과정을 통해 남들이 걷지 않았던 자신만의 길을 개척하게 됩니다. 이처럼 새로운 도전에 대해 열린 마음과 용기를 가지고 접근하는 능력은 창의력의 중요한 열쇠입니다.

셋째, 풍부한 감수성과 이타심이 있습니다. 풍부한 감수성은 우리 주위의 평범하고 익숙한 것에서부터 새로운 무언가를 찾아내는 능력과 깊은 관계가 있습니다. 그리고 자신을 사랑하면서 상대방을 이해하고자 하는 마음은 새로운 생각에서 중요한 역할을 합니다. 위스콘신 대학 경영대 행동과학자인 에번 폴먼(Evan Polman) 교수의 연구에 따르면, 남을 위한 이타적인 마음이 큰 사람일수록 새로운 해결책을 찾아내는 창의적인 생각이 더 뛰어났다는 연구 결과도 있습니다.

넷째, 자기 주도 능력을 가지고 있습니다. 누군가가 시켜서 하는 일은 언제나 하기 싫습니다. 창의적인 생각과 행동 역시 마찬가지입니다. 창의력을 기른다고 과제를 주고, 부모가 일방적으로 끌고 나가려 한다면, 이는 단순한 학습에 그치고 맙니다. 자녀의 생활 전반에 대한 자율성을 최대한 보장해 준다면 창의력은 아낌없이 발휘될 수 있습니다.

다섯째, 혼자 생각하고 노는 시간이 많습니다. 아이를 혼자 심심하게 두면 마치 큰 잘못을 저지른다고 생각하는 경우가 있습니다. 혼자 있는 시간이 아이에게 꼭 나쁘지만은 않습니다. 아이는 심심함을 이겨낼 방법을 찾는 과정을 통해 창의력을 키울 수 있습니다. 혼자 있는 동안 스스로 놀기도 하고, 다양한 공상을 통해서 집중력과 정서적 안정성도 키울 수 있습니다

◇ 집에서 창의력을 키우는 방법

부모 역시 창의력 교육에 대해서 제대로 접할 기회가 부족했기에 자신이 제대로 교육하고 있는지 알 방법이 없습니다. 그렇다면 아이의 창의력을 키우는 교육은 어떤 것이 있을까요?

첫째, 규칙이나 틀을 깰 수 있는 도전 정신이 필요합니다. 규칙을 지키는 일은 중요하지만, 정해진 규칙을 비판적인 사고 없이 무조건 따른다면 결국 고정된 사고방식에 사로잡히게 됩니다. 기존의 방식을 깰 수 있도록 마음의 여유와 용기를 가질 수 있도록 해야 합니다. 아빠와의 놀이도 큰 도움이 됩니다. 예를 들어 아빠가 아이를 꼭 끌어안고 아이가 빠져나가면 이기는 놀이(일명 빠져나가기 놀이) 같은 경우는 크게 힘을 들이지 않고도 할 수 있습니다. 이런 간단하지만 색다른 놀이들은 틀에 박힌 방식을 깨고 도전정신을 키우는 데 좋은 방법입니다. 특히 "아빠와의 신체놀이는 창의력뿐만 아니라 뇌 성장과 사회성, 기초체력과 직관력을 키우는 데 많은 도움이 된다."라고 합니다.[1)]

둘째, 유행을 지나치게 따르지 않습니다. 현재 유행을 너무 몰라도 문제일 수 있지만 지나치게 민감해도 자신에 대한 믿음이나 개성이 부족하다는 의미가 될 수 있습니다. 남들이 하는 일들을 다 옳다고 여기고 무조건 따라가지 않게끔 해야 합니다. 자신만의 생각과 기준을 가져야 남들의 생각과는 다른 도전을 할 수 있습니다. 그러려면 일단 부모부터 다른 사람의 말이나 유행에 흔들리지 않아야 합니다.

---

1) 김영훈 가톨릭대학교 의정부성모병원 소아청소년과 교수

셋째, 새로운 장소, 음식, 사람, 경험 등을 받아들일 수 있는 열린 마음이 필요합니다. 낯선 상황에서는 누구나 두려움을 느낍니다. 아이를 새로운 환경에 적응시키기 위해서는 노력이 필요합니다. 낯선 상황에 대한 정보를 사전에 공유하면 아이가 받아들이는 데 도움이 됩니다. 사람이라면 누구인지 미리 알려 주고 음식이나 장소라면 사진을 보여 주는 방식으로 말이죠. 아이가 하나하나 알아가며 두려움을 내려놓도록 도와주는 겁니다. 모험심과 개방성은 창의력과 연관이 높습니다. 낯설고 두려워하는 감정을 이겨 내도록 돕는다면 아이는 더 빠르게 적응해 창의력을 키워 나갈 수 있습니다.

넷째, 아이 스스로가 판단하고 결정할 수 있는 기회를 줘야 합니다. 자유를 주고 그에 대한 책임도 가르쳐 주면 자기 주도성을 키울 수 있습니다. 부모가 아이의 모든 일을 도와줄 필요는 없습니다. 아이가 스스로 하기 힘든 일이 아닌 이상 혼자 할 수 있는 시간과 기회를 주고 지켜봐 주기만 해도 아이는 성장할 수 있습니다. 창의성은 자기 주도성을 통해 자신이 무엇을 할 수 있으며, 무엇을 원하는지를 깨달으면서 더욱 자라게 됩니다.

다섯째, 아이만의 공간을 만들어 줘야 합니다. 집에서 아이에게 주어진 공간을 스스로 꾸밀 수 있도록 하면 이 독립적인 공간은 심리적 안정감과 더불어 창의력과 상상력을 자극하는 데 큰 도움을 줍니다. 거창할 필요도 없이 책장에서의 공간 하나, 작은 실내용 텐트 하나부터 시작해도 됩니다.

이제 거대한 변화의 물결은 이미 예정되어 있으며 우리가 피할 수도 없습니다. 마냥 낙관적이지 못한 상황에서도 미래에서 살아남을 수 있는 가장 으뜸가는 능력이 바로 창의력입니다. 인공지능이 가장 습득하기 힘든 능력이기도 합니다.

창의력은 예전에는 선택적 역량 정도였다면 앞으로는 필수적인 역량이 될 수밖에 없습니다. 학교나 사교육만으로는 이를 제대로 키우기 쉽지 않음을 깨닫고 창의력에 대해 더 많은 관심을 기울여야 합니다. 우리 아이들의 미래는 우리가 지금 하루하루 쌓아나가는 하나하나의 선택들로 만들어진다는 사실을 잊지 말아야 합니다.

02

CQ를 키우는 질문

독서를 인생에서 가장 중요한 습관으로 만들어 줄 수 있는가?

책을 읽어라, 그렇지 않으면 멍청한 후손들이 대를 잇게 될 것이다.

– 중국 속담

책은 어떤 사람에게는 울타리가 되고, 어떤 사람에게는 사다리가 된다.

– 레미 더 구르몽(프랑스 시인, 소설가)

『독서는 나를 절대 배신하지 않는다』라는 책이 있습니다. 직관적인 제목에서 주는 울림이 커서 항상 제가 마음에 새겨 놓으려고 하는 문장이기도 합니다.

아이의 인생을 위해 세워야 할 제일 중요한 기둥이 독서라는 사실을 부정하는 부모는 없습니다. 독서는 뇌를 성장시킬 뿐만 아니라 공부하는 데 가장 중요한 문해력을 높여 줍니다. 서울대학교의 장대익 교수 역시 "책 읽기는 뇌를 변화시키는 가장 중요하고 효과적인 도구"라고 주장했죠.

인간의 뇌 속에서 가장 중요한 부분을 담당하는 대뇌피질은 네 개의 영역으로 나뉩니다. 쓰기 기능과 독해력을 담당하는 두정엽, 주의력, 창조력, 이해력, 의사소통 능력을 담당하는 전두엽, 청각과 언어를 담당하는 측두엽, 시각을 담당하는 후두엽으로 구성되어 있습니다. 독서는 이 네 가지 영역 모두를 활성화시켜 줍니다. 안타까운 점은 부모가 이렇게 값진 보물들을 우리 아이에게 제대로 물려 주지 못하고 있다는 사실입니다.

◇ 가까이하기엔 너무 먼 당신

첫 번째 문제는 부모가 생각보다 아이와 함께 책을 읽지 않는다는 점입니다. 혹시 우리 집도 아이한테 책을 읽으라고 재촉하면서 부모는 옆에서 너무나도 자연스럽게 스마트폰이나 TV를 들여다보고 있지는 않나요? 부모가 책을 읽는 모습을 보이는 것이 아이가 꾸준히 책을 읽도록 하게 할 수 있는 제일 좋은 방법이라는 것은 모두 다 알고 있습니다. 아이를 바꾸고 싶다면 부모가 먼저 책을 펴는 모범을 보여야 합니다.

두 번째 문제는 아이가 책을 초등학교까지만 열심히 읽는다는 점입니다. 자녀가 중학생이 되면 부모에게 독서의 중요도는 현저히 떨어지고, 자연스레 아이 역시 책을 내려놓게 됩니다. '2021년 독서 실태조사'에 따르면, 1년 동안 초등학생은 67권의 책을 읽지만 중학생은 24권, 고등학생은 13권도 채 읽지 않습니다. 심지어 성인은 2명 중 1명이 1년에 책을 한 권도 읽지 않을 정도로 심각한 수준입니다.

당장 눈앞의 성적과 입시에 대한 부담으로 독서는 시간이 갈수록 우선순위에서 뒤쪽으로 밀려납니다. 독서를 뒤로 미루는 생활 습관은 장기적으로 보았을 때 아이에게 도움이 되지 않습니다. 초등학생은 독서를 통해 공부에 제일 중요한 부분인 어휘력이나 문해력을 폭발적으로 늘려 나갑니다. 그런 점을 생각했을 때 자아실현을 위한 제일 강력한 무기를 일찌감치 버리는 행동과도 같습니다. 학년이 올라가더라도 책을 읽을 최소한의 시간을 확보하도록 도와주는 노력이 반드시 필요한 이유입니다.

어릴 때부터 스스로 책을 고르는 눈을 키워 주고 책에 관심을 유지할 수 있도록 하는 교육도 중요합니다. 저학년 때부터 아이와 서점이나 도서관을 꾸준히 함께 다니며 책에 대한 친근감을 높여 주고 자신이 관심을 가지는 분야의 책을 고르도록 돕는다면 독서에 대한 관심을 꾸준히 유지하는 데 효과적입니다. 혹시 시간이 부족하다면 병원이나 식당에서 기다리는 자투리 시간을 이용해 틈나는 대로 읽을 수 있도록 책을 늘 챙겨 다니면 좋습니다. 이런 짧은 시간의 독서 습관도 야금야금 쌓이면 무시할 수 없습니다.

세 번째 문제는 부모들이 '책 읽는 행위'가 독서 교육의 전부라고 오해한다는 점입니다. 우리나라 초등학생들은 세계에서 가장 책을 많이 읽는 편입니다. 하지만 책을 많이 읽는 양에 비해 그 내용이 머릿속에 제대로 남아 있는 경우는 많지 않습니다. 어른들도 한 권의 책을 읽고 내용을 정리하라고 하면 A4 한 장을 채우기도 힘들어합니다. 글을 읽고 이해하는 능력, 즉 문해력을 키우는 독서보다는 눈으로만 읽고 책을 읽은 권 수를 늘리는 것이 독서라고 생각하는 경우가 많기 때문입니다.

진정한 독서는 눈으로 글자를 읽음과 동시에 내용을 이해하며 마지막에는 책의 내용을 바탕으로 자기의 생각을 표현할 수 있을 때 완성됩니다. 아이가 책을 읽으면서도 글의 서사나 맥락을 이해하지 못하는 경우는 많습니다. 그렇게 되면 당연히 머릿속에도 내용을 남기지를 못하고 다른 사람과 책의 내용을 주제로 대화를 나누기는 어렵겠죠.

남들이 좋다고 하는 책들을 책꽂이에 꽂아 두고 많이 읽는다고 해서 아이의 독서 능력이 키워지지는 않습니다. 아이 수준에 맞춰서 이뤄지는 독후 활동은 독서의 효과를 훨씬 더 높일 수 있습니다. 아이가 책을 읽은 뒤 짧게라도 내용을 말하도록 관심을 가지고 자연스럽게 물어보거나 등장인물이나 줄거리, 인상적인 장면, 느낀 부분은 메모를 해도 됩니다. 아이의 책을 부모도 읽고 함께 대화를 나누는 방법도 좋습니다.

『책 먹는 여우』를 읽은 뒤 '대머리 아저씨는 왜 여우가 책을 낼 수 있게 도와주었을까?', '어떤 부분이 가장 기억에 남았어?'라는 질문을 이해하지도 못하고 답도 하지 못한다면 아이의 독서 방법에 문제가 있는지 살펴봐야 합니다. 이런 간단한 독후 활동만 하더라도 꾸준하게 해 나간다면 점점 그 효과가 나타날 것입니다. 덤으로 책을 통해 부모와 아이가 소통을 늘린다면 교감과 공감대 형성에도 큰 도움이 될 수 있습니다.

◇ 독서에는 왕도가 없다?

끈기를 가지고 꾸준히 독서를 하는 아이는 부지런히 내공을 쌓으며 달콤한 결실을 얻을 수 있습니다. 인생이라는 레이스에서는 읽고, 이해한 뒤, 해결하는 능력이 필요합니다. 이는 어떤 교육 제도 아래에서도 변하지 않는 법칙입니다.

독서에는 왕도가 없지만 대다수의 독서 전문가는 조금 더 효율적인 방법은 있다고 주장합니다. 그동안 저는 최승필 선생님과 송재환 선생님, 김성효 선생님을 비롯한 독서 교육에 대해 조예가 깊은 작가들을 직접 만나 뵙고 많은 이야기를 청해 들었습니다. 조금씩 다른 듯하지만, 결국은 공통으로 추구하는 가치 몇 가지를 발견하게 되었습니다.

첫째, 다독보다는 정독, 묵독보다는 음독이 효과적이라는 점입니다. 책을 많이 읽었다는 사실은 스스로 느끼는 자기만족일 뿐 아이의 통찰력과 논리력을 갖추는 데는 크게 도움이 되지 않습니다. 『1시간에 1권 퀀텀 독서법』의 저자 김병완 작가님과 인터뷰를 나눌 때 재미있는 사실을 들었습니다. 본인도 속독법을 개발해서 활용하고 있지만, 좋은 책이라고 확신이 들면 다시 한번 정독해서 읽어 본다고 말이죠. 하나의 책을 샅샅이 들여다보며 깊게 파는 방식인 슬로 리딩은 일본에서도 검증되었으며 『슬로리딩, 생각을 키우는 힘』에서도 성서초등학교의 실험과 사례를 통해서 그 효과가 증명된 방법입니다.

그리고 보통 아이들은 자라면서 음독에서 묵독으로 점점 읽는 방법이 바뀌게 됩니다. 속도가 빠르기에 시간이 절약되어서입니다. 직접 소리를 내서 읽거나 부모가 소리를 내어 책을 읽어 주게 되면 글의 내용 파악이 잘 되므로 글에 대한 이해력이 훨씬 높아집니다. 이런 활동을 통해서 뇌가 활발해진다는 연구 결과(도호쿠대학 가와시마 류타 교수의 뇌과학 연구)도 있습니다. 그뿐만 아니라 눈과 귀를 활용하기 때문에 암기를 할 때도 음독이 효과가 높으며, 올바른 발음도 익힐 수 있고 말하기에 대한 자신감을 키우는 데 도움이 됩니다.

둘째, 모두에게 좋은 책보다는 자신이 재미있게 읽는 책이 훨씬 도움이 된다는 점입니다. 그런 책 중에도 서사가 있는 이야기책은 아이의 언어 능력 성장에 큰 역할을 합니다. 학년별 추천 도서가 좋아 보이니 한 권이라도 더 읽히고 싶은 마음이 드는 것은 당연합니다. 그렇지만 아이의 취향에 맞지 않는데 지나치게 권한다면 도리어 역효과를 불러일으켜 아이가 독서에 대해서 부정적인 마음을 가질 수 있습니다.

독서 교육에서 가장 중요한 근본은 '재미'라고 해도 과언이 아닙니다. 자신이 좋아하는 책을 읽어야 책을 좋아하게 될뿐더러, 집중력을 높이고 자연스럽게 독후 활동으로 유도하는 데에도 훨씬 도움이 됩니다.

특히 재미있는 이야기책은 공감 능력과 추론 능력을 키워 줍니다. 이야기 속에 등장인물에 대해서 자신의 감정을 이입하고 깊이 생각함으로써 공감 능력을 키울 수도 있고 바로 이어져 나올 내용을 예측해 볼 수 있다는 점에서 추론 능력까지 키울 수 있습니다.

셋째, 학습 만화에 대한 허용은 신중한 판단이 필요합니다. 좋은 책의 범주에서 학습 만화는 제외됩니다. 학습 만화에 대한 의견은 전문가에 따라 약간의 차이가 있지만, 대부분의 독서 전문가는 학습 만화를 책으로 인정하지 않을뿐더러 도리어 부정적으로 봅니다. 학습 만화를 읽는 행위는 독서로 보기 어렵고 제대로 된 독서로 이어지기 힘듭니다. 주로 말풍선으로 구성된 학습 만화들은 제대로 된 수박 겉핥기식 지식으로 구성될뿐더러 서사가 제대로 표현된 글 책이라고 보기 어렵습니다. 그렇기에 읽더라도 휴식할 때 즐기는 정도로 적절한 수준으로 활용하는 지혜가 필요합니다.

넷째, 독후 활동은 절대 강요하지는 말아야 한다는 점입니다. 이를 실천하기란 생각보다 어렵습니다. 책 내용을 요약하거나 감상을 남기는 책을 더 깊이 이해할 수 있다는 점에서 중요합니다. 읽기가 먹는 과정이라면 독후 활동은 내용을 소화하는 과정입니다. 그렇지만 이를 지나치게 강요한다면 독서록을 하기 싫은 숙제처럼 생각하게 되며, 심지어 책까지 싫어하게 만들 수 있으므로 유의해야 합니다. 꼭 즐거리나 감상을 글로 남기지 않더라도 부모가 함께 책을 읽은 뒤 줄거리에 대한 대화 정도라도 충분합니다.

이런 자연스러운 방법으로 독후 활동에 대한 저항감을 없앤 뒤 읽은 책에 대해 간단한 글이나 그림 같은 형식 중 자신만의 방식대로 표현할 수 있도록 이끌면 됩니다. 이렇게 차근차근 경험을 쌓아 나간다면 마인드맵 같은 고차원적인 독후 활동까지도 해낼 수 있습니다.

『나는 어떻게 삶의 해답을 찾는가』의 저자이자 성공한 사업가로 더 유명해진 개그맨 고명환 씨와 인터뷰를 진행하며 인상적이었던 말이 있습니다. 그동안 1,500권이 넘는 책을 읽었다는 그는, 읽는 양이 늘어날수록 어느 순간 계단을 오르듯 의식의 임계점을 뚫는 느낌이 들었다는 표현으로 독서를 통한 자신의 성장을 묘사했습니다. 생각의 수준이 높아지고, 생각하는 그릇이 커진다는 의미로 들렸습니다. 그는 책에 모든 답이 있기에 앞으로 사업을 할 때 절대 망하지 않을 자신이 있다고도 말했습니다.

이 책을 읽는 독자라면 아마 아이가 책을 꾸준히 읽을 수 있도록 하는 데에는 어느 정도 성공했으리라고 생각합니다. 독서는 특히 짧은 기간 안에 수익을 얻기 위한, 일명 '단타'가 아니라 멀리 보는 장기적인 투자에 가깝습니다. 아이가 책을 스스로 찾아 읽는 단계에 도달했다면 이제 남은 부분은 그리 어렵지 않습니다. 부모가 함께 읽으며, 학년이 올라가더라도 스스로 독서의 중요성을 깨닫고 꾸준히 읽을 수 있도록 지지해 주고, 책 속의 내용을 온전히 자신의 지혜로 만들 수 있도록 이끌어 주기만 하면 됩니다. 이것이야말로 아이의 미래를 위한 진정한 독서 교육입니다.

03

CQ를 키우는 질문

아이가 묻는 것을 두려워하지 않는가?

> 질문으로 파고드는 사람은 이미 그 문제의 해답을 반쯤 얻은 것과 같다.
>
> – 영국 철학자, 정치가 프랜시스 베이컨

질문을 통해서 인간은 끊임없이 성장합니다. 질문은 공부할 때도 중요하지만 인생을 살아가는 동안 끊임없이 필요합니다. 무엇을 어떻게 묻느냐에 따라 그 결과는 달라질 수밖에 없습니다. 우리는 항상 자신에게 물어야 합니다. 자신이 좀 더 행복하고 건강하고 멋지게 살기 위해서는 어떻게 해야 하는지 말이죠. 정답은 없습니다. 끊임없이 답을 찾아 나가는 과정만 있을 뿐이죠. 이렇게 인간의 삶은 끊임없이 질문해야 하며 어떤 질문을 하느냐에 따라 그 방향이 결정된다고 해도 과언이 아닙니다.

◇ 질문은 왜 중요한가?

인간은 태어날 때부터 수없이 많은 호기심을 지니고 살아갑니다. 중요한 결정과 관련된 질문을 비롯해 일상생활에서 하는 단순한 질문들까지 포함하면 인간의 하루는 질문으로 시작해 질문으로 끝이 납니다.

2010년 서울에서 열린 G20 정상회의 폐막식 기자 회견에서 오바마 대통령이 한국 기자에게 준 질문 기회를 끝내 날려 버린 일화는 많은 국민에게 부끄러운 기억으로 남아 있습니다. 질문을 업으로 삼고 있는 기자들이 주어진 기회를 제대로 쓰지 못한 점은 우리 사회의 분위기에 당당하게 질문하는 문화가 자리 잡지 못했다는 사실을 보여 주는 대표적인 사례니까요.

사과나무에서 사과가 떨어지는 모습을 자연스레 여긴 대다수 사람과 달리, '왜 사과는 나무에서 떨어질까?'라고 의문을 품어 만유인력을 발견한 뉴턴, 부력을 발견하여 "유레카"라고 외친 아르키메데스, X-ray를 발명한 뢴트겐을 비롯한 위대한 발명과 발견은 "왜?, 어떻게?"라는 질문에서 시작되었습니다.

질문은 인간이 더 나은 존재로 발전하기 위해 제일 필요한 능력인 셈입니다. 질문을 하는 인간만이 계속 성장할 수 있습니다. 유소년기의 아이들만 하더라도 인간은 호기심과 질문이 많은 동물이라는 점을 금방 알 수 있습니다. 이 아이들은 언제 어디서든 모르는 영역을 접하면 쉴 새 없이 재잘대며 묻습니다. 안타깝게도 이런 왕성한 호기심쟁이들은 획일화되고 질문하기 어려운 교육 시스템에 적응해 가면서 서서히 뇌가 굳어 갑니다. 결국 시간이 지나면서 질문하는 능력을 상실해 버리게 됩니다.

질문하지 않는 아이에게는 미래가 없습니다. 궁금증과 호기심이 없는 아이에게 무언가를 배우거나 바꾸려는 의지가 있을 리 없으니까요. 창의성 연구의 세계적 석학 로버트 루트번스타인은 우리나라 아이들의 창의력이 시간이 갈수록 없어지는 이유를 명확히 알려 줍니다. 정답을 어떻게(How) 찾을지에 대해서 고민하지 않고 무엇인지(What)만 찾으려 하는 획일화된 교육이 제일 큰 원인이라고 말이죠.

◇ 학교 시스템이 바뀌기를 기다리기에는 너무 늦다.

고등학교 수업 시간에 질문을 했다가 쉬는 시간까지 선생님께서 설명하시는 통에 동급생들에게 볼멘소리를 들은 적이 있습니다. 너 때문에 '쉬는 시간이 줄어든다', '잘난 척한다'라는 말에 위축되었고, 그 뒤로는 쉬는 시간에 선생님을 찾아가서 질문을 했습니다.

「EBS 다큐프라임」에서도 이와 비슷한 실험을 한 적이 있습니다. 대학 강의실에 질문하는 학생을 실험맨으로 투입해서 수업 중에 모두 다섯 번의 질문을 하게 만든 뒤 학생들의 반응을 관찰하는 방식입니다. 수업 시간 도중 질문이 계속 반복되자 강의실에 있는 학생들의 시선에서 조금씩 적대감과 불쾌감이 감지됩니다. 다큐멘터리 말미에는 이 대목과 더불어 더욱 씁쓸한 부분도 함께 나옵니다. 처음 강단에 서게 된 대학 강사가 선배 강사에게 고민을 토로하는 장면인데 이런 대화가 나옵니다. "선배님, 학생들 앞에 서는 것이 떨립니다. 어떻게 하면 떨지 않을까요?"라고 하자, 선배는 이렇게 단호하게 말했다고 합니다. "절대 두려워할 필요가 없어. 학생들은 절대 질문하지 않아."

학생들의 질문이 사라지게 된 가장 큰 원인은 정해진 기간 안에 정해진 진도를 나가야 하는 교육 시스템이 큰 비중을 차지합니다. 학교에서도 계속 변화를 추구하고는 있지만, 질문을 수월하게 할 수 있는 환경이라고 보기엔 어렵습니다. 안타깝게도 우리의 아이가 성인이 되기 전에 교육 시스템이 혁신적으로 바뀔 가능성은 없습니다. 집에서 끊임없이 호기심을 유지할 수 있도록 '왜?, 어떻게?'라고 묻고 답을 찾을 수 있도록 도와줘야 합니다. 질문할 기회를 잃고 자란 아이가 되지 않도록 말이죠.

◇ 질문하는 아이의 호기심을 살려내는 것은 바로 부모

질문을 하면 얻을 수 있는 장점이 많습니다.

첫째, 지적인 욕구를 충족시켜 줍니다. 질문이 가진 가장 원초적인 장점입니다.

둘째, 사고력과 논리력을 키워 줍니다. 질문은 아무렇게나 나오지 않습니다. 조리 있게 자신이 궁금한 점에 대해 정리해서 말해야 하므로 이 두 가지 능력이 필요할 수밖에 없습니다.

셋째, 경청하는 힘과 원활한 의사소통 능력을 길러 줍니다. 질문의 답변을 들으며 자연스럽게 경청과 의사소통 능력이 향상됩니다.

넷째, 상대방을 이해하게 되며 관계를 향상해 줍니다. 질문을 하면 질문을 받은 사람은 보통 기꺼운 마음으로 답을 해 줍니다. 그를 통해 상대방에 대한 존중도 생기며 유대감도 쌓을 수 있습니다.

위대한 발명가 에디슨의 뒤에는 헌신적인 엄마의 역할이 컸습니다. 토머스 에디슨은 질문이 많은 학생이었습니다. 그는 너무 질문을 많이 하는 바람에 선생님의 수업을 더디게 만들었다고 합니다. 선생님은 1+1=1이라고 대답하는 에디슨을 바보 취급했고, 결국 '머리에 문제가 있는 것 같다'는 저주에 가까운 선생님의 비난을 듣고 석 달 만에 학교를 그만둬야 했습니다. 그러나 에디슨의 엄마는 학교에 와서 진흙 두 덩이를 갖고 와서 합쳐 한 개를 만들어서 에디슨의 답도 맞을 수 있다는 사실을 직접 보여 줬다고 합니다. 그녀는 결코 좌절하거나 포기하지 않고 에디슨의 남다른 호기심을 절대적으로 지지하고 이끌어 줬습니다. 질문하는 아이에게는 무한한 가능성이 있다는 것을 알았기에 가능했던 일입니다.

우리 아이를 적극적으로 질문하는 아이로 키우는 첫걸음은 부모의 질문입니다. 아이가 주위와 세상에 대한 호기심을 잃지 않도록 가정에서 꾸준하게 기회를 주어야 합니다. '왜?'라는 질문을 아이가 할 때까지 기다리지 말고 부모가 먼저 아이에게 질문하면 됩니다. 정확한 답을 알아야 할 필요는 없습니다. 아이가 생각할 수 있게끔 호기심을 끊임없이 자극해 준다는 점이 핵심입니다. "마스크는 왜 써야 할까?", "비는 왜 내릴까?", "사람이 죽지 않으면 어떻게 될까?" 같은 개방형 질문으로 아이의 뇌를 계속 생각하게 만들어 주면 됩니다.

아이의 질문은 수시로 쏟아져 나오며 맥락도 없습니다. 힘들더라도 귀찮아하지 않고 모든 질문을 허용해 줄 수 있는 포용력도 중요합니다. 끊임없이 아이가 묻더라도 부모는 아이의 지적 호기심을 해소하도록 도와주며 한편으로 "너는 어떻게 생각하니?"라고 끊임없이 물어야 합니다. 그리고 친구들을 비롯한 주위 사람들에게도 질문할 수 있도록 하는 칭찬과 격려도 필요합니다. 질문의 양이 많아지고 질이 높아질수록 아이의 생각과 능력은 더욱 성장합니다. 아이의 질문이 아이를 성장시키는 영양분이 됩니다.

아이가 과묵하고 말수가 없는 성향이라도 접근 방법은 크게 다르지 않습니다. 기질적으로 조용한 성격이라도 호기심이 없지는 않습니다. 아이가 대답을 회피하거나 귀찮게 여기더라도 쉽게 포기하지 말고 끝까지 대화를 시도해서 계속 생각을 하도록 해 주세요. 마음이 열리기 시작하면 말문도 서서히 트일 수 있습니다. 그와 더불어 독서와 여행을 포함한 다양한 경험을 비롯해 아이의 지적 욕구를 키워 주고 해소해 준다면 아이는 호기심 많은 아이로 거듭날 수 있습니다.

◇ 좋은 질문을 하게 하되 답은 곧바로 알려 주지 마세요.

저는 질문에 집착하는 성격입니다. 강의를 들을 때면 질문을 메모해 두고 강의를 마치고 질의응답 시간이 있으면 보통 가장 먼저 질문합니다. 이렇게 하는 이유는 개인적인 궁금증뿐만 아니라 강연자에 대한 최소한의 예의이자 감사의 표시라고 여겨서입니다.

질문을 할 때는 한 가지의 원칙이 있습니다. 좋은 질문을 해야 한다는 점입니다. 2014년 「명량」을 연출한 김한민 감독의 특강을 들은 적이 있습니다. 강의를 마치고 질의응답 시간이 있었습니다. 그때 어떤 분께서 "「명량」 후속작은 언제쯤 나오나요?"라는 질문을 하셨습니다. 그런데 김한민 감독은 답변을 하기 전에 이렇게 말했습니다. "강의할 때마다 그 질문들을 하시던데요."라고 말이죠. 그때는 「명량」 후속작이라고 검색만 해 봐도 셀 수 없을 만큼의 기사들이 쏟아졌던 지라 아쉬움이 많았던 질문이었습니다.

이어서 저는 이런 질문을 던졌습니다. "연세대에서 경영학을 전공하신 뒤 대학원은 동국대 연극영화과로 진학하셨습니다. 진로를 완전히 바꾸게 된 특별한 계기가 있었는지, 그 과정에서의 어려움은 없으셨나요?" 검색에서 나온 감독의 약력이 독특했기에 거기서 질문을 생각해 냈는데, 김한민 감독의 반응도 좋았고 진솔한 답을 얻을 수 있었습니다.

유대인들이 자녀가 학교를 다녀오면 "오늘 학교에서 어떤 질문을 했니?"라고 묻는 이유는 단순히 질문을 했느냐는 의미가 아니라 어떤 내용을 물었느냐는 의미입니다. 좋은 질문을 할 수 있도록 평소 아이의 질문하는 내용과 방식을 부모가 눈여겨볼 필요가 있는 이유입니다.

좋은 질문을 할 수 있는 방법은 다음과 같습니다.

첫째, 질문을 자주 하도록 해 주세요. 어떤 내용이든지 질문은 많이 할수록 좋습니다. 그런 과정을 통해서 요령을 터득할 수 있습니다.

둘째, 궁금한 것을 구체적으로 물어볼 수 있도록 합니다. 혹시 아이가 물어보는 내용이 명확하지 않을 경우에는 부모가 되묻기를 해도 됩니다. 이를 통해 표현력이 향상됩니다.

셋째, 간결하게 질문하도록 도와주세요. 말이 핵심은 빠진 채 지나치게 길어지고 장황해지면 묻는 사람도 답해야 할 사람도 핵심을 놓치게 됩니다.

넷째, 질문에 대한 답을 들을 때는 경청하고, 끝난 뒤에는 감사를 표하게 합니다. 그리고 부모가 아이의 질문에 답을 할 때는 자판기처럼 즉각 정답을 알려 주는 방식은 좋지 않습니다. 이것은 오히려 호기심을 없애 버리는 상황을 불러올 수 있습니다.

아이의 질문을 한다면 답을 찾는 행위에만 집중하지 말고 스스로 답을 찾아가는 과정을 통해 호기심을 유지해 나가고 끈기도 배울 수 있게 해 줄 필요가 있습니다. 물고기를 잡는 법을 알려 주는 식의 도움이 부모의 역할입니다. 저 역시 얼마 전까지만 해도 아이가 물어볼 때마다 검색까지 활용해서 곧잘 답부터 알려 주곤 했습니다. 곰곰이 되돌아보니 이런 제 모습은 아이가 가진 지적 호기심에 대해 유추하고 생각할 기회를 빼앗는 행동이었음을 깨닫고 고치게 되었습니다.

질문에 대한 세부적인 내용을 찾을 때도 가능한 한 책을 활용하려고 노력했습니다. 관심이 많은 주제라면 도서관에 가서 자료를 찾아봐도 좋습니다. 아이들은 조류나 환경 문제에 관심이 많아서 해당 내용을 주제로 한 책을 많이 빌려와서 읽었습니다. 물론 책으로는 찾기 어려운 지식도 존재합니다. 그럴 때는 인터넷을 이용하되 인터넷에 있는 지식이 완벽하지 않을 수도 있다는 점도 함께 알려 줄 필요도 있습니다.

지식을 바로 채워 주지 않고 아이가 호기심을 유지하고 고민할 수 있도록 한다면 다양한 방향으로 생각이 확장되고 또 새로운 질문이 생길 수 있습니다. 이를 통해 아이는 상상력과 창의력을 꾸준히 키워나가며 누구에게도 두려워하지 않고 끊임없이 질문할 수 있는 용기와 기회도 얻을 수 있습니다.

CQ를 키우는 질문

인문학(문학, 역사학, 철학)에 대한 관심이 있는가?

미래에 대한 최선의 예언자는 과거이다.

– 바이런

철학을 한다는 것은 사는 방법을 배우는 것이다.

– 스피노자

한류 콘텐츠의 최고 히트 상품이라면 전 세계에 국위 선양을 해 온 BTS가 단연 압도적이라고 할 수 있습니다. 하지만 또 하나의 히트 상품도 있었습니다. 한국관광공사의 홍보 영상에 참여한 이날치밴드와 앰비규어스 컴퍼니가 바로 그 주인공입니다. 이들이 함께 어우러져 만든 한국관광공사 홍보 영상은 3억 뷰가 넘는 조회 수를 기록했습니다. 전혀 어울리지 않아 보이는 전통 음악인 판소리와 현대 음악인 밴드 그리고 댄스팀이 융합되어 엄청난 작품이 탄생하게 되었죠.

그렇다면 4차 산업혁명의 핵심적 가치이기도 한 융합하는 능력을 키우기 위해서는 무엇을 배우면 좋을까요? 이 대목에서 가장 자주 언급되는 학문이 바로 인문학입니다. 천덕꾸러기 같았던 인문학이 창의 융합형 인재의 핵심적인 학문으로 재조명되고 있습니다.

◇ 융합의 아이콘, 인문학

융합이 가진 힘은 새로운 무언가를 창조하는 데서 생기지 않습니다. 기존에 있는 둘 이상의 영역들을 합쳐서 새로운 시너지 효과를 만들어 낸다는 점에 있습니다. 두 가지를 합쳐서 더하는 효과가 아닌 곱하는 효과가 나타남을 의미합니다.

4차 산업혁명의 물결이 점점 거세지고 있는 상황에서 전 세계적으로 인문학의 중요성이 더욱 강조되는 이유는 분명합니다. 새로운 시대에 맞는 교육은 더 이상 단순한 계산이나 판단 능력만으로는 충분하지 않아서입니다. 미래 사회는 의미들의 차이 속에서 창의력과 상상력을 불러일으키고 종합적으로 생각할 수 있는 능력을 지닌 인재를 원합니다. 전문가들은 인문학이 그런 능력의 가장 중요한 열쇠라고 판단하고 있습니다. 그와 더불어 인간의 가장 기본적이고 심오한 문제를 다루는 학문이기에 인문학은 더 주목받을 수밖에 없습니다.

2015년에 개정된 교육과정(※ 2022년 개정 교육과정은 고교학점제가 핵심)에서 추구하는 인재상 역시 창의 융합형 인재입니다. 이는 창의성을 극대화하기 위해 하나의 방법으로 선택된 방식입니다. 학문적인 융합 역시 하나의 학문에서 뛰어난 성취가 있다고 해서 이뤄낼 수 없습니다. 자신이 공부하는 주전공을 바탕으로 새로운 분야를 접목해 새로운 아이디어를 만들어 낼 수 있어야 합니다. 그 새로운 분야로 가장 주목받는 학문이 바로 인문학입니다.

과학 기술이 발전할수록 공학뿐만 아니라 인문학 또한 강조될 수밖에 없다는 주장은 꽤 설득력이 있습니다. 기업들은 끝없는 기술을 발전시켜 나가지만, 결국 본질은 인간을 만족시키기 위한 끊임없는 도전입니다. 그런 이유로 지금 미래 산업을 선도하고 있는 구글, 애플, 페이스북, 마이크로소프트와 같은 기업들이 인문학을 전공한 인재들을 경쟁적으로 영입하고 있다는 점은 주목할 만합니다.

인문학은 '인간다움의 가치'와 인간 그 자체를 다루는 학문이므로 수치로 계량하거나 단순한 계산적 능력으로 판단할 수 없는 영역들을 다룹니다. 그런 점에서 인문학은 인간을 이해하는 학문으로서 그 중요성이 더욱 커질 수밖에 없습니다.

◇ 우리에게 문학이 필요한 이유

영국인이 가장 좋아하는 소설로 선정되기도 했던 『멋진 신세계』는 1930년대 이후 촉발된 고도의 산업화와 기계화로 인해 이루어진 서기 2500년경의 미래 사회를 디스토피아적 시선으로 그린 작품입니다. 『멋진 신세계』에서 그린 미래에서는 고도로 발전한 문명이 철저하게 인간의 삶을 관리합니다. 인간을 공장의 유리병에서 상품처럼 생산하여 계급을 만들고 환각제를 사용해 감정을 완벽하게 통제합니다.

이 소설에서 제일 눈여겨볼 부분은 미래의 기계 문명에서는 인간이 문학을 접할 수 없도록 철저히 통제한다는 점입니다. 진나라 시황제 시절의 분서갱유(책을 태우고 학자를 죽임)처럼 미래 시대에는 책이 존재하지 않습니다. 인간을 더 쉽게 통제하기 위해 미래의 기계 문명은 단순하고 자극적인 유희만 즐기게 만들고 고차원적인 활동인 문학을 금지합니다.

시와 소설, 수필 같은 문학 작품은 자신이 겪어 보지 못한 세상과의 만남을 간접적인 경험으로 가능하게 해 줍니다. 문학을 통해 인간 본성을 이해하고 포용력과 공감력을 키워 우리는 더 나은 인간으로 성장할 수 있죠. 생각하는 인간은 총칼을 든 인간보다 위협적이라는 말이 있습니다. 그런 이유로 역사적으로 인간이 똑똑해지지 않도록 하기 위해 책을 금지했던 사례는 찾기 어렵지 않습니다.

특히 상징적, 함축적인 의미와 정서적인 표현을 담고 있는 시는 같은 시각을 다양하게 나타낼 수 있는 표현력을 기르는 데 도움이 됩니다. 동시에 풍부한 감수성을 배울 수 있습니다. 독서 교육 전문가들도 아이가 동시를 읽었을 때의 얻을 수 있는 이러한 장점들에 대해서 강조합니다.

풍부한 감수성을 포함해 문학이 주는 즐거움은 다양합니다. 사이언스지에 게재된 논문에 따르면 "**문학을 읽는 사람은 비소설이나 대**

중소설을 읽은 사람보다 상대방의 마음을 이해하는 인지적 공감 능력이 더 높았다"(2013년 카스타노와 데이비드 코머키드의 연구: 문학 소설을 읽으면 마음의 이론이 향상된다)고 합니다.

미래 사회에서 필요한 능력 중 자주 언급되는 항목이 바로 공감 능력입니다. 단순히 공부를 위한 독서가 아니라 순수하게 좋은 문학 작품을 읽는다면 내적 성장은 물론 미래 사회가 원하는 인재가 되는 데도 큰 도움이 될 수 있습니다.

◇ 역사란 무엇인가?

"역사를 아는 자는 인생을 두 배로 사는 것이다." 국내에서 출판된 번역본으로는 총 6권, 4,150쪽에 달하는 『로마제국 쇠망사』를 집필한 영국 작가 에드워드 기번이 한 말입니다. 안타깝게도 중·고교생들에게 '역사란 무엇이냐'는 질문을 한다면, 십중팔구 '지루한 암기 과목'이라는 답을 합니다. 실제로 수능시험 과목인 국사는 수험생들에게 오랜 시간 동안 기피 대상이었습니다. 재미가 없고 외울 분량이 많으며 어렵다는 이유에서였습니다. 초등학생들이 가장 어렵게 생각하는 과목 역시 사회(초등 5학년 사회에 국사 포함)라고 알려져 있습니다.

이와 같은 추세는 입시에도 이어집니다. 2016학년도에는 수능 사회탐구영역에서 한국사의 선택 비율이 11.5%, 세계사는 6.9%에 불과할 정도로 인기가 없었습니다. 시험을 볼 필요가 없으니 역사는 그동안 공부할 가치가 없는 과목이었습니다. 그래도 2017년 수능부터는 한

국사가 필수과목으로 부활했다는 점은 다행스러운 점입니다.

하지만 역사를 배워야 하는 이유는 단순히 입시를 잘 보기 위해서만은 아닙니다. 역사는 그 시대에 벌어진 사건이 남긴 단순한 정치적 기록물의 한계를 넘어 그 시기의 경제, 사회 분야의 기록을 가지고 있습니다. 또한, 과학, 수학, 음악, 미술의 발자취도 찾을 수 있는 거의 모든 지식이 집대성된 종합적인 학문이라고 해도 과언이 아닙니다. 역사는 과거의 사고방식이나 제도 또는 풍습이나 관습을 이해함으로써 앞으로 어떻게 살아야 할지를 배울 수 있는 과거를 읽는 거울이며, 통찰력과 비판적 사고력 그리고 판단력도 기를 수 있도록 도와줍니다.

역사를 다양하고 깊이 있게 공부하지 않고 시험을 위해 단편적으로만 배웠다면, 임진왜란은 왜가 조선에게 엄청난 피해를 입힌 전란 정도로만 생각하기 쉽습니다. 서애 유성룡의 『징비록』에는 임진왜란 당시의 비참하고 처절한 상황들이 묘사됩니다. 이를 읽게 되면 왜 역사를 잊지 말아야 하는지를 저절로 깨닫게 됩니다.

달걀을 깨트려 세웠던 일화로도 유명한 탐험가 콜럼버스도 역사를 제대로 알면 다르게 보입니다. 그는 아메리카 대륙을 발견한 위대한 영웅으로 알려졌지만, 실제로는 자신의 이익을 위해 수단 방법을 가리지 않고 노예무역을 자행했던 잔인한 사람이었다는 사실을 아는 이는 많지 않습니다. 역사를 깊게 배우는 일은 이렇게 과거를 거울로 삼아 현재와 미래를 살아갈 지혜를 줍니다.

깊이 있는 역사 공부는 우리는 잊지 말아야 할 진짜 중요한 사실들을 알려 줍니다. 다양한 책과 체험을 통해 재미있게 배울 수 있다면 역사는 그 어떤 학문보다 즐겁고 재미있어질 뿐만 아니라 아이의 내적 성장에 큰 도움을 줍니다.

물론 아이에게 아직 역사는 용어 자체의 난도가 높기에 어려울 수 있습니다. 이럴 때는 역사 학습 만화를 활용하는 것도 나쁜 선택지는 아닙니다. 시중에 나와 있는 어린이용 역사책은 『한국사 대모험』에서 『용선생 한국사』까지 다루는 내용과 수준이 천차만별입니다. 도서관이나 서점을 통해 아이의 수준에 맞는 책을 찾아준다면 어렵게 생각했던 역사에 금방 익숙해질 수 있습니다.

◇ 철학의 존재 이유

미국 MIT의 인공지능연구소 공동 설립자이자 인공지능의 아버지로 불리는 중 마빈 민스키는 하버드대학 시절 철학에 몰두했다는 특이한 이력이 있습니다.

철학(哲學)의 사전적인 의미는 '인간이나 세계에 대한 지혜·원리를 탐구하는 학문'입니다. 심오한 주제와 내용이 많기에 일반인들에게는 어려운 학문이라는 이미지가 강하고 실용적인 학문과 반대의 의미로 자주 언급됩니다. 물론 현실은 더 냉혹합니다. 철학은 온전한 직업을 얻기 어려운 학문이라며 폄훼합니다. 무조건 틀린 말은 아닙니다. 조사(한국교육개발원)에 따르면, 인문사회 계열의 취업률은 다른 계열들보다 낮고 60%도 되지 않아 가치를 인정받지 못하고 있습니다.

이런 실정이라도 철학을 배워야 하는 이유는 분명합니다. 『철학은 어떻게 삶의 무기가 되는가』의 저자 야마구치 슈는 철학을 배워야 하는 이유를 크게 네 가지로 정리했습니다.

첫째, 상황을 정확하게 통찰하고 해석할 수 있다.

둘째, 비판적 사고의 핵심을 배운다.

셋째, 과제를 정한다.

넷째, 같은 비극을 되풀이하지 않는다.

그동안 철학자들은 '인간이란 어떤 존재인가'에서 시작해 '어떻게 살아야 할 것인가'와 같은 질문들을 끊임없이 스스로 던지고 답을 찾아왔습니다. 철학의 질문들은 논리력을 바탕으로 하며 좀 더 나아가면 수학과 과학으로도 확장됩니다. 과거에 살았던 위대한 사상가들과 대화하며 인간과 세계에 대한 근본과 본질은 무엇인가에 대한 물음의 답을 찾으려 합니다. 예전부터 철학은 모든 학문의 근원이었습니다. 그러므로 철학을 공부한다는 것은 모든 학문의 근원에 대해 배울 수 있음을 의미하며, 인간의 고유 능력인 공감적 능력과 창조적 상상력을 일깨우는 최고의 기회인 셈입니다.

"나는 무엇을 좋아하며 무엇을 잘하는가?"와 같은 간단한 질문에서부터 나중에는 가치 판단의 문제로도 얼마든지 아이와 대화를 나눌 수 있습니다. "화장실을 사용하기 위해 줄을 서고 있는데 갑자기 화장실이 급하다며 새치기를 한 친구를 이해해 줘야 하는가?, 열차 사고가 나는데 왼쪽으로 꺾으면 내 가족 1명만 희생되고, 오른쪽으로 꺾으면 모르는 사람 100명이 희생된다면 너는 어느 쪽으로 가야 한다고 생각하니?(일명 트롤리 딜레마)" 이런 정답이 없는 질문은 아이가 철학적 사고를 키우는 데 많은 도움이 됩니다. 미리 겁을 먹을 필요 없이 철학자의 삶과 사상을 쉽게 풀어서 아이도 읽을 수 있게 된 가벼운 책을 접하는 방식으로 시작해도 됩니다.

철학, 문학, 역사학에 대해 아이가 접하고 심오한 주제에 대해서 고민해 보는 시간은 매우 유익합니다. 인문학의 본고장인 미국은 전통적으로 인문학 교육에 대해 관심이 깊습니다. 하버드나 예일대학교의 졸업생 수를 보면 역사학이나 인문학이 높은 순위를 차지합니다. 그와 반대로 한국은 인문학 전공자에 대한 시선이 그리 좋지 않습니다. 제가 대학을 다니던 때도 그랬고, 지금도 가장 인기 없는 학과는 인문학의 대표 주자인 일명 문사철(문학, 역사학, 철학)입니다. 낮은 취업률 때문이지만, 이런 학문의 중요성은 점점 커지고 있습니다. 그동안 계속 천대받던 인문학이 최근 급변하는 세계 환경 속에서 높은 가치를 지니며 4차 산업혁명의 동반자로서 재조명되고 있고 융합적인 사고를 위해 꼭 필요한 학문이 되었다는 사실을 현명한 부모는 놓치지 말아야겠습니다.

05

CQ를 키우는 질문

아이가 정말 원하는 일을 찾아줄 수 있을까?

> 당신이 할 수 있는 가장 큰 모험은 꿈꾸는 삶을 사는 것이다.
>
> – 오프라 윈프리

'38%, 27%!'

「2022년 초·중등 진로 교육 현황조사」에서 "나는 꿈이 없어요."라고 답한 학생의 비율입니다. 일선 학교에서 진로 교육 프로그램들이 도입되었지만 완벽한 역할을 하지 못하고 있음을 드러내는 통계입니다. 그나마 꿈이 있다고 응답한 아이들에게 가장 인기 있는 직업은 교사였습니다. 무엇을 해야 할지 모르기에 부모나 사회가 선호하는 직업을 가지겠다고 답하는 비율이 높을 수밖에 없습니다.

이렇게 자신의 장래 희망을 정하지 못하고 진학을 한다면 대부분

성적에 맞춰서 고등학교와 대학에 가게 됩니다. 대학이라는 간판이 모든 것을 책임져 주지 않기에 대학생이 되더라도 상황이 크게 나아지지 않습니다. 2021년 기준으로 대학을 중퇴하는 일명 '중도 탈락 비율'이 5%에 육박한다는 사실이 이를 증명합니다. 다들 경험하셨듯 장래 희망을 찾는 일은 인생에서 생각보다 중요합니다.

◇ 아이의 장래 희망을 찾기 위해 해야 할 부모의 역할

아이가 진짜 하고 싶은 일이 뭔지 모르겠다고 말하는 안타까운 현실은 어제오늘 일이 아닙니다. 공부를 잘하도록 이끌어 줄 뿐만 아니라 아이의 적성을 찾아 주고 그에 맞는 역량을 개발할 수 있도록 끌어 주는 역할도 부모의 일입니다.

우리 아이가 뭘 좋아하는지 모르겠다고 말하는 경우는 많습니다. 해결 방법은 그리 어렵지 않습니다. 기회가 닿는 대로 직업 체험 프로그램을 비롯해 학교의 방과후 수업을 비롯한 문화센터, 복지관 등에서 운영하는 수업을 통해 비용에 대한 부담 없이 다양한 직업군에 대해 체험시켜 주면 됩니다. 우리 집 둘째는 큐브를 유튜브로 처음 접했고, 이후 학교의 방과후 수업으로 제대로 배운 뒤 초등부 대회에서 은상까지 수상했습니다. 첫째 역시 학교의 방과후 로봇 조립 수업을 통해 기계의 메커니즘에 대해서 배우고 손재주도 익혔습니다.

물론 이러한 과정을 시도하다 보면 아이와 갈등이 생길 수도 있습니다. 아이의 귀찮음과 싫음을 구분하고 설득할 수 있는 능력도 부모에게 필요하다는 사실을 기억해야 합니다. 이런 다양한 프로그램을 통한 얻은 경험들은 아이가 강점을 보이는 분야를 찾을 수 있도록 도와줍니다. 여기서부터 접근해 나간다면 아이 역시 자신이 어느 쪽에 흥미가 있는지 스스로 생각해 볼 기회가 많아지게 되니 청소년기가 되었을 때 진로에 대해서 깊은 고민을 하게 되는 시점에 큰 도움이 될 수 있습니다.

◇ 동상이몽

2022년에 교육부에서 초등학생들의 희망 직업을 조사했습니다. 운동선수(1위), 유튜브 크리에이터(3위), 요리사(5위), 프로 게이머(6위), 가수(9위) 순이었습니다. 그와 반대로 자녀가 가졌으면 하는 학부모들의 희망 직업에서는 공무원(1위), 선생님(2위), 회사원(5위) 순이었습니다. 그런데 정부가 지정한 미래 혁신 성장 분야에서 유망한 직업은 무인자동차 엔지니어, 스마트시티 도시 계획가 및 교통 전문가, 바이오헬스 생명과학연구원, 스마트 헬스케어 전문가, 핀테크 앱 개발자, 금융공학 전문가, 드론 엔지니어, 스마트팜 컨설턴트, 스마트 공장 엔지니어 등 이름조차 생소한 직업들이 많습니다. 미래 유망한 직업은 미뤄 두더라도 이처럼 아이와 부모의 희망 사항에서 생기는 이러한 의견 차이는 청소년기를 거치면서 가족 간의 갈등을 유발할 여지가 있습니다.

물론 아이의 판단력이 아직 완벽하지 않기에 부모가 진로 결정에 의견을 내고 개입할 수도 있지만, 그 방식은 분명히 정할 필요가 있습니다. 일단 부모가 직업에 대해 직접적이고 구체적인 조언을 하는 방식은 바람직하지 않습니다. 도리어 간섭처럼 느껴져서 아이와의 갈등을 부를 수 있습니다. 아이가 자신이 무엇을 잘하고 무엇을 좋아하는지에 대해서 명확히 찾을 수 있도록 꾸준한 조언과 도움만으로도 충분합니다. 그를 통해 아이는 스스로 고민할 시간과 선택의 기회를 가질 수 있습니다. 게다가 우리가 살아가는 이 세상은 이 순간에도 변하고 있기 때문에 부모가 알고 있는 직업적 지식 또한 절대적으로 옳다고 보기 어렵다는 사실도 기억해야 합니다.

예전에 코엑스에서 빅데이터 전문가인 다음소프트 송길영 부사장의 강의를 들은 적이 있습니다. 그때 가장 인상적인 내용은 바로 "빅데이터도 이제 사양 산업"이라는 말이었습니다. "아이들이 빅데이터 관련 학과에 가면 취업이 잘되지 않을까?"라는 우스갯말을 강의를 듣기 얼마 전에 한 적이 있었기에 더욱 그렇게 느껴졌습니다.

◇ 현실성이 없더라도 아이의 꿈을 존중해 주세요.

아이들이 1학년 때에 학교에서 부모 참관 수업을 한 적이 있습니다. 순서대로 돌아가면서 장래 희망에 대한 발표를 했습니다. 농부나 어부가 꿈인 친구도 있었고, 네일 아티스트를 희망하는 친구도 있었습니다. 하지만 저를 당황스럽게 하고 부모님들의 관심을 끈 꿈은 첫째의 장래 희망이었습니다. 바로 '연금술사'였기 때문이었죠. 좋아하는 만화에서 본 캐릭터의 직업이 연금술사였고 그것이 아이의 흥미를 꽤 끌었던 모양이었습니다.

현재는 사라져 역사 속에 남겨진 직업이지만, 중세 시대의 연금술사는 화학자에 가까웠습니다. 아이의 이야기를 듣고 나서 웃음이 나기는 했지만, 허무맹랑한 소리라 여기지 않고 아이의 꿈을 격려해 주었습니다. 화학에 대한 관심을 유지할 수 있도록 다양한 책이나 영상으로 간접적으로라도 경험할 수 있도록 돕고 그 직업에 대해 굳이 단점을 들춰 내지도 않았습니다. 그 이후로 아이는 다양한 원소에 관심을 가지기 시작했고, 얼마 뒤에는 제가 사준 주기율표 책도 보기 시작했습니다.

원소 기호를 빠른 속도로 외워 나가기 시작했으며, 현미경으로 작은 물질들까지 살펴보기도 했습니다. 결국 5학년 학교 학예회 때는 주기율표 118개의 원소명, 원소 기호, 원소 번호를 모두 외우는 걸로 자신의 능력을 증명하기도 했습니다. 부모가 아이의 관심사를 평가하지 않고 그에 대한 흥미를 잃지 않도록 돕자 아이는 꾸준히 관심을 확장시킬 수 있었습니다.

부모가 이렇게 옆에서 무던히 애를 쓰더라도 아이는 호기심에 따라 다양한 분야에 관심을 가지고 내가 언제 그걸 좋아했느냐는 듯 순식간에 다른 분야로 갈아타기도 합니다. 그렇기에 부모의 바람과 거리가 먼 직업군에 대해 흥미를 갖고 있다고 해서 아이의 꿈을 미리 꺾을 필요가 없습니다. 아이의 적성과 재능은 하루아침에 찾아지지 않습니다. 부지런히 아이의 관심사들이 옮겨 가는 모습을 살펴보며 그에 따른 도움을 꾸준히 주면 목적지에 도착할 수 있습니다.

아이가 좋아하는 분야가 있다면, 그 분야의 꿈을 이루었을 때의 자기 모습을 구체적으로 떠올려 볼 수 있도록 도와주세요. 많은 작가는 아이가 원하는 모습, 롤모델이 될 만한 사람의 사진이나 관련된 그림을 항상 접하도록 하는 방법도 좋다고 합니다. 본받고 싶은 이들에 대한 글을 써 보는 방법도 도움이 됩니다. 막연하게 무엇이 되겠다고 생각만 하기보다는 아이가 동기 부여를 얻고 도전하도록 만들어 주기 때문입니다.

◇ 직업에서 돈이 아닌 꿈과 행복을 찾아야 합니다.

현재 우리나라에 등재된 직업의 개수는 1만 6,800개에 이른다고 합니다. 그렇지만 그 많은 직업 중 아이나 부모 세대가 만족할 만한 인기 직종은 100개가 채 되지 않습니다. 공무원, 공기업이나 대기업 직원, 교사, 법조인, 의사, 약사, 회계사, 연예인, 프로스포츠 선수 정도죠. 우리 부모 세대도 직업의 세계에 대해서 제대로 배우지 못한 채 어른이 되었듯 아이들도 마찬가지입니다. 학교에서는 예전과 비교해서 폭넓게 진로 지도를 해 주고 있지만, 만족스러운 수준은 아닙니다. 이런 점을 보완하기 위해서 초등학생용 진로 검사인 주니어 커리어넷 또는 홀란드 검사를 참고 자료로 충분히 활용할 수 있습니다. 현재 한국직업능력개발원, 한국청소년상담원, 워크넷 등에도 다양한 직업 관련 진로 적성검사 프로그램이 있습니다. 물론 아직 아이가 어리기에 앞으로의 가능성은 무궁무진하므로 한두 번의 검사로 직업군을 구체화할 필요는 없습니다. 검사 결과를 바탕으로 큰 줄기 정도의 진로 탐색으로 아이에게 동기 부여를 할 수 있는 정도면 충분합니다.

그와 더불어 아이와 함께 평소에 자주 나누어야 할 이야기가 있습니다. 직업을 고를 때 돈을 가장 중요한 요소로 생각하지 않도록 하는 점입니다. 친한 후배가 취업 준비를 할 때 두 군데의 면접이 같은 날에 잡혔다며 어느 회사의 면접을 보면 좋겠냐는 조언을 구해 왔습니다. A는 공기업이며 근무지가 수도권이고, B는 대기업이며 근무지는 경남 창원이지만 초임 연봉이 A보다 400만 원이 더 많았다고 합니다. 그 친구는 수도권에서 태어나 대학까지 다녔기에 제 기준에서는 답을 정하기 어렵지 않았습니다. 그런데 진지하게 고민하던 후배는 "아무래도 초임이 더 많은 회사가 더 낫겠죠?"라는 답으로 저를 당황스럽게 만들었습니다.

당연히 직업은 돈을 벌기 위한 목적이 제일 큽니다. 저 역시 그러하니까요. 취업 관련 카페의 기업 정보에도 초임 연봉은 직업 선택의 중요한 판단 기준이 됩니다. 다만 그 외에도 복지를 비롯하여 근무 환경, 조직 문화, 성장 가능성 등도 중요한 고려해야 할 사항입니다. 직업을 구하는 데 고민해야 하는 요소 중에 돈이 최우선이 된다면 그 직업에 대한 만족도는 불을 보듯 뻔합니다. 아이가 꿈과 미래, 자기 만족, 행복에 대해서도 고민해 보고 직업을 판단하고 결정할 수 있는 안목을 키워야 하는 이유입니다.

◇ 대학은 왜 가는지 알고 있나요?

근래 대학들이 많이 폐교되고 통합된다는 뉴스가 자주 언급됩니다. 학생들의 수도 줄어들고 있으며 대학의 역할도 미래 사회에서의 생존을 위해 점점 바뀌고 있습니다. 하지만 아직 부모 세대는 대학교의 간판에만 연연하는 경우가 많아서 안타까움을 자아낼 때가 많습니다. 아이에게 진정한 꿈이 있고 그 목표를 달성하기 위해서 대학 진학을 해야지 간판을 위한 목적이 되어서는 안 됩니다.

물론 아이가 무엇을 공부하든 명확한 목표를 가지고 해 나간다면 이런 걱정을 할 필요가 없습니다. 그렇지만 삶의 목표가 아닌 대학조차도 목적 없이 점수나 등급에 매달려 달리기만 하는 경우도 많습니다. 공부는 많은 인내력을 요구합니다. 목표가 없는 공부 역시 똑같습니다. 단기적인 목표로는 가까운 시일 내에 치르는 시험 성적이 되겠지만, 장기적으로는 자신의 장래를 위해 공부한다는 사실을 기억하게 만들어야 합니다. 결국 적성을 찾지 못하고 동기 부여가 되지 않으면 장기 레이스에서 좋은 결과를 내기가 힘들 수밖에 없습니다.

서울 강남의 한 일반고는 2020학년도 수능 이후 재수 선택 비율이 64%나 되었다고 합니다. (학교알리미 사이트 조사) 그 이유는 당연히 명문대학에 진학해서 가정과 사회에서 인정받고 싶은 욕구를 충족시키기 위해서입니다. 좋은 대학의 간판이 사회적인 지위와 높은 취업률을 보장한다는 공식을 아직 굳게 믿고 있기에 한국에서는 당장 눈앞의 성적도 중요합니다. 그렇지만 아이가 정말로 원하고 관심을 가지는 분야가 무엇인지도 대화를 통해 알아 가고 경험을 시켜 줄 필요가 있습니다. 이런 부분을 간과한다면 아이는 대학을 가서도 자신의 선택에 확신을 갖지 못하고 고민하면서 소중한 시간을 허비할지도 모릅니다.

우리는 언제나 나무가 아닌 숲을 보는 사람이 되어야 한다고 배워 왔습니다. 그렇지만 언젠가부터 조급한 마음에 당장 눈앞의 나무(아이의 성적)에만 지나치게 연연해서 숲(아이의 장래)을 놓치고 있지는 않나요?

CQ를 키우는 질문

악기를 배우는 데
시간을 꾸준히 투자할 수 있는가?

> 음악은 우리에게 사랑을 가져다 주는 분위기 좋은 음식이다.
>
> – 윌리엄 셰익스피어

'오디션의 민족'

TV 속 프로그램들을 보면 그야말로 오디션의 홍수라고 해도 과언이 아닙니다. 발라드, 성악, 힙합, 트로트까지 장르를 불문하고 음악 경연 프로그램은 방송을 할 때마다 선풍적인 인기를 끌었고 지금도 꾸준히 방송되고 있습니다. 피로감을 느낄 법도 한데 방송가에서 계속 이런 프로그램을 제작하는 이유는 아직까지 사람들의 관심을 끌 수 있어서입니다. 우리나라는 특히 음악을 사랑하는 흥이 많은 민족으로 알려져 있습니다. 노래 부르기, 음악 감상, 악기 연주 같은 음악 활동은 단순한 취미나 여가 활동으로 여기는 경우가 많지만 그보다 더 큰 에너지를 줍니다.

제 인생에서 가장 후회되는 일 중 하나가 바로 피아노를 계속 배우지 않았다는 점입니다. 성인이 되어서 의욕을 가지고 몇 개월 정도 수업을 받아보았지만 굳어진 손가락의 한계를 깨닫고 중도 포기하고 말았습니다. 그런 이유로 아이에게는 악기만큼은 조금만 해도 좋으니 꾸준히 손에서 놓지 않았으면 좋겠다고 말합니다. 아이가 꾸준히 음악과 함께했을 때 얻는 장점은 생각보다 많습니다.

◇ 대부분 다 경험시켜 보지만 끝까지 시키지는 않는 음악

부모들은 악기를 저학년 때 꼭 시켜야 하는 교육이라 인식하고 있습니다. 대표적인 악기가 바로 피아노입니다. 악기를 배우기 위해서는 현실적인 제약이 존재하지만, 피아노는 다행히도 대중적으로 접하기 쉬운 편입니다. 저렴한 중고 전자피아노도 많아 꾸준히 연습할 수도 있습니다. 시작이 어렵긴 하지만 음계를 익혀 가면서 음악적 능력을 키우면 3학년 때부터 본격적으로 배우는 음악 수업에도 도움도 됩니다. 악보를 읽고 이해하는 과정을 통해서 수학적인 능력도 키울 수 있습니다.

문제는 악기를 어렸을 때 잠깐 해 보는 경험 정도로 여겨서 고학년이 되는 순간부터는 부모가 계속 시키려고 하지 않는다는 점입니다. 이는 독서 시간이 줄어드는 추이와 비슷합니다. 학업 부담이 커지는 고학년 때는 예체능에 투입할 시간적, 정신적, 육체적, 금전적인 여유가 줄어듭니다. 그렇기에 다른 과목들보다 포기하는 속도가 빠릅니다. 아이도 2~3년 같은 활동을 반복하다 보면 슬럼프가 찾아오기 마련인데, 음악을 전공으로 삼을 생각이 아니라면 이때를 부모들도 놓치지 않습니다.

그렇다면 꾸준히 습득해 온 악기 연주 실력이 정말 아이들의 성적이나 교육에도 그다지 도움이 되지 않을까요? 예전 MBC의 「공부가 뭐니」에 출연한 카이스트 영재교육원장이 카이스트 학생들을 대상으로 '엄마 말 듣기를 잘했다 싶은 적은?'이라는 질문을 했다고 합니다. 그때 비율이 제일 높게 나온 답변이 '악기를 계속 배울 수 있도록 해주신 점'이었다고 합니다. 이 문제에 대한 답은 여기서 충분히 찾을 수 있습니다.

◇ 행복과 성공을 위한 동반자

8개 국어를 한다고 알려진 방송인 타일러 라쉬 씨를 만나서 인터뷰를 하던 중 취미에 대한 질문이 나왔습니다. 자신의 취미 중 하나가 작곡이라고 말했습니다. 독서나 언어 공부가 아닐까 생각했던 제게는 의외의 답변이었습니다.

프랑스 대통령이었던 퐁피두가 제시했던 중산층의 기준 중 한 가지는 '다룰 줄 아는 악기가 하나 있는 것'이라고 합니다. 프랑스 국민들은 다른 여느 선진국에 비해 삶의 질을 중요시하는 문화로도 유명합니다. 행복으로 대표되는 삶의 질에서 음악이 차지하는 역할이 얼마나 큰지 깊게 생각하도록 하는 대목입니다. 역사적으로 뛰어난 업적을 남긴 사람들 역시 음악이라는 동반자가 있다는 공통점이 있습니다.

수학과 철학, 과학 분야의 큰 업적을 남긴 위대한 인물의 상당수가 뛰어난 음악가이며, 음악을 사랑했었다고 알려져 있습니다. 아인슈타인은 바이올린 독주가 가능했던 뛰어난 연주자였습니다. 그와 함께 20세기 최고의 과학자로 일컬어지며 노벨상까지 받았던 리처드 파인만도 마찬가지입니다. 그는 음악을 굉장히 사랑한 나머지 원자폭탄의 폭발 반경을 기타 연주로 계산했으며, 아마추어 타악기 연주자로 활동하기도 했습니다.

기록에 의하면 중세 유럽 르네상스 시대의 가장 유명한 인물 중 하나인 레오나르도 다 빈치는 바이올린의 전신으로도 알려진 '리라'라는 악기를 만들었다고 합니다. 철학자 프리드리히 니체 역시 "음악이 없다면 인생은 한낱 실수일 뿐이다."라는 말을 남겼으며, 그와 더불어 뛰어난 철학자였던 장 자크 루소는 뛰어난 음악평론가이기도 했습니다.

◇ 음악이 주는 특별한 선물

하버드 의대 연구팀은 피아노나 현악기를 최소 3년 이상 배운 8~11세 어린이 41명과 악기를 배우지 않은 어린이 18명을 대상으로 소리 구분 능력, 손가락의 민첩성, 지능 지수(IQ) 등을 조사했습니다. 그 결과 악기를 다루는 어린이는 다루지 않은 어린이보다 어휘력 점수가 15% 높았으며, 도형=그림=숫자를 통한 추리력 점수도 11% 높았습니다.

2019년 『교육 심리학 저널』에 실린 논문도 이 주장을 뒷받침합니다. 캐나다 브리티시 컬럼비아주 공립학교 학생들 중에서 초등학교부터 쭉 음악을 배워 온 학생들이 그렇지 않은 학생보다 영어, 수학, 과학에서 나은 성취를 보였다고 합니다. 이런 경향은 노래보다 악기를 배운 학생에게 더 크게 나타났습니다.

대부분의 악기는 연주하기 위해서는 양손을 사용해야 합니다. 악보는 다양한 조성, 박자, 화음으로 구성되어 있습니다. 이를 습득함으로 인해 인지 능력과 학습 능력, 창의성을 기르는 데도 큰 도움이 될 수 있습니다.

음악은 이처럼 두뇌 계발에도 큰 효과가 있을 뿐 아니라 정서적 안정과 발달에도 영향을 미쳐 회복 탄력성과 성취감을 키우는 데 많은 도움이 됩니다. 완벽한 연주를 위해 쉼 없는 연습이 필요합니다. 그 과정은 실패와 지루함의 연속일 수밖에 없습니다. 그 시간을 극복하고 다시 도전해서 좋은 연주를 만들어 냄으로써 아이는 내적인 성장을 이뤄낼 수 있습니다.

연주를 꼭 직접 하지 않아도 효과를 얻는 방법은 또 있습니다. 연주나 음악을 듣는 행위만으로도 비슷한 효과를 얻을 수 있습니다. 음악 치료가 바로 그런 경우입니다. 미국에서는 음악의 힘을 폭넓게 활용하기 위해 음악 치료 학회를 만들었습니다. 이 학회에서는 음악 치료를 "신체 및 정신 건강을 유지, 향상하기 위해 치료적 목적으로 음악을 사용하는 과정"이라고 정의하고 있습니다. 음악 감상으로도 엄청난 효과를 얻을 수 있다는 의미입니다.

앞으로 미래의 창의 융합형 인재가 되기 위해서는 음악은 중요한 키워드입니다. 그뿐 아니라 악기 하나를 스스로 연주할 수 있도록 해준다면 아이에게 돈보다 큰 유산이 될 수 있습니다. 자칫 무미건조해질 수 있는 삶을 더 풍요롭게 해 주며, 고단한 마음을 다스리는 데도 도움이 된다는 점만으로도 큰 가치가 있기 때문입니다.

07 

CQ를 키우는 질문

시간, 계획, 목표의 중요성을 가르쳐 줄 수 있는가?

> 변명 중에서도 가장 어리석고 못난 변명은 '시간이 없어서'라는 변명이다.
>
> – 에디슨

'평소는 5시간, 시험 기간에는 3시간'

2020학년도 수능시험의 만점자이자 『공부는 나를 절대 배신하지 않는다』의 저자인 송영준 학생의 수면 시간이라고 합니다. 그는 전교 꼴찌로 김해외고에 입학했으나 피나는 노력으로 서울대 자유전공학부에 입학했습니다. 실제로 '공부는 머리가 아닌 엉덩이로 해야 한다'라는 말은 일리가 있는 주장입니다.

그렇다고 송영준 군처럼 매일 잠을 줄여 공부하는 방법이 모두에게 효과가 있다고 보기에는 어렵습니다. 어른이라 하더라도 대부분 낮에 쏟아지는 졸음을 견디기가 어려울 테죠. 체력을 생각하지 않고 잠을 지나치게 줄이는 방식은 공부의 효율성을 떨어뜨릴 가능성이 높습니다. 수면 시간을 줄이는 방법을 선택하기 전에 깨어있는 시간을 최대한 효율적으로 써서 집중력을 높이는 방식을 우선순위에 두는 게 옳습니다. 송영준 군 역시 수면 시간 이외에 자투리 시간을 활용하는 방식으로 공부를 했다고 합니다.

◇ 시간의 소중함을 알려 주어야

『논어』의 「양화」 편에는 '세월은 나와 함께 있어 주지 않는다'라는 말이 있습니다. 시간은 철없을 때는 세상에서 제일 값싼 재화였을지 모르지만, 알고 보면 돈으로도 살 수 없는 가치입니다. 한때 "빌 게이츠가 땅에 떨어진 100달러를 본다면 줍는 것이 이익일까?"라는 질문이 화제가 된 적이 있었습니다. 정답은 '줍지 않는다'였습니다. 빌 게이츠의 1초 기회비용이 150달러이므로 100달러를 줍기 위해 시간을 사용한다면 되려 손해라고 계산했기 때문이죠. 우리의 1분 1초는 얼마만큼의 가치가 있을지 모르지만, 시간 관리의 중요성을 빨리 깨우치는 사람일수록 더 많은 일들을 성취할 수 있습니다.

중세의 철학자 임마누엘 칸트는 그 철학적인 성취만큼 지독할 정도로 계획적인 사람이었습니다. 오후 3시 반에는 늘 사색하며 산책했는데, 동네 사람들이 칸트가 지나가는 모습을 보며 시간을 짐작할 정도로 1분도 어긋나지 않았다고 합니다.

일의 중요도에 따라 순서를 정하고 얼마만큼의 시간을 할애할지에 대해서 고민하는 등 시간 관리 방법은 삶에서 중요한 역할을 합니다. 이렇게 계획적이고 체계적으로 시간을 사용한다면 시간의 가치를 극대화할 수 있습니다.

아이와 저녁에 대화를 나눠 보면 '시간이 없어서 하지 못했다'는 말은 어른만 하는 말이 아님을 깨닫습니다. 아이에게 '책을 읽었느냐?', '숙제를 했느냐?', '일기를 썼느냐?'라고 물으면 어느 순간부터 너무나도 당연하게 '시간이 부족해서 못 했다'는 말을 자연스럽게 합니다. 아이가 시간이 부족하다는 핑계를 대기 시작하면 정말 아이의 하루 일정이 소화하기 힘든 정도인지 함께 살펴볼 필요가 있습니다. 하지만 아이의 하루를 들여다보면 진실을 깨닫게 됩니다. 계획적으로 아껴 쓰지 않았을 뿐입니다.

◇ 일일 계획표를 만들자

공부의 신으로 유명한 강성태 작가의 『66일 공부법』을 보면, 작은 계획을 만들어 실천했을 때 66일이면 습관이 된다고 합니다. 이는 런던대학교 연구를 통해서 나온 결과로 하나의 행동이 습관이 되는 데까지 걸린 평균 기간입니다. 타고난 천재가 아니라면 꾸준히 하는 습관만이 꿈을 이루어 줄 수 있는 단 하나의 길일 수밖에 없습니다.

저도 아이들과 함께 이야기를 나누고 '66일 실천 계획표'를 작성했습니다. 독서와 일기를 비롯해 하루에 해야 할 일들을 정한 뒤 출력해서 벽에 붙였습니다. 아이들이 미션을 완료하면 칭찬 도장을 찍는 형태였습니다. 처음부터 과도하게 계획을 세우면 쉽게 포기할 수 있기에 일단 네 가지만 선택해서 해 보고 천천히 늘려 나가기로 했습니다.

고작 '일기 쓰기', '책 읽기', '수학 문제집', '정리정돈 10분' 단 네 가지 계획이었지만 아이들의 불만은 상당히 컸습니다. 없었던 일이 생겼으니까요. '이런 활동을 왜 하느냐?', '안 하면 어떻게 되느냐?' 등 질문이 쏟아졌습니다. 어르고 달래며 설득한 끝에 일단 보름 정도만이라도 해 보기로 했습니다.

아이들을 달래가며 계획표를 만들어 실행한 지 두 달 정도가 지나자 성과가 조금씩 나타났습니다. 아침에 일어나면 아이들이 일명 '할 것'이라고 부르는 일일 계획들을 스스로 하기 시작했습니다. 그 뒤로는 항목들을 조금씩 늘려 나갔고, 현재는 더 많은 계획들을 날짜와 시간에 따라 적절하게 순서를 정해서 해내고 있습니다.

아이가 아직 이런 경험이 없다면 스스로 자기 할 일을 계획하기 어렵습니다. 부모의 적절한 조언이나 개입이 당연히 필요합니다. 그렇다고 부모가 일방적으로 지정해 주기보다는 가족회의를 통해 협의해 나가면 좋습니다. 그때 계획의 실적에 대해 평가하고 새로 추가하거나 없애는 항목들을 정하고 분량이나 시간 조정을 원하는 항목들에 대해서도 의견을 나눕니다.

이 방법을 해 나갈 때 잊지 말아야 할 부분이 있습니다. 한두 번 정도 계획대로 하지 않았다고 해서 아이를 혼내지 않아야 하며, 부모를 위한 일이 아니라 자신을 위해서 하는 일이라는 점도 알려 줘야 합니다. 목표를 달성해 낸다면 칭찬을 아끼지 않고 충분히 자유 시간을 가지게 해 주면 됩니다. 혹시 초반에 아이의 저항이 강하다면 외적 보상(IT 기기 사용)도 무리가 되지 않는 범위 내에서 허락해 주는 방법도 나쁘지 않습니다.

◇ 시간 계획표를 만들자.

아이가 2학년일 때부터 시작한 일일 계획표는 적잖은 효과를 보았습니다. 하지만 조금 더 생각해 보니 시간 계획 세우는 방법도 잡을 필요가 있겠다는 생각이 들었습니다. 사실 2020년부터 코로나19로 인해 학교 수업이 온라인으로 전환되었던 시기라 더욱 시간 관리의 필요성이 커져서였습니다. 집에 있는 시간이 많은 아이에게 모든 계획을 자율에 맡겨 놓고 스스로 잘할 수 있을 거라 믿는다면 자율성이라기보다는 방임과 다름없습니다.

아이에게는 아직 시간이라는 개념이 없습니다. 부모가 먼저 기본적인 틀을 만들어 줘야 합니다. 세부적인 부분들은 아이들이 부모의 지도를 받으며 스스로 만들어 나가면 됩니다. 일단 해야 할 공부에 할애하는 시간과 분량은 구체적으로 정해 줘야 합니다. 특히 방학은 일어나는 시간이나 식사까지 학기 중 일상생활의 리듬과 달리 흐트러지기 쉽습니다. 이를 방지하기 위해 집에서의 시간 계획도 학교의 시간표와 비슷한 형식으로 만들어서 관리한다면 좀 더 효율성을 높여 알찬 방학을 보낼 수 있습니다.

아이의 생활이 100% 계획대로 지켜지면 좋겠지만 쉽지 않습니다. 일단 계획표를 만드는 행위 자체만으로도 의미는 큽니다. 시간표대로 진행하다 보면 처음에는 당연히 시간이 부족할 테고, 지키지 못하는 날도 많을 겁니다. 그런 경험을 거쳐 자신이 시간을 허투루 낭비하고 있다는 사실도 깨닫게 되며 좀 더 좋은 방법을 스스로 생각할 수도 있게 됩니다. 꾸준히 칭찬과 격려를 해 주며 한 달 정도만 유지해 보면 변화를 체감할 수 있습니다.

『관자』 제3권 제9편 「유관도」에서는 "느리게 해야 할 일과 급하게 해야 할 일을 따질 수 있으면 위태로워도 어려움이 닥치지 않는다."라고 했습니다. 계획과 순서를 짤 수 있는 능력은 살아가면서 큰 경쟁력이 될 수 있습니다. 어렸을 때부터 시간 관리 기술과 일의 우선순위를 정하는 습관을 키워 준다면, 시간이 갈수록 이익이 늘어나는 복리처럼 아이에게 큰 도움이 될 것입니다. 이는 공부의 효율성과 집중력을 높이는 데 직결됩니다.

시간이 있을 때 달력에 월간 가족행사 계획표도 만들어 보면 좋습니다. 다가오는 날짜에 미리 무엇을 해야 할지 아는 것은 아이들이 마음의 준비를 하는 데도 도움이 됩니다. 예를 들면 예방 접종, 병원 진료, 친구들 초대, 가족 생일, 나들이 같은 행사들 말이죠. 학교를 띄엄띄엄 다녔을 때는 등교일을 표시해 두기도 했습니다.

계획표를 만드는 과정은 생각보다 시간이 걸립니다. 그렇기에 비효율적인 활동이라고 치부하거나 어차피 잘 지키지도 않는데 '뭐 하러 그런 데에 시간을 낭비하냐?'라고 하는 분도 계십니다. 그 시간에 책을 읽으면 더 좋지 않겠느냐고 하면서 말이죠.

하지만 계획을 만드는 일은 시간 관리의 효율성을 높인다는 차원뿐만 아니라 집중력, 일의 우선순위를 정하는 능력을 키울 수 있다는 점에서 습관이 된다면 충분히 투자 대비 효과가 뛰어난 활동이라고 할 수 있습니다. 30분을 투자해서 3시간을 아끼는 장사입니다.

계획표를 적다 보면 할 일은 많고 시간이 부족합니다. 이럴 때 시간을 조금이라도 아껴 쓸 수 있는 간단한 방법들이 있습니다.

일단 아침 식사 전 시간을 최대한 활용하는 방법입니다. 아침 시간은 고차원적인 두뇌 활동은 힘들지만 두뇌를 깨운다는 차원에서 각자 알맞게 가벼운 활동을 한다면 시간 활용에 도움이 될 수 있습니다.

그리고 자투리 시간은 스마트폰이 아닌 독서로 활용하세요. 앞에서 언급했듯 저는 아이들과 식당이나 병원 등 기다리는 시간이 있는 장소를 갈 때는 꼭 책을 챙깁니다. 최소 10분 이상은 활용할 수 있으며 누적된다면 무시할 수 없는 양이 될 수밖에 없습니다. 이런 시간이 하루 5분이라면 일요일은 제외하더라도 일주일이면 30분, 한 달이면 약 130분, 1년이면 약 24시간입니다.

◇ 스스로 하는 아이는 알아서 만들어지지 않아요.

아이가 스스로 자기 일을 해내기 위해서는 적당한 개입이 중요합니다. 심리학자인 스메타나(Smetana)는 특별한 연구를 했습니다. 그는 실험을 통해 아이가 모든 것을 자발적으로 선택하고 결정하더라도 자율성은 생기지 않는다고 밝혀냈습니다. 부모의 도움 없이 혼자 모든 일들을 통제 없이 알아서 하기 어렵다는 사실을 증명한 셈입니다.

부모의 적당한 개입의 중요성은 바움린드(Baumrind)라는 학자의 연구를 통해서도 확인됩니다. 그는 부모의 양육 형태를 권위적, 독재적, 허용적, 방임적 네 가지 유형으로 나누었습니다. 방임적 부모는 아이에게 지나치게 온정적이고 수용적인 형태를 보이는 경우를 말합니다. 허용적, 독재적인 유형도 바람직하지 않습니다. 민주적이지만 확실한 원칙을 가진 권위적 유형의 부모의 주도하에 아이의 자율성은 만들어질 수 있습니다. 만약 아이가 스스로 공부나 독서를 하지 않을 때는 부모가 적당한 범위의 통제권을 가지고 아이를 이끌어 나가야 합니다. 더불어 아이의 능력 안에서 이룰 수 있는 목표를 아이와 함께 정하고 성취해 나가야 한다는 점도 중요합니다.

그리고 계획표 습관의 성공적인 안착을 위해 놓치지 말아야 할 세 가지 원칙이 있습니다.

첫째, 아이가 잘해 냈을 때는 아낌없는 격려와 칭찬이 매우 중요합니다. 무엇이든 작은 목표 하나라도 스스로 달성한다면 아낌없이 칭찬해 주세요. 칭찬은 마법의 힘이 있으니까요.

둘째, 부모가 솔선수범할수록 성공할 확률은 높습니다. 저도 아이와 함께 계획표를 만들어서 실천했습니다. 부모가 함께 하는 도전은 아이들의 참여를 이끄는 데 가장 좋은 밑거름이 됩니다.

셋째, 융통성과 인내심이 필요합니다. 새로운 습관 만들기는 아이가 살아온 방식과 완전히 다른 새로운 도전입니다. 이런 도전은 성격과 환경에 따라 많은 시간이 필요할 수 있기에 적절히 계획을 조절할 수 있는 융통성과 너그러운 마음도 중요합니다.

"사람의 시간은 두루마리 휴지와 같다."라는 표현이 있습니다. 10대에는 줄어드는 줄 모르면서 사용하지만 시간이 지날수록 나중에는 줄어드는 속도가 훨씬 빠르게 느껴진다는 의미입니다. 그 말을 듣는 순간 저 역시 어렸을 때 시간을 아끼지 않고 낭비했던 기억이 떠올랐습니다. 시간을 되돌릴 수 없고 돈으로도 살 수 없음에도 우리는 지금도 허투루 쓰는 시간이 많습니다. 결국 아이에게 시간을 아껴 쓰고 계획적으로 쓸 수 있도록 가르쳐 주는 일은 장기적으로 큰 이익을 얻을 수 있는 투자라는 점을 잊지 마시길 바랍니다.

※ 목표를 써 놓은 일생 계획표(오타니 쇼헤이가 고1 때 만든 만다라트 계획표)

몸관리	영양제 먹기	FSQ 90kg	인스텝 개선	몸통 강화	축 흔들리지 않기	각도를 만든다	위에서부터 공을 던진다	손목 강화
유연성	몸 만들기	RSQ 130kg	릴리즈 포인트 안정	제구	불안정 없애기	힘 모으기	구위	하반신 주도
스태미너	가동역	식사 저녁 7수저 아침 3수저	하체 강화	몸을 열지 않기	멘탈을 컨트롤	볼을 앞에서 릴리즈	회전수 증가	가동력
뚜렷한 목표·목적	일희일비 하지 않기	머리는 차갑게 심장은 뜨겁게	몸 만들기	제구	구위	축을 돌리기	하체 강화	체중 증가
핀치에 강하게	멘탈	분위기에 휩쓸리지 않기	멘탈	8구단 드래프트 1순위	스피드 160km/h	몸통 강화	스피드 160km/h	어깨주변 강화
마음의 파도를 안만들기	승리에 대한 집념	동료를 배려하는 마음	인간성	운	변화구	가동력	라이너 캐치볼	피칭 늘리기
감성	사랑받는 사람	계획성	인사하기	쓰레기 줍기	부실 청소	카운트볼 늘리기	포크볼 완성	슬라이더 구위
배려	인간성	감사	물건을 소중히 쓰자	운	심판을 대하는 태도	늦게 낙차가 있는 커브	변화구	좌타자 결정구
예의	신뢰받는 사람	지속력	긍정적 사고	응원받는 사람	책읽기	직구와 같은 폼으로 던지기	스트라이크 볼을 던질 때 체구	거리를 상상하기

일생이라고 하면 뭔가 거창하고 어렵게 느껴질 수 있습니다. 부모조차 자신의 일생 계획표가 없는 경우가 허다합니다.

일생 계획표를 만들어 보는 것에 대한 흥미를 느끼게 된 계기는 바로 메이저리그에서 가장 유명한 선수인 오타니 쇼헤이 선수 때문이었습니다. 그는 고등학교 1학년 때 만다라트 계획표를 만들어서 실행했다고 합니다. 만다라트란 본질의 깨달음(Manda) + 성취(La) + 기술(Art)의 합성어입니다. 결국 그는 이 계획표의 최종 목표였던 8구단 드래프트 1위라는 목표를 달성해 냈습니다. 거기에 더 나아가 미국 메이저리그에서 명실상부 최고의 선수로 자리매김하게 되었습니다.

공부 지수를 키우는 질문 : SQ (Study Quotient)

목 차

1. 글쓰기 능력이 평생의 자산이 된다는 사실을 아는가?
2. 자기주도학습 능력을 키워 줄 수 있는가?
3. 국어 공부를 우선순위에 두고 있는가?
4. 진짜 영어 공부는 따로 있다는 사실을 아는가?
5. 수포자가 왜 생기는지 이해할 수 있는가?
6. 생각보다 어렵지 않은 유대인 교육, 하브루타를 아는가?
7. 어른에게도 중요한 몰입하는 힘을 키워 줄 수 있는가?
8. 조기 교육, 선행학습, 심화학습을 구분할 수 있는가?

SQ(Study Quotient)는 공부 지수를 일컫는 표현입니다. 부머리가 실제로 존재하느냐는 주제는 부모들에게 오랫동안 회자했던 해묵은 논쟁거리였습니다. 실제로 신경과학자들은 공부하는 뇌, 즉 공부머리는 80%가 타고나는 부분이고 노력으로 20%를 극복 가능하다고 합니다. 이런 말만 들으면 노력이 무슨 의미가 있을까 싶습니다. 하지만 공부머리가 없었지만 노력을 통해서 극복한 사례는 결코 적지 않습니다. 일단 아이의 공부머리가 부족하다고 쉽게 단정 지을 필요도 없으며, 만약에 그렇더라도 노력을 통해서 충분히 극복이 가능하다는 점을 잊지 말아야겠습니다.

SQ를 키우는 교육

글쓰기 능력이 평생의 자산이 된다는 사실을 아는가?

> 독서는 완성된 사람을, 담론은 재치 있는 사람을, 필기는 정확한 사람을 만든다.
>
> –프란시스 베이컨

우리 사회는 이제 SNS를 통해서 누구나 글을 쉽게 쓸 수 있는 1인 작가 시대가 되었습니다. 수많은 개인 블로거는 자신의 일상과 생각을 쓰고 있으며, 아마추어 작가들이 활동할 수 있는 글쓰기 전문 플랫폼도 점점 늘어났습니다. 성인을 대상으로 한 글쓰기 관련 책 또한 시중에 자주 출판되고 있습니다.

어른이 되어 입시도 끝났고 직장을 가지고 있는데도 끊임없이 글쓰기에 관심을 가지는 이유는 어른에게도 매우 중요하게 인식되는 활동이기 때문입니다. 직장인 578명을 대상으로 한 설문조사(조사: 마크로

밀엠브레인)를 보면 답은 명확해집니다. 보고서와 문서 작성에 스트레스를 받은 적이 있으며(88.4%), 글 쓰는 능력이 성공과 상관관계가 있다고 생각한다(77.7%)고 응답했습니다. 쓰기 능력은 업무 능력에서 상당히 큰 부분을 차지합니다. 직장에서 자주 쓰이는 기획서, 보고서, 제안서, 심지어 이메일까지도 모두 글로 상대방에게 내용을 전달하는 방식이기 때문입니다.

◇ 글을 못 쓰면 졸업을 못 하는 하버드대학

하버드대학교 졸업생 1,600명을 대상으로 한 설문조사에는 90% 이상이 글쓰기 능력이 자신의 업무에서 큰 비중을 차지한다고 답했습니다. 대학교에서도 마찬가지입니다. 하버드에서는 익스포스(Expos)라는 글쓰기 프로그램을 운영하고 있습니다. 재학 중일 때 수강을 하지 않으면 졸업장을 받을 수가 없는 과정이라고 합니다. 미국의 대학에서 학생을 선발할 때 가장 중요하게 평가하는 부분 중 하나는 '얼마나 논리적·창의적으로 생각하고 표현할 수 있는가'라는 점입니다. 『150년 하버드 글쓰기 비법』의 송숙희 작가는 하버드대학교의 명성은 글쓰기에서 나왔으며, 아이비리그의 저명한 교수들 역시 사고력과 창의력을 키우는 방법 중 글쓰기를 따라올 활동은 없다고 주장합니다.

우리나라의 대표 대학인 서울대학교는 어떨까요? 서울대에서는 2018년부터 글쓰기 지원센터를 운영하고 있습니다. 사회 각 분야의 잠재적 리더에게 요구되는 의사소통의 핵심 역량인 글쓰기 능력 강화를 위해 전문적이고 체계적인 교육 지원을 하기 위한 취지입니다. 안타깝게도 그 결실을 얻기까지는 더 많은 시간이 필요할 것으로 보입니다. 서울대 기초교육원 2019년 평가 자료에 따르면, 인문대 신입생의 글쓰기 능력은 약 3분의 1이 낙제점 수준으로 조사되었기 때문입니다. 이렇듯 글을 쓰는 능력은 짧은 기간의 벼락치기로 쌓을 수 있는 능력이 아닙니다.

◇ 한국에서 바칼로레아라니!

아직 구체화되고 있지는 않지만 우리나라에서도 IB(International Baccalaureate: 국제 바칼로레아) 도입을 검토하고 있습니다. 바칼로레아는 1808년 나폴레옹 시대부터 시작된 프랑스의 국가시험입니다. 시험 문제는 프랑스의 지성을 가늠하는 잣대로서 널리 인식되어 있습니다. 대입 자격 시험으로도 활용되며 비중이 높은 철학 시험은 4시간 동안 1개의 주제를 논문 형태로 작성합니다.

제주와 대구교육청에서는 이미 IB의 한국어화 관련 추진 협약을 맺었으며, 교육부에서는 적극적으로 도입 검토에 나섰습니다. 서울시 교육청도 초·중학교 일부를 국제바칼로레아 탐색 학교로 지정하겠다고 발표하고 절차를 진행 중입니다. 바칼로레아를 통해 개념 이해와 탐구의 교육 방식과 논술 및 서술형 평가 체제를 갖추겠다는 의도입니다. 그동안 일부 대학교에서만 선별적으로 시행되었던 논술시험이 대학 입시 전체에 도입될 수도 있음을 의미합니다. 지금도 연세대나 성균관대는 논술 100%로 학생을 선발하는 전형이 있는가 하면 논술의 비중이 높은 논술 전형의 비율은 전체 입시의 12% 정도입니다. 글만 잘 써도 인재로 인정하겠다는 취지입니다.

수시 제도의 학생부 종합전형 역시 글쓰기 활동이 미치는 범위가 매우 넓습니다. “우리 학교는 질문하는 인재를 양성하고자 합니다. 스템(STEM : Science, Technology, Engineering, Mathematics) 분야에서 평소 가지고 있던 남과 다른 자신만의 질문에 대해서 작성하고 이 질문을 하게 된 이유를 기술하여 주시기 바랍니다.” 이 문장은 어디에 나오는 말일까요? 바로 카이스트의 자기소개서 1번 항목에 적어야 하는 내용입니다. 이처럼 대학교 입시전형에는 글쓰기 능력을 평가한다는 말이 명확히 기재되어 있기도 합니다.

물론 수시 제도의 불합리함이 사회적 문제로 불거지면서 정시 비율이 높아지고 있는 등 당장 모든 제도가 변화되기에는 넘어야 할 산들이 있습니다. 하지만 누구나 수긍할 수 있는 합리적인 평가 방법이 마련된다면 앞으로 입시에서 글쓰기를 통해 그 사람의 학업 수준과 능력을 평가하겠다는 주장은 점점 설득력을 얻게 될 수밖에 없습니다. 다섯 개의 보기 중에 답을 골라 점수를 매기는 방식으로 그 사람의 수학 능력을 평가하는 방식이 불합리하다는 사실을 모르는 사람은 없으니까요.

대학 입시에서 바칼로레아를 치르겠다는 이야기는 먼 나라 이야기처럼 들릴 수도 있습니다. 하지만 현재 중학교뿐만 아니라 고등학교에서 치르는 광범위한 수행평가는 자소서, 서평, 보고서, 감상문, 역사 및 수업 일기 등에서 글쓰기의 비중이 아주 높다는 점에서 마냥 가볍게 여길 이야기는 아닙니다.

◇ 글쓰기는 3줄 쓰기부터

글쓰기의 중요성을 깨닫고 시켜 보려 마음을 먹어 보지만 어떻게 시작해야 할지 막막할 수 있습니다. 독서 논술 학원을 보내야 할지 아니면 일기나 독서록부터 시켜야 할지 생각이 많아집니다. 저 역시 그런 고민을 했던 평범한 아빠 중 한 명이었습니다. 제 아이들은 1학년 때는 연필을 잡고 이미 쓰여 있는 활자를 따라 쓰는 활동조차 힘들어했습니다.

그러던 차에 윤희솔 선생님의 『하루 3줄 초등 글쓰기의 기적』을 통해 솔루션을 발견했습니다. 하루 3줄 글쓰기는 『아홉 살 마음 사전』에 들어 있는 감정 하나를 넣어 하루에 자신만의 방식으로 딱 3줄만 써 보자는 것이 핵심입니다. 분량을 정해 두지 않고 쓰는 일기는 아이들이 부담스러워합니다. 그와 달리 3줄 쓰기는 분량이 정해져 있다 보니 아이가 받는 스트레스가 적습니다. 글을 정말 쓰기 싫어하는 아이에게도 도움이 될 수 있습니다.

예를 들어 '괴롭다'는 단어가 그날의 키워드라면, 그 말을 넣어서 내 생각이 들어간 글을 만들어 나갑니다. 초반에는 당연히 아이의 글이 눈에 찰 리가 없습니다. 인간의 성장은 늘 그렇듯 대각선 그래프처럼 상승하는 방식이 아니라 계단처럼 올라갑니다. 맞춤법 지적, 분량 지적, 주제 지적 모두 일단 습관으로 글쓰기가 자리 잡기 전까지는 참아 주세요. 칭찬만이 아이의 엉덩이를 의자에 붙여 놓고 연필을 달리게 하는 제일 중요한 연료입니다.

3줄 쓰기가 익숙해지면 문장을 늘려 갑니다. 이는 『초등 공부, 독서로 시작해 글쓰기로 끝내라』의 김성효 선생님이 제안한 방법입니다. 기본형의 문장에 수식어를 넣어 긴 문장으로 만드는 방식입니다. 예를 들어 "나는 먹었다."라는 기본 문장에 하나씩 수식어를 넣어서 계속 늘려나가 보면 "어제 나는 우리 반에서 제일 친한 친구 재희와 함께 하늘에서 세차게 내리는 소나기를 뚫고 우리 동네에 있는 분식집으로 가서 바삭바삭한 오징어튀김과 떡볶이를 맛있게 먹었다."라는 문장까지 만들 수 있습니다. 문장의 기본 구조에 대해서 익힐 수 있을 뿐 아니라 명사, 관형사, 부사 등 꾸미는 말을 다양하게 익힐 수 있는 좋은 방법입니다.

◇ 23년 일기 인생

저는 2001년 12월부터 일기를 쓰기 시작했습니다. 햇수로는 23년째이며 현재 상자에 보관된 일기장은 25권이 넘습니다. 누구나 그렇듯 시작은 참 미약했습니다. 군대 훈련소에서 밤에 쓰라고 준 수양록이 그 시작이었으니까요. 저녁 식사 후 휴식 시간에 마땅히 할 일이 없어 계속해서 쓰다 보니 군대를 제대할 때쯤에는 완벽하게 습관이 되었습니다. 쓰지 않으면 왠지 찜찜했고 쌓여 가는 일기장을 보면서 자기 효능감도 많이 올라감을 느꼈습니다.

지금까지 제가 일기를 차곡차곡 써 오면서 얻게 된 선물이 두 가지 있습니다. 하나는 글쓰기 능력입니다. 작가의 꿈을 키워 준 강력한 원동력이었던 셈이었죠. 다른 하나는 아이들의 일기 쓰는 습관을 빨리 만들어 줄 수 있었다는 점입니다. 우리 집에서는 밤에 삼부자가 함께 일기를 씁니다. 제가 쓰는 동안 옆에서 함께하다 보니 아이들도 자연스럽게 몸에 익혀 5년째 습관이 될 수밖에 없었죠.

일기는 무척이나 귀찮은 작업입니다. 단기 기억 상실증을 다룬 영화「메멘토」처럼 일기의 소재는 언제나 머리를 아프게 만듭니다. 그렇지만 꾸역꾸역 짧게라도 계속 쓰다 보면 일기처럼 습관을 들이기 쉬운 활동도 없습니다. 수학 문제처럼 복잡하지도 않고 글쓰기처럼 높은 문장력이나 창의력을 요구하지도 않기 때문입니다. 쉽게 말해서 내 맘대로 해도 되는 자율성이 최대로 보장되는 작업입니다.

이렇게 장점이 많은 일기라도 아이에게 지도해 줄 때 잊지 말아야 할 점이 있습니다.

첫째, 강요하지 말아야 합니다. 어떤 일이든 마찬가지겠지만 특히 일기는 초기 저항이 큽니다. 너무 하기 싫어한다면 글감 찾는 일을 돕거나 단 두세 줄만이라도 시작할 수 있도록 의지를 북돋워 주세요.

둘째, 일기 내용이나 쓰는 방식에 대해 간섭하지 않습니다. 내용은 물론 글씨체, 띄어쓰기, 맞춤법에 대한 지적도 최대한 자제해야 합니다.

칭찬과 격려를 통해 일기 쓰기가 온전하게 습관이 된 뒤부터 개선점을 짚어 줘도 늦지 않습니다. 아이가 익숙해지면 시에 대한 도전도 추천합니다. 동시집을 자주 읽어 준다면 충분히 가능합니다. 우리집 쌍둥이들도 가끔 일기에 쓸 내용이 없거나 쓰기 싫을 때 시를 쓰곤 합니다.

셋째, 자유롭게 쓰되 짧은 시간 동안 집중해서 쓰도록 지도합니다. 일기도 나름대로 창작 활동이므로 최소한의 집중은 필요합니다. 일기를 쓸 때 지나치게 어수선한 환경에 노출되고 그로 인해 쓰는 시간이 오래 걸린다면 쓰는 것에 스트레스를 받게 될 수 있습니다.

◇ 일기 말고도 글쓰기를 연습할 방법: 소통 일기

일상생활에서 일기만 글 쓰는 능력을 키우는 데 도움이 되는 유일한 방법은 아닙니다. 소통 일기와 편지 쓰기도 좋습니다. 소통 일기는 키워드나 한 가지 주제를 주면 아이가 자신만의 방식으로 그것을 씁니다. 부모는 그것을 읽고 답장을 써 주는 형식으로 우리 집에서는 권귀헌 작가의 『소통 일기』를 활용한 적이 있습니다.

이 방법은 일석삼조의 효과를 주었습니다. 글솜씨가 향상되며 글씨 교정의 효과도 얻었으며, 무엇보다 글로 소통함으로써 아이와의 교감을 키울 수도 있었습니다. “지금 초능력이 생긴다면 어떤 능력을 갖고 싶은가요?”, “나에게 돈이 10억 원이 있다면 무엇을 하고 싶은가요?” 등 기상천외한 질문이 많습니다. 이런 질문에 대한 생각을 아이가 먼저 글로 쓰면 부모는 그 내용을 읽고 짧은 답변을 쓸 수 있게 구성되어 있습니다. 평소에 나누는 일상적인 대화와는 달리 다양한 주제로 아이의 기분이나 속마음을 알 수 있습니다. 그를 통해 교감을 더 많이 나눌 수도 있었죠.

조금 더 부지런한 부모님이라면 아이에게 묻고 싶은 주제를 뽑아내 직접 소통 일기를 만들 수도 있습니다. "나에게 하루의 자유 시간이 주어진다면 제일 하고 싶은 일은 무엇인가요?", "부모님이 가기 싫은 학원을 보내려고 합니다. 어떻게 하면 설득할 수 있을까요?" 등과 같이 주제는 무궁무진합니다.

소통은 말로만 가능하다는 생각은 편견입니다. 스킨십으로도 할 수 있고 글로도 교감을 나눌 수 있습니다. 글쓰기 실력도 키우고 아이의 마음속 깊은 이야기도 얻을 수 있으니 꽤 유용한 방법인 셈입니다.

이 정도로는 안심이 되지 않는다면 시중에서 판매하는 독해 문제집으로도 글쓰기 능력을 키우는 데 어느 정도는 도움을 줄 수 있습니다. 참고로 교재를 선택할 때 학년별로 나뉘어 있더라도 아이의 문해력 수준을 가늠해서 골라야 합니다. 추가로 꼭 염두에 둬야 할 점은 절대 아이에게 스트레스를 주면서까지 억지로 시켜서는 안 된다는 점입니다.

'청사(靑史)에 길이 빛난다'라는 말은 종이가 없던 시절 고대 중국에서 푸른 대나무에 역사를 기록한 데서 유래된 표현입니다. 역사가들이 어렵게 기록한 글이 남아 있었기에 우리는 그 시대에 살지 않았더라도 그때의 이야기를 보지 않고도 알 수 있습니다. 아무것도 기록해 두지 않으면 아무것도 남지 않고, 결국에는 아무 일도 없는 것이 됩니다. 기록은 기억보다 강하다는 말을 잊지 말고 무엇이든 꾸준히 기록하는 습관을 들여 놓는다면 그 기록들은 아이의 흔적이 되어 나중에는 아이의 역사가 될 것입니다.

02

SQ를 키우는 질문

자기주도학습 능력을 키워 줄 수 있는가?

> 강제로 주입된 지식은 결코 뿌리를 내릴 수 없다
>
> -조 웨트

저는 맞벌이셨던 부모님 밑에서 사교육이나 공부에 대한 잔소리 없이 평범하게 자랐습니다. 그러던 중 초등학교 4학년 때 치른 시험으로 선생님과 부모님께 칭찬을 많이 받았고, 그 일을 계기로 공부에 흥미를 붙이기 시작했습니다. 낯가림이 심했던지라 학원 대신 집에서 문제집이나 학습지를 손에 잡히는 대로 풀었습니다. 저만의 자기주도학습이라고 볼 수 있었죠. 그런 방식의 공부가 그 시절에는 효과가 있었고 운도 따라서 입시 결과는 나쁘지 않았습니다.

요즘 아이들의 공부법에 대해 부모님들과 대화를 나눠 보면 제가 예전에 경험했던 공부 방식은 한물간 이야기라고들 하십니다. 세상이 바뀌었고 그런 방식의 자기주도학습으로는 아이를 키울 수 없다고 말이죠. 그렇지만 안타깝게도 말씀과는 달리 자기주도학습에 대해 완벽하게 이해한 부모님은 많지 않았습니다.

◇ 당신의 아이는 혼자 공부할 수 있습니까?

2020년 7월에 방영된 「SBS 스페셜: 당신의 아이는 혼자 공부할 수 있습니까?」에서는 요즘 학생들의 자기주도학습에 대한 문제점을 심도 있게 다뤘습니다. 방송이 끝난 뒤 온라인에서는 학부모들의 반응이 뜨거웠습니다. 코로나19 팬데믹으로 도입된 학교 온라인 수업은 큰 문제가 되었습니다. 자기 주도력이 부족한 아이들은 온라인 수업 시간 동안 집중력이 무너져 공부를 못 했고 시간만 낭비했기 때문입니다. 우리 아이는 결코 그럴 리 없다고 믿어 왔던 부모들은 아이의 학습 결손을 직접 눈으로 보고 난 뒤 큰 충격을 받았습니다.

선생님들의 80% 이상이 설문을 통해 "온라인 수업은 교육 효과가 떨어지고 오히려 학생들 사이의 학력 격차를 유발한다."라고 답했습니다. 부모들은 이러한 결과를 보며 아이가 등교하지 못해서 집중을 위한 환경이 조성되지 않았고 그로 인해 학력 격차가 생겼다고 여깁니다.

하지만 교육 전문가들은 냉정하게 학습 결손은 그동안 다른 사람들에게 보여 주기 위해 공부해 왔던 아이들의 민낯이 드러난 결과라고 분석합니다. 학력 격차의 원인이 온라인 교육이 아니라 아이가 스스로 공부할 능력이 없음이 온라인 교육을 통해 드러났다는 말입니다. 아이가 학교에 꾸준하게 다닐 때는 미처 알 수 없었을 뿐이죠.

자기주도학습이란 '공부하는 사람이 주체가 되어 학습 과정을 스스로 이끌어 나가는 학습 활동'을 의미합니다. 학습자가 주도권을 가지고 학습 목표를 설정한 뒤 학습 전략을 사용하며 학습 결과를 스스로 평가하는 과정입니다. 고립 상태에서 이뤄지는 개인 학습이 아니라 교사, 학부모, 동급생 등의 조력자와 협력하며 이뤄지는 고차원적인 학습 방법이죠.

내 아이가 스스로 공부하지 못하는 이유는 머리가 나빠서도, 좋은 학원을 다니지 않아서도 아닙니다. 제대로 된 자기주도학습 능력이 없어서입니다. 우리나라의 대표 공부법 전문가이자 유튜브 채널 '라이프코드'의 조남호 코치는 아이들이 어떻게 공부하는지에 대해 배우지 못했으며, 스스로 공부하는 능력은 학원이 아닌 가정에서 키워야 한다고 주장합니다. 그러니 아무런 지도 없이 아이 혼자서 공부를 할 수 있다고 믿고 있는 상황 자체가 모순입니다.

아이가 학원이라도 가면 공부를 열심히 하리라는 기대도 부모들이 가진 환상입니다. 불특정 다수의 학생을 대상으로 운영되는 학원에서 내 아이를 위한 맞춤형 수업은 어렵습니다. 학원에서도 잘하는 아이라면 이미 집에서 좋은 습관이 만들어졌다고 볼 수 있습니다. 결국 힘들더라도 아이의 공부에 대한 습관 형성과 동기 부여에 부모가 깊이 관여해야 합니다. 명문대에 입학한 학생들의 공부 경험을 바탕으로 한 의견 역시 남에 의해 억지로 하는 공부가 아닌 스스로 하겠다는 의지가 중요하다고 말합니다.

◇ 자기주도학습 능력의 핵심

정신 건강 및 두뇌 연구 전문가인 노규식 박사는, 자기주도학습의 핵심은 전두엽의 실행 기능이라 불리는 뇌 기능과 관계가 깊다고 밝혔습니다. 뇌 기능은 다시 '시간 관리 능력', '조직화 능력', '자발성', '충동 조절 능력', '감정 조절 능력'의 다섯 가지로 나뉩니다.

시간 관리 능력은 공부를 비롯하여 일상생활 모두 시간을 나눠서 엄격하게 지킬 수 있음을 의미합니다. 시간 내에 정해진 분량을 마무리 짓지 못하더라도 다음 시간으로 넘어가는 것이 중요합니다. 이런 능력은 불필요한 시간 낭비를 줄여 줍니다.

조직화 능력, 계획 관리 능력은 자신의 부족한 부분을 파악하고 어떻게 보완할지에 대해서 고민할 수 있는 힘입니다. 공부할 분량을 미리 체계적으로 계획해 플래너에 작성하고 그밖의 일정이나 일기, 목표, 성과도 기록하는 식으로 훈련할 수 있습니다.

자발성은 틀린 문제를 다시 살펴보는 등의 무언가를 찾아서 스스로 하려고 하는 의지를 나타냅니다. 통제나 감시를 통해서가 아닌 진짜 자신의 필요로 성취감을 얻으려고 노력하는 모습입니다. 훈련을 통해 습득하기 어려운 부분이기도 합니다.

충동 조절 능력은 공부할 때 다른 유혹에 노력할 수 있는 능력을 의미합니다. 특히 스마트폰과 같은 전자 기기를 어떻게 관리하느냐가 이 능력을 기르는 데 가장 핵심입니다.

감정 조절 능력은 마음의 안정을 찾을 수 있음을 뜻합니다. 아무리 능력이 뛰어나더라도 심리적으로 편안하지 못한 환경에서의 공부 효율은 낮을 수밖에 없습니다.

전문가들은 좋은 성적으로 입시에 성공한 학생들은 이 다섯 가지의 자기주도학습 능력이 높다고 말합니다. 일단 아이가 공부에 몰입할 수 있도록 부모가 적절할 범위를 정해 줍니다. 자신이 어떤 공부를 얼마만큼 해야 할지를 스스로 알 수 있는 아이는 없습니다. 달성할 수 있는 학습 목표치를 정해 성취감을 느낄 수 있도록 해 줘야 합니다.

아이가 현재 어디를 배우며 어떤 부분이 취약한지에 대한 파악도 중요합니다. 이럴 때는 지적하듯이 말하기보다는 격려를 동반한 피드백을 해 주어야 합니다. 또 하나 놓치지 말아야 할 부분은 부담감 없는 휴식입니다. 분량을 정한 뒤 그 기준을 충족시키면 부담 없이 쉬거나 놀 수 있도록 허락해 줍니다. 이와 더불어 공부와 휴식을 위한 공간을 분리하는 방법도 학습의 효율성을 높이는 데 많은 영향을 미칩니다.

◇ 메타인지를 위한 최고의 학습법, 복습!

한때 선풍적인 관심을 불러일으켰던 메타인지(Metacognition)는 현재 자신의 인지 상태를 스스로 파악하는 능력을 뜻합니다. 소크라테스도 자신의 사형이 걸린 재판에서 "나는 내가 모른다는 것을 알고 있기에 다른 사람보다는 더 지혜롭다고 생각하네."라며 메타인지를 강조했습니다.

메타인지를 공부라는 국한된 범위에서 조금 더 쉽게 표현하면 내가 공부한 부분에 대해서 정확히 알고 있느냐를 말한다고 보면 됩니다. 아이에게 무언가를 이야기하면 듣자마자 생각해 보지도 않고 "나 그거 알아요."라고 습관적으로 말하는 경우가 의외로 많습니다. 메타인지가 부족하다는 의미입니다. 아이는 학교와 학원과 집에서 수업을 들었기에 내용을 온전히 이해하고 있다고 굳게 믿습니다. 하지만 실제로 알고 보면 뇌의 착각입니다.

『메타인지 학습법』의 저자 리사 손 교수는 일방적 강의 형태의 수업으로는 제대로 된 지식의 습득이 어렵다고 주장합니다. 새롭게 습득된 지식을 장기 기억으로 보내기 위해서는, 공부한 내용을 스스로 정리해 보는 복습을 하거나 토론을 하거나 다른 이에게 가르쳐 보면 됩니다. 이는 효율적으로 공부하기 위한 가장 좋은 방법들이기도 합니다. '인간은 학습 후 하루 뒤에는 66%를 잊는다'는 사실을 밝혀낸 독일의 심리학자 헤르만 에빙하우스의 망각곡선은 이를 뒷받침해 줍니다.

보통 메타인지는 아이가 혼자 고민하며 자신의 수준을 생각해 볼 기회를 가짐으로써 키울 수 있습니다. 당장 달콤한 결과를 보장해 주지는 않지만, 스스로 자기 수준을 깨닫고 자신에게 맞는 최선의 공부 방법을 찾아 나갈 수 있다는 점에서 메타인지는 중요한 역할을 합니다.

◇ 자기주도학습의 동반자, 공부 정서

'공부 정서'란 공부에 관한 정서적 경험의 반복으로 쌓인, 공부를 떠올릴 때 느껴지는 고착된 정서 상태를 말합니다. 공부를 떠올릴 때 '흥미롭고 재미있다거나', '지루하고 하기 싫고 어쩔 수 없이 하는 느낌' 이런 감정들을 공부 정서라고 할 수 있습니다. 공부 정서가 낮으면 공부에 대한 나쁜 이미지가 많아져 열심히 하더라도 좋은 결과를 얻을 확률이 낮아짐을 뜻합니다. '당연히 공부는 힘든 거다', '다른 친구들도 모두 그렇게 한다'라는 말로 치부해 버리고 아이의 공부 정서를 놓친다면 시간이 갈수록 낭패를 볼 확률이 높습니다.

흥미로운 점은 공부가 꼭 재미있지 않아도 공부 정서가 좋아질 수 있다는 사실입니다. 제대로 내용을 이해하거나 좋은 성적으로 성취감을 느끼는 방식으로도 공부 정서를 좋게 만들 수 있습니다. 임작가의 『완전학습 바이블』에서는 아이의 공부 정서를 살리는 원칙 3가지를 들었습니다.

첫째, 아이의 발달 상황과 학습 수준을 고려해야 합니다. 같은 나이의 아이들도 천차만별이겠지만, 아이의 인지 능력과 성향은 같은 날에 태어난 쌍둥이들조차 다릅니다. 아이의 상황과 능력에 맞춰서 하는 교육은 기본 중의 기본입니다.

둘째, 아이의 성장을 전적으로 믿어 줘야 합니다. 아이의 성취가 눈에 차지 않을 때도 많습니다. 그렇더라도 시간을 가지고 아이에게 믿음을 주고 격려해 주며 기다려 줘야 합니다. 부모의 긍정적인 믿음이라는 영양분이 없다면 아이라는 식물은 금방 시들어 버릴 테니까요.

셋째, 부모도 아이의 학습에 대해서 배워야 합니다. 학교에서 모든 부분을 보완해 줄 수는 없으므로 아이에게 다양한 학습적인 어려움이 생겼을 때 이성적으로 조언을 해 줄 수 있는 역할이 가정에서 필요합니다.

요즘 부모들과 이야기를 나눠 보면 확실히 우리 부모 세대와는 생각이 많이 달라졌음을 느낍니다. 그중 제일 눈에 띄는 부분은 아이가 공부 머리가 없다면 아이에게 공부를 강요하지는 않겠다는 말이었습니다. 당연한 말이고 의연한 모습 같지만, 문제는 자신의 아이가 공부에 재능이 부족하다고 판단되면 의외로 부모가 아이보다 더 빠르게 포기해 버린다는 점입니다.

아이들의 대부분은 공부를 잘해서 부모에게 인정받기를 원합니다. 공부를 잘하면 칭찬도 받고 친구들에게 인기도 많아진다는 사실을 압니다. 하지만 뭘 어떻게 해야 하며, 그 방법을 제대로 익히고 습관으로 만들 기회가 없었기에 아직 좋은 결과를 얻지 못했을 뿐입니다. 아이에게 '공부 머리가 없다'라며 선불리 내리는 판단은 아이의 공부 정서와 자존감을 빠르게 떨어뜨릴 수 있습니다. 부모가 절대 먼저 포기하지 않고 아이의 가능성을 믿고 격려하고 이끌어 준다면 아이 역시 쉽게 포기하지 않습니다.

◇ 가족끼리 그러는 거 아니야…

저는 2학년 때부터 아이에게 본격적으로 공부를 가르쳐 주기 시작했습니다. 처음에는 초등 저학년 수학쯤은 식은 죽 먹기처럼 쉽게 느꼈지만, 며칠 만에 이런 농담이 절로 생각나게 되었습니다. '가족끼리는 그러는 거 아니야…'

결국 초반에 위기를 세차게 겪었습니다. 아내에게 "그러다 애를 잡겠다.", "이럴 바에는 학원에 보내자."라는 말도 들었습니다. 저 역시 회사 일로 쌓인 피로와 귀찮음을 이겨 내며 아이를 가르치다가도 결국 화를 내며 아이를 다그치게 되면 부자간의 사이만 나빠지겠다는 생각과 함께 자괴감이 들었던 적도 많습니다. 아이의 심드렁하고 무성의한 태도는 사랑의 힘으로도 극복하기 쉽지 않아 큰 인내심이 필요했죠.

부모가 아이에게 공부를 가르치며 느끼는 분노의 알고리즘이 두세 번 이상 쌓이게 되면 가르치는 사람의 자신감도 떨어집니다. 하지만 이런 일이 생기는 원인은 부모에게 있습니다. 자신에게는 쉬운 내용이기에 듣는 아이도 금방 알아들을 수 있다는 판단 착오가 가장 큰 원인입니다.

수학에서 분수를 처음 가르칠 때는 처음 접하는 생소한 개념이므로 피자를 활용합니다. 이처럼 가르치는 부모도 눈높이를 많이 낮춰서 다양한 예를 통해 천천히 접근해야 합니다. 이미 자신에게는 쉬운 문제라고 생각하고 제대로 설명하지 않은 채 왜 그걸 못 알아듣느냐고 아이만 닦달하다 보면 부모와 자식과의 관계는 물론 부부 사이도 나빠지며 아이의 공부 정서까지 망칩니다. 어떤 이유가 되었든 자신의 아이를 가르치는 일을 포기하면 어릴 때부터 우리의 영원한 친구 학원과의 동행이 시작됩니다. 일명 '학원주도학습'이 시작됩니다.

저 역시 초반에는 적잖은 위기가 있었지만 잘 이겨냈습니다. 몇 달이 지나자 점차 나아지기 시작했고, 이제는 아이들 지도가 한결 수월해졌습니다. 물론 지금도 가르침이 마냥 쉽지는 않지만, 저뿐만 아니라 아이도 서로의 성향과 방식을 좀 더 이해하게 되었다는 점에서 부모가 직접 하는 교육이 어느 정도 정착된 셈입니다.

아이를 가르치는 행위는 시작부터가 스트레스 레벨이 높은 일입니다. 교육 전문가가 아니기에 부모의 포기가 빠를 수 있지만, 그래도 딱 한 번만 더 도전해 보기를 간곡히 권합니다. 아이가 설명을 해 줘도 이해하지 못하면 설명을 한 번 더 해 주고 문제를 차분하게 두세 번 정도 읽도록 하면 됩니다. 비슷한 문제를 계속 틀리면 왜 틀렸는지 생각해 볼 시간을 주면 점차 나아질 수 있습니다. 알려 주다가 화를 참기 힘든 상황이 올 때는 심호흡을 잊지 마세요.

요한복음 6장 60절에도 예수님께서 하시는 말씀을 제자들이 알아듣기 어려워했다는 내용이 나옵니다. 이렇듯 가르치는 일은 누구에게나 쉽지 않습니다. 『부모 인문학 수업』의 김종원 작가는 부모가 자녀를 가르치는 일은 그 어떤 것보다도 소중한 기회라고 말했습니다. 쉽게 포기하지 말고 차근차근 하나씩 해결해 나간다면 초등학교 저학년까지는 무리 없이 아이가 어려워하는 부분에 대해 부모도 얼마든지 도움을 줄 수 있을 겁니다.

『초등 6년이 자녀교육의 전부다』의 저자인 전위성 선생님도 학교나 학원보다 부모의 역할이 아이의 공부 능력을 좌우한다고 말합니다. 아이를 훌륭하게 키워 낸 부모들의 이야기를 접해 보면 학원의 도움만으로는 불가능함을 알 수 있습니다. 스스로 해내는 능력이 뒷받침되어야 하기 때문입니다. 아마 그 부모들도 시행착오를 치열하게 거치며 아이의 자기주도학습 능력을 키워 왔다고 봐야 합니다. 별다른 노력 없이 이 능력을 쉽게 얻을 수 있다면 이 단어가 이렇게나 중요해지지는 않았을 테죠. 당장 눈에 보이는 결과에만 집착하지 않고 아이와 함께 보조를 맞춰 꾸준히 노력해 나간다면 그 시간은 절대 부모와 아이를 배신하지 않을 겁니다.

SQ를 키우는 교육

국어 공부를 우선순위에 두고 있는가?

> 나의 언어의 한계는 나의 세계의 한계를 의미한다.
>
> –비트겐슈타인

'수포 하면 대포고, 영포 하면 인포다!'

이 말은 구성진 민요 가락의 한 대목이 아닙니다. '수학을 포기하면 대학을 포기하는 것이고, 영어를 포기하면 인생을 포기하는 것이다'라는 말을 줄인 것으로 요즘 공식처럼 사용하는 표현입니다. 하지만 저는 여기에 한 줄을 덧붙이고 싶습니다. 바로 '국포 하면 공포라!' 입니다. 국어를 포기하면 공부를 포기한다는 의미입니다. 국어 실력이 탄탄하지 못하다면 자기주도학습의 길은 매우 험난해지며, 수학과 영어 실력 역시 탄탄한 국어 능력, 즉 문해력이나 어휘력과 같은 언어 능력을 기반으로 합니다.

학부모들의 우선순위가 아니기 때문에 현재 국어에 투자하는 시간과 비용은 영어, 수학에 비해 현저히 떨어지는 편입니다. 모국어이니까 일상생활을 통해 자연스레 실력이 향상될 수 있으리라 믿는 점도 크게 작용합니다. 요즘 대입 수학능력시험 언어 영역의 변별력은 점점 더 높아져 국어의 중요성은 더욱 강조되고 있습니다. 게다가 2022 학년도부터는 수능 국어에 선택과목인 '화법과 작문'과 '언어와 매체'가 추가되어 '공통+선택'의 형식으로 바뀌어 중량감이 한층 더 올라가게 되었습니다.

◇ 누가 세 줄 요약 좀…

언어 능력의 중요성은 비단 공부에 국한되지 않습니다. 인터넷 산업의 비약적인 발전으로 인해 우리는 다양한 매체를 통해 감당하기 어려운 분량의 글을 접합니다. 책으로만 글을 접했던 시대와는 하늘과 땅 차이입니다. 이상한 부분은 글을 읽을 기회가 더 많아졌으니 글에 대한 이해력도 높아져야 하는데 현실은 그렇지 않다는 점입니다. 이런 세태를 여실히 보여 주는 유명한 한 마디가 있습니다.

바로 "님아, 세 줄 요약 좀!" 입니다. 글이 조금이라도 길어지면 가독성이 좋지 않다는 핑계로 짧게 요약된 내용을 빠르게 알고 싶은 신세대들이 댓글로 자주 사용하는 말입니다. 쉴 새 없이 쏟아지는 정보의 홍수로 인해 발생한 폐해인 셈입니다. 또 한편으로는 요즘 세대가 인내를 가지고 글을 읽고 이해할 수 있는 능력이 그만큼 떨어졌음을 의미하기도 합니다.

이런 실상이 여실히 드러난 사례가 바로 '사흘' 사건입니다. 2020년 8월 17일이 대체 공휴일로 지정될 수 있다는 뉴스가 나왔을 때 포털사이트에는 '사흘'이라는 검색어가 1위에 올랐습니다. 기사에는 15(토)~17일(월)까지 사흘 연휴라고 써 놓았는데 왜 4일을 쉬지 않냐며 불만을 제기하는 사람들이 생각보다 많았습니다. 사흘의 뜻조차 모르는 사람들이 많았다는 사실은 꽤 오랜 시간 동안 많은 사람에게 큰 충격을 주었습니다.

안타깝게도 이 시대의 아이들은 어휘력과 문해력으로 대표되는 언어 능력이 시간이 갈수록 떨어지고 있습니다. 지문을 읽은 뒤 그 내용에 대한 이해를 바탕으로 문제를 풀어야 하는 국어 시험에서 이는 치명적인 약점일 수밖에 없습니다. 이보다 더 큰 문제는 이 국어 능력이 일상생활을 비롯해 직장 및 사회생활을 할 때도 밀접하게 연관되어 있다는 사실입니다.

◇ ○○ 엄마, 이젠 사고력 수학이야…

저학년 엄마들 사이에서는 사고력 수학 이야기를 빼놓을 수 없습니다. 단순한 연산 능력이 아니라 글과 그림으로 고민하게 한 뒤 답을 유추해 나가는 방식입니다. 학습의 결과를 비롯해 과정도 평가하며 정의적, 기능적, 창의적 측면도 살필 수 있습니다. 이 사고력 수학이 요즘 엄마들의 관심이 가장 뜨거우면서도 골치 아픈 분야 중 하나입니다.

사고력 수학을 잘하기 위해서는 기본적으로 문해력과 어휘력이 뒷받침이 되어야 합니다. 글로 설명한 문제를 이해하지 못한다면 연산 능력이 있더라도 쉽게 풀기 어렵습니다. 문제에서 무엇을 찾으라고 하는지 이해하지 못하기 때문에 금방 포기해 버리는 경우도 많습니다.

간단한 예를 하나 들어보겠습니다.

[(예시) 지수네 빵집에서 하루 영업을 끝내려고 빵을 정리하였더니 단팥빵 42개와 크림빵 30개가 남았습니다. 이 빵을 섞어서 아홉 봉지에 똑같은 개수로 나누어 담아서 할인하여 팔려고 합니다. 한 봉지에 빵을 몇 개씩 담아야 합니까?]

이 문제는 초등학교 3학년에 나오는 서술형 수학 문제의 유형입니다. 필요한 내용만 추려서 식으로 간단히 바꾸면 $(42+30)\div 9=8$입니다. 어른이 보기에는 오히려 못 풀기가 어려울 정도로 간단한 문제입니다. 그렇지만 이런 문제도 어려워하는 친구들이 많습니다. 글을 숫자와 식으로 바꾸는 작업은 연산의 범위가 아닌 결국 읽고 이해하는 국어 능력의 범위이기 때문입니다.

이러한 문제를 해결하는 방법으로 「공부가 머니」에 출연한 박용준 교사는 마(마지막 문장을 주의 깊게 봐라), 단(단서를 찾아라. 동그라미나 밑줄로 문제를 파악하라), 배(배운 것을 떠올려라) 방식을 추천했습니다. 하지만 이 방법 역시 문해력을 바탕이 되어야 합니다. 사고력이 필요한 서술형 문제는 결국 언어 능력이 핵심이라고 할 수 있습니다.

◇ 부실한 국어 실력이 불러오는 나비 효과

이런 문제는 비단 수학에만 해당되지 않습니다. 아이가 초등학교 3학년이 되면 수업 시수를 비롯해 과목 개수가 늘어납니다. 1, 2학년 때는 국어, 수학, 봄 등 총 여덟 권의 책이었다면 3학년부터는 영어, 도덕, 음악, 과학 등이 추가되어 총 13권의 교과서로 한 학기가 구성됩니다. 책이 많아져서 관리하기도 힘들고 가방에 넣고 다니기도 무거워지죠.

하지만 그것보다 더 큰 문제는 바로 어휘력이 학업 속도를 따라가지 못해서 교과서를 이해하지 못하게 된다는 점입니다. 일단 교과서를 이해하지 못한다면 수업 진도를 정상적으로 따라갈 수가 없습니다. 특히 국어, 과학, 사회에서 이런 문제가 도드라집니다. 현직 초등학교 선생님들은 의외로 많은 아이가 어휘력 부족으로 인해 학교 수업을 따라가지 못한다고 합니다. 어휘의 중요성은 영어에만 국한되지 않습니다. 어휘력은 일상생활에서의 자연스러운 대화를 통해 습득할 수 있습니다. 하지만 이런 방법으로는 고학년으로 갈수록 한계가 분명하므로 별도의 노력이 필요합니다.

최근 한 지인은 아들의 카이스트 합격 비결을 묻는 사람들에게 "특별한 방법은 없고, 방학마다 교과서에 있는 모르는 단어를 무조건 사전에서 찾아서 정리하게끔 했다."라고 답했습니다. 단순한 방법 같지만 시사하는 바는 분명합니다. 어휘력은 국어 공부의 기본 중에서도 기본이기 때문입니다. 『초등 국어 뿌리 공부법』의 저자인 민성원 소장도 어휘력에 대해 이렇게 말했습니다. "어휘력은 분석적, 논리적, 비판적, 창의적 사고의 시작이다."

실제로 우리 집에서도 교과서를 읽고 모르는 단어는 직접 동그라미를 쳐서 단어장을 만드는 식으로 어휘력을 키우고 있습니다. 물론 한 번 쓴다고 바로 이해하거나 암기가 되어, 당장 눈에 띄는 결과가 나타나지는 않습니다. 하지만 이런 단어장 만들기가 누적되면 효과는 시간이 누적될수록 분명히 드러납니다.

거기에 한자까지 익히면 어휘력을 더 효율적으로 키울 수 있습니다. 우리가 쓰는 어휘의 70%는 한자로 구성되어 있기에 한자를 많이 알수록 글의 흐름만으로 뜻을 더 쉽게 유추할 수 있게 됩니다.

처음에는 눈에 차지 않겠지만, 어휘를 체계적으로 관리하는 습관만 들인다면 아이도 자신감이 생길 수 있습니다. 아이와 이 단어장으로 퀴즈 게임을 해도 되고, 단어의 뜻만 쓰다가 단어를 사용한 예문까지 활용할 수 있는 단계까지 발전시킬 수도 있습니다.

◇ 집 팔아도 안 되는 국어 성적? 그럼 어떻게?

대치동 학원가에서는 "국어는 다시 태어나야지, 집을 판다고 해도 안 된다."라는 무시무시한 말이 있다고 합니다. 「SBS 스페셜: 난독시대(2019.07.21)」에는 대치동 학원가에서 방학 국어 특강을 듣기 위해 하루 전부터 줄을 서서 기다리는 학부모들의 모습이 나옵니다. 이제 수능의 변별력은 국어에 의해 좌우된다는 사실을 아는 분들이 많아졌습니다.

현직 논술 선생님이나 국어 학원 원장들마저도 아이들의 어휘력과 독해력이 심각한 수준이라고 우려합니다. 문제는 아무리 유능하고 실력 있는 강사에게 족집게 강의로 배우더라도 국어의 내공은 하루아침에 쌓을 수 없다는 점입니다. 국어 실력은 굳은살이 생기듯 꾸준히 쌓아 나가는 방법만이 답입니다.

특히 최승필 작가는 『공부머리 독서법』에서 중1 때 일명 '성적 1차 급변동 구간'이 발생한다고 말했습니다. 이 시기는 엄마의 노력으로 만들어진 초등학교 때 우등생들의 성적이 대거 곤두박질치는 구간이라고 합니다. 그런 결과가 나오는 이유는 제대로 국어 실력을 쌓지 못해 어려워진 중학교 교과서를 이해하지 못해서입니다.

교육과정으로서의 국어는 듣기·말하기, 읽기, 쓰기, 문법, 문학으로 구성되며, 수능 국어는 화법, 작문, 문법, 문학, 비문학 독서로 이루어집니다. 거기에 탄탄한 어휘력이 합쳐져야 점점 더 어려워지는 국어의 세계에서 살아남을 수 있습니다. 단순히 독서만으로 해결할 문제가 아니라 그에 맞는 공부하는 방법을 익힐 필요가 분명히 있습니다.

듣기와 말하기 능력은 평소의 생활에서 책이나 뉴스로 접한 내용에 대해서 자유롭게 의견을 주고받음으로써 훈련 가능합니다. 사고력과 논리력도 키울 수 있습니다. 따로 시간을 내기보다는 식사 시간을 활용하여 부모와 아이가 수시로 꾸준히 대화할 수 있으면 더할 나위가 없습니다. 부모 역시 정확한 표현과 함께 조리 있게 말을 할 필요가 있습니다.

읽기 능력은 독서 능력과도 같습니다. 좋아하는 책이 한쪽에 치우쳐 있는 경우라 할지라도 크게 걱정하지 않아도 됩니다. 아이와 절충점을 찾아서 여러 분야의 책을 읽도록 유도한다면 아이의 생각을 확장할 수 있습니다. 음독으로 정확하게 끊어 읽는 연습까지 병행할 수 있다면 더 큰 효과를 얻을 수 있습니다.

쓰기 능력을 키우기 위해서는 꾸준히 글쓰기에 시간을 투자할 수 있도록 격려해 줘야 합니다. 뭐든지 재미있게 하면 좋겠지만, 일기를 비롯해 독서록은 아이들이 좋아하는 활동은 아닙니다. 옆에서 꾸준히 지도해 줘서 습관으로 자리 잡도록 해 주세요. 글을 읽은 뒤 요약하는 연습을 해 보는 방법도 도움이 됩니다.

문법 영역은 평소 읽거나 쓸 때 맞춤법이나 띄어쓰기를 유심히 볼 수 있도록 유도하고 평소에 말을 사용하는 습관을 들이면 효과를 볼 수 있습니다.

문학 영역은 교과서에 나오는 작품들을 찾아서 정독하면 좋습니다. 교과서에는 짧은 지문만 일부 들어가 있습니다. 책으로 온전한 내용을 모두 읽으면 아이에게 익숙한 좋은 작품을 경험하게 해 준다는 점에서 장점이 많습니다. 특히 시는 문학의 꽃입니다. 재미있는 동시들을 낭송하고 필사도 해 본 뒤 스스로 자신만의 시를 쓸 수 있도록 독려한다면 정말 큰 효과를 얻을 수 있습니다.

이렇게 차근차근 쌓은 국어 실력은 다른 과목들에 비해서 금방 떨어지지 않는다고 합니다. 민성원 소장은 이를 '하방경직성'이라는 단어로 표현했습니다. 어렸을 때부터 적금을 붓듯이 쌓아 놓은 국어는 아이의 학년이 올라갈수록 힘들어지는 공부에 커다란 버팀목이 되어 줄 수 있습니다.

04

SQ를 키우는 교육

진짜 영어 공부는 따로 있다는 사실을 아는가?

> 다른 언어를 하나 더 안다는 것은 영혼을 하나 더 가지고 있는 것과도 같다.
>
> —샤를마뉴 대제

코로나19 팬데믹으로 인해 사회적 거리 두기라는 사상 초유의 제도가 생겼을 때 우리의 삶은 큰 삶의 변화를 겪었습니다. 교육 역시 마찬가지였습니다. 학교는 온라인 수업으로 전환되었으며, 평소 다니던 학원들을 그만두기도 했습니다.

그 와중에도 동네 사교육 시장에서 뿌리 깊은 나무처럼 타격을 거의 받지 않고 굳게 버텨냈던 과목이 바로 영어입니다. 그 배경에는 영어가 다른 과목에 비해 비대면 수업이 수월하다는 점과 부모의 의지도 있었습니다. 실제로 주위의 부모의 대다수, 특히 아빠들도 영어 교육에 대한 의지가 강합니다. 다른 과목은 몰라도 영어만은 해야 한다고 이야기합니다. 하지만 영어 교육에 대한 결론은 학원인 경우가 대부분입니다. 영어는 결국 학원만이 답일까요?

◇ 영어 실력을 쌓아 가는 방법

전문가들의 분석에 따르면 영어를 잘하는 아이들에게는 몇 가지 공통된 특징이 있습니다.

첫째, 지적 호기심이 강하다.

둘째, 단기에 집중하기보다는 적게 해도 꾸준히 한다.

셋째, 영어에 대한 나쁜 감정이 없다.

넷째, 꾸준히 다양한 방식으로 영어에 노출되었다.

다섯째, 영어에 위기가 오는 시기를 잘 이겨냈다.

아이가 이런 경우에 모두 해당한다면 좋겠지만 그런 확률은 희박합니다. 그렇다고 아이의 영어 실력을 높이는 방법이 없는 건 아닙니다. 그 궁금증에 대한 해답은 수능 영어 분야에서 일타강사로 널리 알려진 조정식 강사의 강의에서 얻을 수 있습니다. 그는 수시로 변하는 입시 제도의 틀 안에서도 영어에 대한 경쟁력을 꾸준히 유지하고 있는 아이들에게는 공통점이 있다고 말합니다. 바로 영어책을 많이 읽는 아이라고 말이죠. 결국 주제는 영어 분야로 옮겨왔지만, 결국 결론은 독서로 마무리됩니다.

보통 아이들이 읽을 수 있는 영어책은 일반적으로 세 부류로 나뉩니다.

1. **픽처북**(story book): **그림책, 재미가 중요,** 3~10세

2. **리더스북**(readers book): **읽기 목적을 위한 책,** 5~13세

3. **챕터북**(chapter book): **챕터 구분된 책, 미국 초등 저학년용 책, 다양한 장르,** 7~15세

이렇게 분류되어 있는 상황에서 영어를 접하는 방식은 다음과 같습니다.

보통 아이는 동요나 노래를 통해서 처음 영어를 접합니다. 그런 뒤에 그림이 많은 픽처북을 접하고, 다음에는 파닉스로 넘어갑니다. 파닉스를 통해 발음과 단어에 대해 익숙해지면 아이의 수준에 맞춰 읽기 연습을 본격적으로 할 수 있는 리더스북으로 넘어가는 순서입니다.

그렇다면 또 궁금증이 생깁니다. 과연 우리 아이에게는 어느 정도 수준의 책을 골라 주어야 하는지 말이죠. 이를 판단할 수 있는 간단한 방법이 있습니다. 일단 아이의 읽기 능력을 평가하는 방법으로는 AR(Accelerater Reading) 지수와 Lexile 지수가 있습니다. 평가자의 영어 수준에 따라 책을 분류해 놓은 방식입니다. 인터넷에는 AR뿐만 아니라 렉사일 지수를 측정할 수 있는 사이트(http://tetyourvocab.com)도 있으므로 도움을 얻을 수 있습니다.

그리고 영어 교육 관련 인터넷 카페에도 아이의 수준별 추천 도서를 확인할 수 있고, 도서관에서 아이가 직접 골라볼 수 있도록 도와줄 수도 있습니다. 아이의 수준을 파악한 뒤 아이의 취향에 맞는 책을 꾸준히 흥미를 잃지 않고 읽을 수 있도록 지도하면 됩니다.

영어 실력을 키울 수 있는 더 확실하고 쉬운 방법이 있습니다. 우리집 쌍둥이들은 우연한 기회로 BTS의 히트곡인 「Dynamite」, 「Butter」, 「Permission to dance」 이 세 곡에 심취하게 되었습니다. 놀랍게도 이 곡들의 영어 가사를 출력해 준 뒤로는 가사를 읽기 시작하더니 나중에는 외워서 부르게 되었습니다. 그러면서 영어에 대한 거부감이 많이 사라지게 되었습니다. 그동안 아이들에게 영어에 특출한 재능이나 관심을 느끼지 못했기에 더 놀라운 경험이었습니다.

그뿐만 아니라 BTS의 일본어 곡인 「Film out」마저 일본어로 흥얼거리게 되었다는 점에서 자신이 좋아하는 외국어 콘텐츠를 반복해서 접하는 것이 결국 어학 공부에서 가장 좋은 방법이라는 사실을 다시 한번 깨달을 수 있었습니다. 아이에게 가장 잘 맞는 영화나 음악만 찾아주게 되면 외국어로 향하는 문은 훨씬 넓어질 수 있다는 말은 신빙성이 있는 주장이라고 깨닫는 순간이었습니다.

◇ 어휘력의 중요성

읽기, 듣기, 쓰기, 말하기, 어휘, 문법, 파닉스. 이 일곱 가지가 영어 공부의 핵심 키워드입니다. 이 일곱 항목 모두 중요하지만, 생각보다

간과하는 부분이 바로 어휘입니다. 영어 역시 국어처럼 어휘가 중요합니다. 예전에는 『우선순위 영단어』같은 어휘들이 나열된 책으로 단어를 단순히 하나씩 외웠습니다. 지금은 책을 꾸준하게 읽으면서 모르는 단어를 맥락을 함께 이해하는 방식이 어휘력에는 오히려 더 도움이 됩니다. 맥락을 이해함으로써 모르는 단어가 나오더라도 유추해 내는 능력이 향상되기 때문입니다.

또 한 가지 간과하지 말아야 할 부분은 모국어 어휘력도 함께 성장해야 한다는 점입니다. MBC 「공부가 뭐니」에서 연기자 김정태 씨의 아들이 출연해서 6개 국어를 하는 모습은 부모들에게 큰 부러움을 샀습니다. 하지만 전문가들의 진단 결과, 아이가 모국어에 대한 어휘력이 또래들에 비해 떨어진다는 충격적인 결과가 나왔습니다. 이처럼 외국어 습득에는 모국어 실력이 반드시 뒷받침되어야 합니다. 전문가들은 결코 외국어 실력은 모국어를 뛰어넘을 수 없다고 말합니다. 모국어 능력이 부족한 상태에서의 영어 공부에 대한 과도한 투자는 오히려 역효과를 낳아 두 마리 토끼를 모두 놓칠 수 있습니다.

공교육에서는 초등학교 3학년 때부터 영어 수업을 합니다. 그렇지만 열의가 많은 부모는 그전에 학원이나 가정 교육을 통해 아이에게 꽤 이른 시기부터 영어를 접하게 합니다. 언어는 어렸을 때 시작하면 흡수가 빠르다는 인식이 강하지만, 최소한의 모국어 기반을 놓치지 않는 점도 중요합니다. 중·고등학교 때의 영어 수행평가 또한 다양한 어휘력이 빛을 발하는 쓰기의 비율이 높다는 점 역시 고려하시면 좋겠습니다.

◇ 영어 회화에는 하이패스가 없다.

영어 학원 원장님들과 대화를 해 보면, 위에서 언급한 다섯 가지 이외에도 활발하고 적극적인 성격의 아이가 실력이 빨리 는다는 공통점이 있다고 합니다. 이 특징은 실패를 두려워하지 않는 마음가짐이라는 말과 맥을 함께합니다. 어떤 이들은 도전을 할 때 완벽한 준비가 되어야 시작할 수 있다고 생각합니다. 영어가 특히 그렇습니다. 문법적으로 완벽하게 정리가 되어야만 말을 할 수 있다고 여기기에 쉽게 외국인들 앞에서 입을 떼지 못합니다. 하지만 인간은 죽을 때까지 자신에게 만족하지 못합니다. 그렇기에 영어로 말을 할 만큼 자신이 있는 날도 오지 않습니다.

몇 년 전 체코를 여행했을 때의 일입니다. 프라하성을 볼 수 있는 전망대로 올라가는 기차를 타는 역을 찾기 위해 벤치에서 신문을 읽고 있는 체코 여성에게 길을 물었습니다. “Excuse me, where is the train station?” 부실한 실력에 비해 꽤 괜찮은 문장이었습니다. 스스로 만족하며 대답을 기다리고 있는데 되돌아온 답은 당황스러웠습니다. 그분은 제 말을 알아듣지 못하겠다는 표정으로 웃으며 두 손을 들고 고개를 절레절레 저었던 것이죠. 영어를 하지 못하는 분이셨습니다. 순간적으로 당황했지만 포기하지 않고 다시 당당하게 말했습니다. “칙칙폭폭, 칙칙폭폭” 동시에 손가락을 좌우로 찌르듯 가리키며 어느 방향으로 가야 하냐는 의사 전달을 하였죠. 그렇게 결국 답을 얻어냈습니다.

그날의 경험을 계기로 외국인과의 의사소통은 뛰어난 언어 능력보다 용기가 더 필요하다는 사실을 깨달았습니다. 완벽하게 구사된 영어여야 소통할 수 있다는 생각은 편견입니다. 기회가 될 때마다 뻔뻔하다 싶을 만큼 자주 부딪혀 볼 수 있도록 해 주세요. 집에서 영어로 대화해 보는 방법도 좋습니다. 아이 스스로 실수나 실패에 대한 내성을 키울 수 있기 때문입니다. 부모의 부족함을 통해서 아이가 자신감을 얻을 수도 있습니다. 완벽한 발음과 문법이 준비될 때까지 기다리면 말하기 능력은 절대 늘 수 없습니다.

『영어책 1천 권의 힘』을 쓴 강은미 작가는 '아이의 영어 실력은 얼마나 일찍 시작했느냐'로 정해지기 보다는, 초등학생 때부터 영어를 어떻게 느끼고 생각하며 좋은 태도와 습관을 형성했느냐에 따라 결정된다고 말합니다. 좋은 학원만이 답이 아니라 영어를 스스로 즐기고 꾸준하게 익히는 방식이 훨씬 아이의 영어 실력에 도움이 된다는 의미입니다. 영어 교육 전문가들은 영어학원에 대해서 조건부의 답을 내놓습니다. 바로 영어로 대화하기 위한 용도라면 괜찮겠지만 문법이나 단어를 배우는 단순 학습을 위한 학원은 무익하리라고 말이죠.

원래 외국어를 배우는 이유는 그 나라 말을 사용하는 능력을 키워 사람들과 소통하며 상대방의 의견을 받아들이며 발전해 나가기 위해서입니다. 이런 진정한 언어 학습에 대한 열정은 초등학교 저학년 때까지는 대부분 유지됩니다. 그렇지만 고학년이 되면서부터는 문법과 단어 암기에 대한 부담이 커집니다. 소신 있는 영어학원 원장님조차도 고학년의 학부모들로부터의 중학교 수업에 맞는 커리큘럼에 대한 압박이 심해진다고 합니다. 중학교에서의 영어 시험은 아직 문법과 어휘가 70% 이상을 차지하기 때문이죠. 결국 재미와 흥미는 상실되고 성적을 위한 영어 공부에 아이들이 내몰리는 상황이 되고 맙니다.

◇ 영어 교육은 끊임없이 변하지만 영어를 배우는 이유를 잊지 말아야

수능시험이 끝나면 영어를 사용하는 외국인들이 우리나라 수능시험 외국어 영역을 보며 혀를 내두르는 유튜브 콘텐츠가 인기를 끕니다. 영어권 국가에서조차 쓰지 않는 단어나 주제도 많다 보니 언어 천재라고 불리는 방송인 타일러도 수능 영어의 지문을 이해하지 못한 적이 있다고 고백하기도 했습니다. 실제로 영어권 외국인들도 수능시험을 보면 3등급 정도에 해당하는 점수를 받는다고 합니다.

이런 폐해들이 계속 알려지면서 수능 영어의 정책은 바뀌었습니다. 2018년 수능부터 상대평가 방식에서 절대평가(100점 만점에 90점만 받아도 1등급) 방식으로 바뀌게 되었죠. 이런 변화가 있었지만 수능 영어에 대한 출제 방식은 변하지 않았습니다. 거기에 1등급의 비율이 2020년(7.43%), 2021년(12.66%), 2022년 (6.25%)로 매년 널뛰기를 하고 있습니다.

이러다 보니 사교육비 경감을 위한 외국어 영역의 절대평가로의 전환은 사교육비 지출을 줄이는데 별다른 효과를 얻지 못했습니다. 무조건 1등급을 받아야 한다는 부담감으로 인해 사교육 비용 지출이 오히려 높아졌다는 조사 결과도 있습니다. 거기에 영어에 한이 맺힌 부모의 심리도 아이의 영어 교육에 비용을 아낌없이 투자하게 만듭니다. 직장이나 사회생활에서 영어 스트레스를 받는 경우가 많을수록 이런 욕망은 강해집니다. 영어를 안정적인 미래를 위한 필수조건이라 확신하기에 어릴 때부터 영어유치원, 방문학습, 학원, 과외, 단기 어학연수 등 가능한 대부분의 교육을 받게 합니다.

우리나라의 영어 환경은 ESL(English as a Second language: 제2 외국어로서의 영어)이 아닌 EFL(English as a foreign language: 외국어로서의 영어)이기 때문에 훨씬 영어를 익히기가 힘들다고 합니다. 제2 외국어처럼 자연스레 접하고 항상 배울 수 없는 환경이라는 의미입니다. 그 결과 연간 5조 원 규모의 우리나라 사교육 비용 지출은 세계 최고 수준이지만, 실력은 30위 정도밖에 되지 않는 결과를 낳고 있습니다.[1)]

이런 상황들을 보면서 영어 교육에 대한 본질을 다시금 생각해 봅니다. 영어는 결국 외국인들과의 소통을 위한 본연의 목적이 아닌 한국에서 살아남기 위해서 배우는 과목이 되어 버렸다는 현실이 안타깝기 그지없습니다. 조승연 작가는, 다른 나라의 언어는 다른 나라 문화의 이해를 돕는 역할로서 중요한 부분을 차지하므로 읽고 쓰고 시험을 위한 언어 공부를 하기보다는 소통을 위한 공부를 해야 한다고 강조합니다.

---

1) http://economychosun.com/client/news/view.php?boardName=C00&t_num=12927

하지만 현실에서는 내신 성적과 수능시험을 위해 영어 공부를 해야 합니다. 막상 대학을 가더라도 영어로 된 전공 서적을 읽지 못하는 경우도 허다합니다. 조금 더 지나면 회사에 입사 지원을 위해 또 영어 공부를 하는 등 영어와의 어색한 동행은 생각보다 길게 이어집니다.

언어라는 존재는 잠깐 멀리하게 되는 순간 머릿속에서 사라지기 좋은 휘발성이 정말 높은 학문입니다. 시험만을 위한 공부가 아닌 언어와 문화에 대한 관심은 아이의 미래를 위해서도 좋은 투자라고 할 수 있습니다. 그런 목적이라면 꾸준히 적은 양이라도 학습을 놓지 말아야 합니다. 어느 정도 수준이 되면 이제는 영어를 그만해도 되겠다며 섣불리 내려놓지 말고 책을 꾸준히 읽도록 해 주세요. 그리고 이 모든 활동에 재미가 수반된다면 억지로 하기보다 훨씬 더 좋은 결과를 끌어낼 수 있다는 점도 기억하시길 바랍니다. 언어도 결국 시작도 재미, 끝도 재미니까요.

05

SQ를 키우는 교육

수포자가 왜 생기는지 이해할 수 있는가?

> 수학이 간단하다는 것을 사람들이 믿지 못하는 이유는 인생이 얼마나 복잡한지 모르기 때문이다.
>
> —존 폰 노이만

2022학년도 수능부터 수학은 문과생과 이과생의 구분 없는 통합 시험을 치렀습니다. 수학이 갖는 무게가 더욱 커졌다는 의미입니다. 데이터가 공개되진 않았지만, 입시 전문가들은 수학 1등급을 받은 문과와 이과의 비율을 1 대 9로 추정합니다. 이제부터 수학에 강점을 가진 이과생들의 입시가 절대적으로 유리한 환경이 펼쳐졌다고 봐야 합니다. 이런 상황에서도 '수포자'의 비율은 고등학교 2학년만 해도 32.3%에 달합니다(2021학년도 전국 수포자 실태조사).

수학을 싫어하는 이유를 아이들에게 물으면 '수학 공부의 필요성을 못 느껴서', '수학 외에도 공부할 과목이 너무 많아서', '모르는 부분에 대한 피드백을 신속히 받기가 어려워서', '학습 능력이 떨어져서' 등 다양합니다. 아플 때 정확한 증상에 맞는 약을 처방받아야 하듯 수학을 못 하는 이유도 원인을 정확히 진단하지 못하면 잘못된 해결책으로 골든타임을 놓칠 수 있습니다. 무작정 문제집만 계속 풀게 하거나 학원이나 과외로 문제를 해결하려는 방식이 능사가 아닙니다.

◇ 수학이 중요한 이유

얼마 전 교육부에서는 2021학년도 수능 수학에서는 기하와 벡터가 제외된다고 발표했습니다. 고교 교육과정 개편에 따른 사교육비 경감이 주된 이유지만, 중요한 부분을 놓치고 있다는 의견이 많았습니다. 4차 산업혁명에서 수학은 모든 과목 중에서 제일 기본이 되는 학문이며, 그중에서 기하와 벡터는 가장 핵심이 되는 분야이기 때문입니다. 교육부의 발표는 미국 학계에서도 주목받았으며 큰 비판도 함께 받았습니다. 『나의 하버드 수학 시간』의 저자 정광근 작가 역시 이 결정이 세계적인 수학 교육 대세에 역행한다며 안타까움을 드러냈습니다.

이렇듯 단순히 수학이라는 학문은 수능을 비롯한 시험을 보기 위한 학문이 아닙니다. 우리는 엄청난 사교육비를 쏟아붓지만 정작 수학이라는 학문에 대한 이해도는 턱없이 부족합니다. <u>수학이라는 과목</u>

을 기본적으로 수행하기 위해서는 연산, 이해, 추론, 문제 해결 능력이 필요합니다. 이 능력을 통해 문제를 해결해 나가며 논리적인 능력을 키워 나가게 됩니다. 이것이 수학을 배워야 하는 제일 큰 이유입니다. 수학 실력 자체가 논리력, 문제 해결력과도 직결됩니다. 수학이 활용되는 분야는 매우 광범위하므로 다양한 직업을 얻는 데도 큰 영향을 미칩니다.

수학을 싫어하는 아이들은 이걸 배워서 나중에 어디에다 써먹느냐며 볼멘소리를 합니다. 그런 상황일수록 아이가 수학의 필요성을 이해할 수 있도록 부모가 지도해 줄 필요가 있습니다. 게다가 수학을 잘하게 되면 다른 학문에 대한 이해도가 훨씬 높아집니다.

우리가 지금 누리고 있는 과학 기술에는 모두 수학이 접목되어 있다고 해도 과언이 아닙니다. 자동차와 비행기 같은 교통수단과 컴퓨터, 스마트폰을 비롯한 전자 기기처럼 우리의 삶과 밀접하게 연결된 모든 기술은 수학이 없었다면 현실에 구현될 수 없었을 것입니다. AI가 모든 수학적인 계산을 대신하는 시대가 오고 있지만, 인공지능에게 무엇을 어떤 식으로 계산해야 할지를 정하는 존재는 AI가 아닌 결국 수학적인 능력을 지닌 인간입니다. 넷플릭스나 유튜브가 지속적으로 띄워 주는 추천 영상 목록 또한 수학자들의 정밀한 계산을 인공지능이 수행해서 산출해 낸 결과물입니다. 예전에도 그랬지만 앞으로는 더욱 수학적인 사고 능력이야말로 미래 사회에서 살아남을 수 있는 매우 중요한 능력 중 하나라고 할 수 있습니다.

◇ 개념과 원리를 탑재하라.

제가 군대에 있을 때 가장 기억나는 표현이 있습니다. "개념을 상실했냐?" 누구를 혼낼 때 자주 사용하는 말입니다. 군대나 회사 생활에서도 개념이 중요하듯 대부분의 수학 선생님들과 저자들이 이구동성으로 외치는 비법 중에서 최고로 치는 것이 바로 '개념'입니다. 상대방에게 어떤 상황으로 강한 불쾌감을 느꼈을 때 '개념 없는 사람'이라는 표현을 쓰는 이유도 개념이 그만큼 모든 공부의 기본이기 때문입니다.

개념과 원리를 정확하게 안다는 말은 단순히 공식의 암기와는 다른 문제입니다. 완벽하게 정의를 이해하고 다른 사람에게 설명할 수 있음을 의미합니다. 예를 들어서 원은 '평면 위의 한 점에서부터 같은 거리에 있는 점들의 모임'이라고 정의됩니다. 거기서부터 시작해 반지름, 지름, 원주, 원주율, 호, 현, 원뿔, 원기둥, 구 같은 개념까지 거미줄처럼 연결됩니다.

그렇기에 수학 공부는 기본 개념에서부터 출발해야 합니다. 개념에 대한 습득이 어렵다면 따로 개념만 정리한 노트나 카드를 만들어서 사용하는 방법을 추천합니다. 원이라는 용어를 말로 설명할 수 없다면 원주나 원주율도 설명할 수 없고 부채꼴, 호, 현도 이해할 수 없습니다.

개념과 친숙해진다면 그때부터 적절한 난도로 문제를 풀어 봅니다. 이렇게 개념을 바탕에 깔아 놓고 하는 공부 습관을 들여 나가면 난도가 높은 문제를 접하더라도 해법을 얻는 데 많은 시간이 걸리지 않습니다.

◇ 실수를 줄이는 방법

아이의 문제집을 채점하다 보면 생각보다 기본적인 실수가 잦아서 당황스러울 때가 많습니다. 단순한 실수로 틀리든 몰라서 틀리든 실력을 평가하는 시험에서 점수를 받지 못하는 점은 같습니다. 결국 실수도 실력이기에 실수를 줄이는 노력이 중요합니다.

수학 문제를 풀 때 발생하는 실수는 크게 두 가지입니다. 문제를 정확하게 이해하지 못하거나 답을 찾는 과정에서 연산 실수를 하는 경우입니다. 부모가 곁에서 아이가 문제를 푸는 과정을 살펴보거나 틀린 문제를 살펴보면 어떤 부분에서 실수가 생기는지 알 수 있습니다. 해당 단원의 기본 개념 자체를 모르거나 문해력이 부족해서 문제를 이해하지 못했다면 개념을 다시 알려 주고 문제를 읽는 방법부터 고쳐야 합니다. 서술형처럼 문제의 분량이 길수록 아이는 무엇을 찾아야 하는지에 대해서 정확히 파악하기가 어렵습니다. 이럴 때는 조금은 지저분할지라도 문제에 밑줄을 긋고 문장을 끊어 가며 꼼꼼히 읽게 해서 문제에서 요구하는 부분을 이해하도록 연습을 시켜 보세요.

연산 실수를 줄이기 위해서는 손으로 풀이 과정을 적어 가며 푸는 방법이 가장 좋습니다. 어른이 아이의 수학 공부를 봐주면서 제일 난감할 때는 아이가 계속 머리로만 연산을 하고 있을 때입니다. 어른이 보기에도 식을 공책에 써 가면서 풀었으면 좋겠는데 아이는 할 수 있다며 고집을 피웁니다. 암산에는 분명한 한계가 존재하지만, 그동안 암산을 통해 얻은 성공 경험이 지나치게 자신을 믿도록 만듭니다. 손으로 쓰면서 하는 공부에 대한 거부감도 한몫하고 있을 테고요.

풀이 과정을 적어 가면서 문제를 해결하는 방식은 수학에서 매우 중요한 습관입니다. 순서대로 풀면 복잡한 연산이 나오는 문제에서는 잘못된 부분을 찾기도 쉬워지기 때문입니다. 연습장에 풀이 과정을 적을 수 있도록 만들어 줘야 합니다. 아이의 전용 연습장이 있으면 좋습니다. 연산 실수는 시간에 쫓겨서 너무 급하게 풀 때 생기는 경우가 많으므로 적당히 속도 조절을 할 수 있게 해 주는 방법도 좋습니다.

오답 노트는 모범생들의 수기에 어김없이 등장하는 일명 '만능 치트키'입니다. 물론 아직 글쓰기조차도 시원찮은 아이에게 아무리 좋은 방법이라고 한들 오답 노트를 만들라고 하는 게 쉬울 리 없습니다. 그렇더라도 아이가 문제를 푸는 습관이 어느 정도 잡힌다면 틀린 문제를 아이가 다시 살펴볼 수 있도록 해 줄 필요는 있습니다. 이렇게 일주일에 최소 한 번 정도는 틀린 문제들만 다시 풀어 보는 시간을 가지게 해 주세요. 너무 쌓이면 손을 댈 수가 없습니다. 이런 방식은 기계적으로 문제만 풀며 진도를 나가기보다 훨씬 더 실력에 도움이 됩니다. 틀린 문제를 다시 살펴보며 스스로 돌아보게 되는 과정을 통해서 자신의 실력을 높일 수 있습니다.

특히 오답 노트는 실수하는 부분을 줄이는 데 큰 도움이 됩니다. 누구나 그렇듯 인간은 무의식적으로 같은 실수를 반복하는 경향이 있습니다. '실수도 습관'이라는 말이 그래서 존재합니다. 특히 아이들이 수학 문제를 풀 때 빠르게 마무리하려는 경향이 많아 조급함에 실수를 저지르기도 합니다. 이럴 때 아는 문제를 다시 오답 노트에 쓰게 만들면 얼마나 시간 낭비가 되는지를 알게 됩니다. 그렇기에 다른 잔소리 수십 마디보다 훨씬 좋은 교육이 될 수 있습니다.

◇ 답이 있는 문제만 풀지 마세요.

예전에 아이가 학원에서 숙제를 받아 왔길래 그 내용으로 함께 토론한 적이 있었습니다. "코르크 마개로 막혀 있는 병 안에 돌돌 말려 있는 지폐가 있다. 병을 깨거나 코르크 마개를 빼지 않고 꺼내는 방법이 무엇인가요?" 저는 아이와 이런 결론을 내렸습니다. 문제에 그려진 그림 상에서 투명한 병 밑바닥이 그려져 있지 않아서 병 밑이 뚫려 있을 수도 있다고 말이죠. 그렇게 '밑바닥에 손을 넣어서 꺼낸다'라는 결론을 얻었습니다. 하지만 정답은 '코르크 마개를 밀어 넣어서 꺼낸다'였습니다. 결론적으로 저와 아이가 찾은 답은 학원에서 원하는, 정해 놓은 답이 아니었습니다. 아이는 틀렸다며 실망했지만, 저는 아이에게 우리가 함께 찾은 방법도 결코 틀리지 않았고 충분히 일리 있는 생각이라고 열심히 설명해 주었습니다.

이런 문제를 보통 아이스 브레이킹(Ice Breaking)이라고 표현합니다. 딱딱한 뇌를 말랑말랑하게 만들어 주자는 취지입니다. 생각을 많이 해야 풀 수 있어서 사고력과 창의력을 길러 준다고 해서 다양한 분야에서 활용됩니다. 수학은 문제를 이해하는 문해력을 바탕으로 하여 원리나 공식을 찾아내는 추론 능력을 통해 답을 찾아내는 연산 능력으로 마무리하는 종합적인 사고를 요구하는 학문입니다. 이런 이유로 수학능력시험에서 종합적인 사고가 필요한 문제가 출제됩니다.

그렇지만 답이 정해져 있는 문제만을 푼다고 이런 수학적인 능력이 키워지고 계발되지는 않습니다. 생각을 좀 더 폭넓게 할 수 있는 문제도 놀이처럼 틈틈이 접할 수 있게 해 주면 아이의 수학적인 감각을 키울 수 있습니다.

오늘부터 하나씩 해 보시길 추천합니다. '숫자 9, 6개로 100을 만들 수 있을까?', '성냥개비로 만든 틀린 등식에서 하나만 움직여서 옳은 등식으로 만들어라'. 이런 능력을 키워 주는 프로그램이 바로 tvN에서 방영했던 「문제적 남자」입니다. 유튜브에서도 쉽게 영상을 찾아볼 수 있습니다. 이런 콘텐츠를 통해 얻을 수 있는 두 가지 장점이 있습니다. 첫 번째는 다양한 사고를 필요로 하는 문제를 접하게 해 주며, 두 번째는 쉽게 포기하지 않는 끈기를 키워 준다는 점입니다. 실제로 문제적 남자는 문제의 답을 찾을 때까지 녹화를 끝내지 않아서 더욱 유명하기도 했죠.

꾸준함은 결국 뛰어난 재능을 이길 수 있습니다. 매일 부지런히 적은 양이라도 습관이 될 때까지 꾸준히 수학을 익혀 나간다면 연산 속도와 수학적 사고력 모두 키울 수 있습니다. 낙수천석(落水穿石)은 꾸준한 노력이 얼마나 중요한지를 알려 주는 사자성어입니다. “우리 애는 머리는 좋은데 열심히 하질 않네요.” 이런 말은 정신 승리일 뿐 아이가 다 큰 후에 절대로 핑계가 될 수 없습니다. 지금 조금이라도 바뀌지 않으면 나중에도 바뀌지 않습니다. 아직 우리 세상은 1%의 재능을 가지고 있더라도 끊임없이 노력한다면 성공할 수 있다는 사실을 잊지 마세요.

SQ를 키우는 교육

생각보다 어렵지 않은 유대인 교육, 하브루타를 아는가?

> 자기가 보는 것이 무엇인지 모른 채 막연히 바라보는 사람, 어디에 자기가 서 있는지 모른 채 우두커니 서 있는 사람, 그들은 불행하다.
>
> – 『탈무드』

독일은 수시로 유대인에게 전쟁과 학살로 얼룩진 과거사를 반성하는 모습을 보여 줍니다. 일본의 태도와는 모습과는 사뭇 다릅니다. 그 이유는 생각보다 간단합니다. 유대인이 가진 세계 경제를 움직이는 힘을 무시할 수 없어서입니다. 세계 최강대국 미국에서 경제 정책을 좌지우지하는 정부 인사나 월스트리트의 영향력 있는 사람 중 유대인의 비율은 매우 높습니다. 페이스북의 저커버그, 영화감독 스티븐 스필버그, 구글 창업자인 래리 페이지와 세르게이 브린 등 세계 경제를 이끄는 인물들이 모두 유대인입니다.

유대인이 세계 인구에서 차지하는 비율은 0.2%에 불과하지만, 전 세계 억만장자 중 30%, 노벨 경제학상 수상자의 40%를 차지하고 있으며, 미국 100대 기업의 40%를 소유하고 있습니다. 이런 유대인의 힘은 『탈무드』와 하브루타를 기반으로 한 교육에서 나옵니다.

◇ 비슷한 듯하지만 너무도 다른

유대인 교육의 질적인 수준은 전 세계적으로 정평이 나 있습니다. 유대인들은 단일민족, 고유 언어, 음력 사용, 높은 교육열 등에서 한국인들과 공통점이 있습니다. 그런 이유에서인지 시중에는 『탈무드』와 하브루타와 관련된 수많은 유대인 교육 관련 책이 있습니다.

하지만 홍익희 세종대 교수의 칼럼에 따르면, 유대인 교육과 한국인의 교육은 교육 목적, 교육 방법, 교육 목표, 공동체 정신에서 중요한 차이점이 있다고 합니다.

유대인의 교육 목적은 학습적인 성취를 위해서가 아닌 성숙한 인격체를 만드는 데 있습니다. 그를 통해 유대인 공동체의 일원이 될 수 있습니다. 반면, 우리나라는 높은 성적을 얻어 시험의 합격 또는 통과가 가장 큰 목적입니다. 교육 방법 역시 완전히 대조적입니다. 유대인 교육은 수평 관계를 통한 질문과 토론이 중심이지만, 우리나라 교육은 수직적이며 질문과 소통이 턱없이 부족한 주입식 교육이 높은 비중을 차지합니다.

우리는 한 권짜리 이야기책 『탈무드』를 읽고 유대인 교육이 충분히 이루어졌다고 여기지만, 『탈무드』는 알고 보면 20권으로 이루어진 경전임을 아는 사람도 많지 않습니다. 게다가 우리 교육은 상위 단계로 올라갈수록 질문이 없어집니다. 그와 반대로 유대인들은 질문하는 습관이 몸에 배어 있습니다. 그들에게는 '원래 그렇다'는 말이 없다고 합니다.

안타깝게도 우리나라의 토론 문화는 성숙하지 못한 쪽에 가깝습니다. 실제로 우리나라의 대표적인 토론 프로그램인 「백분토론」이나 다른 대담을 보더라도 서로를 바라보며 상대방의 의견을 귀담아 들으면서 설득하려고 하기보다는 자신의 의견만을 쏟아 내는 경우가 많습니다. 토론이 아닌 일종의 연설에 가깝다고 볼 수 있습니다.

미래 사회에서는 협업과 소통하는 능력이 더욱 중요해집니다. 토론할 수 있는 능력 또한 마찬가지입니다. 아이들이 학교 교육을 통해서만 토론 능력을 키울 수는 없습니다. 학교에만 맡겨 놓지 말고 일상생활에서 습관이 되도록 다양한 주제나 상황들을 부모와 아이가 함께 이야기해 본다면 도움을 얻을 수 있습니다.

◇ 하브루타의 시작

주제에 대하여 입체적으로 관찰하여 생각하는 능력을 기른다는 점에서 하브루타는 두뇌를 발달시킬 수 있는 좋은 교육법입니다. 하브루타는 그리 거창한 활동이 아닙니다. 하브루타를 하기 위해서는 세 가지의 원칙만 기억하면 됩니다.

첫째, 아이와의 눈높이를 맞추고 부모와 동등한 위치에서 의견을 교환부터 시작하면 됩니다. 부모와 동등한 관계인 유대인과는 달리 우리나라는 상하 관계에서 대화를 나눕니다. 아이의 의견은 그다지 논리적이지도 않을 테고, 고쳐 주고 싶은 마음이 굴뚝 같을 수 있습니다. 그 상황에서 아이에게 가르치는 투로 이야기를 나누다 보면 토론보다는 지도나 훈육으로 흘러가는 경우가 많습니다. 결국 아이는 자연스럽고 편안한 상황에서의 의사소통을 하고 싶은 의욕을 잃게 되겠죠.

둘째, 언제든지 무슨 내용이든지 이야기할 수 있도록 해 줘야 합니다. 아이는 부모에게 재잘재잘 무언가를 이야기하려는 경우가 많습니다. 이래저래 집에서 할 일이 많은 부모는 아이와 눈높이를 맞추고 대화 나누기가 어렵습니다. 대화가 가능하다면 짧게라도 아이의 이야기를 들어 주고, 그 순간이 아니더라도 기억하고 있다가 아이의 이야기를 들어 주고 질문의 꼬리를 물고 이야기해 나갈 수 있도록 해야 합니다.

셋째, 밥상머리 교육 시간을 놓치지 말아야 합니다. 밥상머리 교육은 자녀 교육의 핵심 키워드입니다. 위대한 미국 대통령이었던 J.F. 케네디 역시 어머니의 밥상머리 교육으로 경청과 토론하는 능력을 키웠다고 합니다. 밥 먹을 때 나누는 대화는 토론 능력뿐만 아니라 언어 능력 향상과 정서적 안정감을 높인다는 점에서 매우 중요합니다.

◇ 독서 하브루타란?

하브루타는 짝을 지어서 질문하고 대화, 토론, 논쟁 등을 전제로 합니다. 토론이라 하면 사회 문제나 가치 판단에 대한 주제가 일반적이지만, 아이가 아직 어리다면 책을 함께 읽고 내용에 대해 다양한 방식으로 생각을 교환하는 방식도 하브루타의 영역으로 충분히 볼 수 있습니다. 이를 독서 하브루타라고 부릅니다.

독서 하브루타는 책을 읽고 내용을 파악한 뒤 질문을 만들고 생각을 나누고 표현하며 발표로 진행됩니다. '아이가 말을 더 많이 하게 만드는 것'이 『독서 하브루타』 황순희 작가가 강조한 하브루타의 핵심입니다.

독서 하브루타를 진행하는 순서는 다음과 같습니다.

책 읽고 내용 파악 → 질문 만들기 → 생각 나누기 → 생각 표현 → 발표 평가

이 중에서 가장 핵심은 질문 만들기입니다. 아이가 말을 많이 하게 만들려면 부모가 질문을 하는 방식도 상당히 유연해져야 하는데, 질문하는 좋은 방법은 다음과 같습니다.

첫째, 평소 대화를 나눌 때도 반문형('글쎄? 너는 어떻게 생각해?, 또 어떤 것이 있을까?, 좀 더 구체적으로 말해 줄 수 있겠니? 네 기분은 어땠니?')**을 사용합니다.** 아이와의 대화에서 부모는 아이가 말을 더 많이 할 수 있게 노력하기보다는 용건만 빨리 끝내려는 경향이 있습니다. 그런 시간이 누적되면 아이는 점점 더 질문하지 않게 됩니다.

둘째, 논쟁이 될 수 있을 만한 정해진 답이 없는 질문이 좋습니다. "친구를 때리면 될까?"라든지 "쓰레기를 함부로 버리는 행동은 나쁜 행동일까?"와 같이 답이 명확한 질문은 아이의 생각을 확장시킬 수 없습니다. "『마당을 나온 암탉』에 나오는 족제비는 나쁜 동물인가요?"와 같은 질문처럼 바로 답을 할 수 없거나 생각이 다를 수 있을 법한 질문을 해야 합니다.

셋째, 단순한 하나의 단어로도 아이의 호기심을 자극할 수 있는 다양한 이야기나 질문을 끌어낼 수 있어야 합니다. 김치나 플라스틱과 같은 간단한 단어 하나만으로도 토론을 유도할 수 있습니다. 그 분야의 전문가가 아니더라도 최소한의 상식만 있어도 가능한 일입니다. 어른 역시 아이와 이야기해 나가면서 찾아 나가고 함께 배워 나가면 되기 때문입니다.

◇ 비판적이고 논리적인 사고 능력 (이 답이 정말 최선입니까?)

인터넷의 대중화는 '정보의 바다'라는 신조어를 만들어 냈습니다. 그로 인해 아이의 질문에 부모가 명확한 답을 주지 못하는 경우면 대뜸 "네이버나 구글에서 찾아봐요."라는 말이 바로 나오게 됩니다.

문제는 이렇게 편리했던 정보의 바다가 우리에게 새로운 고민을 안겨 준다는 점입니다. 우리는 포털사이트에 있는 수없이 많은 정보를 아무런 필터 없이 받아들이고 있습니다. 그 결과 스스로 질문하고 답을 찾는 노력을 하거나 그 정보가 옳은지를 고민하기 보다는 구글링(구글로 정보를 검색한다는 뜻)을 얼마나 잘하느냐가 더 능력 있는 학생으로 인정받는 사회가 되었습니다.

대표적인 예가 있습니다. 그리스의 철학자 아리스토텔레스는 자신의 저서에서 높은 곳에서 무게가 다른 물건을 떨어뜨릴 때 무거운 물건이 더 빨리 떨어진다고 주장했습니다. 실제로는 질량과 관계없이 모든 물체는 같은 속도로 떨어집니다. 결국 16세기에 갈릴레이가 그 이론이 틀렸다는 사실을 증명할 때까지 사람들은 권위 있었던 철학자 아리스토텔레스의 주장이 절대적으로 옳다고 천 년이 넘게 믿어 왔습니다.

내가 접한 정보들을 모두 사실로 생각하고 무조건 신뢰해 버리는 행위가 위험할 수 있음을 알려 주는 대표적인 사례입니다. 비판적이고 논리적인 사고는 생각을 펼치면서 일의 앞뒤가 맞아떨어지는지를 살피고 생각을 평가하는 힘을 의미합니다.

예일대 토론 협회장 헨리 장은 논리적인 사고가 필요한 이유를 세 가지로 요약했습니다.

첫째, 논리는 다양한 분야의 학문뿐만 아니라 자신이 생각하고 있는 중요한 질문에 대한 해답을 찾을 수 있도록 도와준다.

둘째, 다른 사람의 말에 쉽게 현혹되지 않고 중요한 질문에 대한 대답을 더 잘하게 된다.

셋째, 스스로 논리를 만드는 것으로써 상대방을 설득할 수 있는 능력을 기를 수 있다.

우리가 알고 있는 모든 지식이 진실과 다를 수 있다는 점을 고민하는 데서부터 논리적 사고는 시작됩니다. 이 사실을 잊지 말고 아이들과의 생활에서 지도하려는 노력이 필요합니다.

07

SQ를 키우는 교육

어른에게도 중요한 몰입하는 힘을 키워 줄 수 있는가?

> 당신이 하고 있는 일에 온 정신을 집중하라! 햇빛은 한 초점에 모아질 때만 불꽃을 내는 법이다.
>
> –알렉산더 그레이엄 벨

아이가 열심히 노는 모습을 가만히 관찰해 보면 눈이 초롱초롱해 보이고 불러도 듣지 못할 정도로 집중하고 있을 때가 있습니다. 아마 아이가 몰입하고 있어서 그럴 가능성이 큽니다. 그럴 때는 방해하지 말아야겠다는 생각이 들곤 합니다. 아이가 훌륭하게 성장하는 데 중요한 요소 중 하나가 바로 몰입하는 능력입니다. 저명한 미국의 심리학자인 미하이 칙센트미하이가 이 표현을 처음 사용했으며, 삶의 풍요로움은 행복이 아닌 몰입에서 온다고도 주장했습니다. 몰입은 자신의 시간과 에너지를 중요한 한 가지에 붓는다는 의미입니다. 과학적으로 위대한 결과를 이끌어 낸 천재들의 공통점도 바로 몰입적인 사고를 했다는 것입니다.

◇ 몰입으로 가는 험난한 길

몰입 상태에서는 자신감이 높고 호기심도 극대화될 수 있다고 합니다. 평소에 어렵게만 느껴지던 난제들이 쉽게 풀리고 삶의 만족도도 높아집니다. 몰입 상태에서는 두뇌 활동이 최고조에 오르고 사고력 역시 가장 빠른 속도로 발전한다고 합니다.

그런데 집중력과 몰입의 차이는 무엇일까요? 집중은 의식적으로 한 가지 일에 모든 힘을 쏟는 것을 뜻하지만, 몰입은 무의식적으로 어떤 일에 빠져 있는 자체에서 즐거움을 느끼는 심적 상태를 말합니다. 몰입이 집중력보다 상위 단계라고 생각하시면 됩니다. 놀이에서의 몰입은 자연스럽게 이뤄지지만 공부는 그렇게 되기 쉽지 않습니다. 아이의 공부에서 몰입을 끌어내기 위해서는 다음 세 가지의 원칙이 필요합니다.

첫째, 목표가 명확해야 합니다. 15~30분 정도의 소화가 가능한 공부 분량을 정해 주세요.

둘째, 공부의 난도는 80~90% 정도 혼자 해결할 수 있는 정도가 적당합니다.

셋째, 공부의 결과가 나왔을 때 칭찬이나 격려 같은 피드백이 빨라야 합니다.

그렇지만 아이에게 공부와 관련된 무언가를 시켜 보려면 몰입은 고사하고 일단 자리에 앉히기도 쉽지 않아 골치를 앓는 경우가 많습니다. 집에서 살펴보면 분량이 적은 문제집을 풀게 하거나 일기 쓰기만 해도 아이를 집중하도록 만들기가 어렵습니다. 아이를 겨우 앉혔다 싶으면 갑자기 목도 마르다 하며, 화장실도 가고 싶어지고, 연필로 종이에 낙서도 하고, 지우개도 주물럭거려 봅니다. 잠깐 집중한다 싶다가도 싫증을 빨리 느끼며 몸을 배배 꼽니다. 그 모습에 부모는 기막혀하며 인내심의 한계를 느끼고는 합니다.

◇ 포모도로? 먹는 거 아닌가요?

몰입하는 능력을 키우기 위한 우리 집에서 시도한 방법은 초창기에는 다른 집들과 크게 다르지 않았습니다. 으름장도 놓아 보고 달래도 보고 어른이 옆에서 집중하는 모습도 보여 주기도 했습니다. 여러 가지를 시도했지만 크게 효과를 얻지는 못했습니다.

그러다가 알게 된 방법이 바로 포모도로 기법입니다. '포모도로'는 이탈리아어로 황금사과라는 의미를 가진 토마토를 뜻합니다. 토마토 모양의 타이머를 통해 아이디어를 얻었다 해서 만든 시간 관리 방법론입니다. 집중력이 부족한 사람들을 위해 만들어진 이 기법은 20~25분을 타이머로 설정하고 할 일에 집중하고 5~10분을 쉬는 방식으로 꽤 간단한 방법입니다. 여기서 유념할 부분은 집중하는 시간과 쉬는 시간을 확실히 구분해야 한다는 점입니다.

아이들도 이런 시도에 대해 적극적으로 찬성했습니다. 아이들도 집중해서 할 일을 마쳐서 시간을 절약하면 놀 시간이 많아진다는 사실 정도는 알고 있으니까요. 일기나 숙제, 문제집에 얼마만큼의 시간을 사용하겠느냐고 물은 뒤 그 시간만큼을 스톱워치로 정해서 실천했습니다.

그 결과는 처음치고는 나쁘지 않았습니다. 정해진 시간 안에 자신이 과제를 마치는 것이 일종의 게임 미션처럼 생각되었던 모양입니다. 물론 중간에 흐트러지는 상황이 생기기도 합니다. 그래도 끝까지 잘 앉아 있기만 해도 절반의 성공입니다. 습관이 형성되기 시작하면서 차차 나아집니다.

조금씩 시간은 늘어나면서 길게는 30분 정도까지도 문제없이 집중하기도 했습니다. 빠르게 할 일을 마침으로써 나머지 시간은 놀 수 있음을 깨닫고는 효율성이 생기기 시작했습니다. 그리고 정해진 시간을 잘 마무리하면 아낌없는 칭찬도 잊지 않았습니다. 이렇게 일정 시간 동안 집중하는 훈련이 몸에 습득되면 깊은 몰입에까지 도달할 수도 있습니다. 타이머를 틈틈이 곁눈질하다가도 어느 순간 시간이 가는 줄을 모르고 과제를 수행하게 됩니다. 그런 성공적인 경험을 통해 아이도 몰입이 습관이 되어 타이머가 필요 없게 되는 경지에 이를 수 있습니다.

다만 일반 타이머가 아닌 스마트폰을 타이머로 사용하는 방식은 추천하지 않습니다. 『노모포비아, 스마트폰이 없는 공포』에 언급된 연구에 의하면, 동작하지도 않은 스마트폰의 알람을 확인하려는 유령

진동 증후군처럼 전자 기기가 가까이에 있기만 해도 집중력이 떨어진다는 연구도 있어서입니다. 520명의 실험을 통해 스마트폰이 책상처럼 가까이에 두면 멀리 둔 경우에 비해 작업 기억과 유동성 지능을 떨어뜨린다는 결과가 밝혀지기도 했습니다.

◇ 집중력을 키우는 간단한 방법은?

포모도로 기법 이외에도 몰입하는 힘을 키우는 방법은 다양합니다. 가정 환경이나 아이의 집중력 수준에 맞춰야 하므로 사전에 꼼꼼하게 따져볼 필요가 있습니다.

첫째, 아이의 몰입하는 힘이 부족하다면 몰입할 수 있는 최소 시간부터 시도해 봅니다. 일단은 아이가 앉아 있기조차 힘들어한다면 타이머를 5분부터 설정합니다. 부모도 옆에 앉아 함께 시간을 보내며 몰입할 수 있도록 돕고, 적응되었다 싶으면 시간을 조금씩 늘려 나가면 됩니다.

둘째, 점 잇기나 미로 찾기, 숨은그림찾기, 스티커 컬러링 같은 놀이책들을 활용해도 좋습니다. 시중에는 다양한 분야의 놀이책들이 있습니다. 서점에 가서 아이가 관심이 있어 하는 책 중에서 수준에 맞게 고르면 됩니다. 아이가 별다른 관심을 보이지 않는다면 숙제가 아닌 놀이처럼 보이도록 어른이 먼저 해 보는 방법도 괜찮습니다. 이런 활동들은 몰입하는 힘을 키울 뿐만 아니라 기본적으로 소근육의 발달을 돕습니다. 그와 더불어 인내심과 성취감을 키우는 데도 좋습니다.

셋째, 아이가 심리적으로 몰입할 수 있는 환경을 만들어 줘야 합니다. 아이는 부모의 말과 행동에 민감합니다. 아이가 열심히 몰입해서 수학 문제를 풀고 있는데 부모는 옆에서 통화를 하거나 TV를 보고 있다면 어떻게 될까요? 당연히 몰입 상태를 유지하기 어렵습니다. 공부하는 시간과 노는 시간을 분리해 주는 것도 역시 중요합니다.

넷째, 아이가 몰입할 수 있는 공간을 마련해 줍니다. 어질러진 공간은 몰입에 방해가 될 수 있습니다. 아이가 스스로 치울 수 있도록 하되 그렇지 못한 상황이라면 함께 도와줘도 괜찮습니다. 일종의 준비 활동인 셈입니다. 그런 뒤 차분하게 자신이 해야 할 일을 하면 됩니다.

다섯째, 규칙적인 습관을 만들어 줍니다. 어떤 활동이든 부모가 충동적으로 정하고 지시한다면 아이는 혼란스러워할 수밖에 없습니다. 일어났을 때 내가 오늘 무엇을 해야 하는 지를 미리 알도록 해 주면 좋습니다. 이렇게 하면 아이가 시간을 어떻게 써야 할지를 미리 생각할 수 있습니다. 아이의 계획성을 키워 줄 수 있다는 점과 더불어 몰입하는 힘을 키우는 데에도 큰 효과가 있습니다.

여섯째, 보드게임도 도움이 됩니다. 『파워풀 워킹 메모리』(미국 노스플로리다대학 심리학과 교수 트레이시 앨러웨이와 메모사의 CEO 로스 앨러웨이 저서)에 따르면 작업 기억은 집중력과 직접적인 관계가 있다고 밝혔습니다. 특히 카드게임, 체스, 장기 같은 게임이나 전략이 필요한 보드게임은 작업 기억력을 높이는 데 큰 역할을 합니다. 이는 규칙을 기억하고 단기와 장기 기억에 저장된 정보들을 꺼내서 잘 조합하고, 처리해서 원하는 것을 판단하고 행동하게 하는 능력을 높일 수 있음을 의미합니다.

일곱째, 아이가 일정한 수준과 시간 동안 몰입하는 데 성공하면 칭찬과 격려를 아끼지 말아야 합니다. 아이가 초반에는 적응하는 데 어려움을 겪을 수 있습니다. 그럴 때는 내적 보상만으로 아이가 만족하지 못할 수도 있습니다. 상황에 따라 작은 선물과 같은 외적 보상도 적절하게 써 주세요. 아이의 요구 사항을 무리하지 않는 범위 내에서 적절하게 들어줄 필요도 있습니다.

참고로 게임이나 영상물 시청으로는 몰입하는 힘을 제대로 키울 수 없다는 점은 기억하시기 바랍니다. 이들은 특별한 노력을 기울이지 않아도 저절로 생기는 무의미한 수동적인 집중력이기 때문입니다.

◇ 집중력에는 손 글씨!

저는 학교에서 맡고 있는 활동이 많다 보니 아이 친구 부모님들을 비롯해 선배 학부모님, 선생님들과 이야기를 많이 나누게 됩니다. 그러면 아이에 대한 다양한 걱정들도 듣게 되는데, 의외로 아이의 삐뚤빼뚤한 글씨를 걱정하는 분들이 많았습니다. '천재는 악필'이라는 말도 있는데, 글씨가 그렇게 중요하냐고 생각하시는 분들도 있습니다. 이 유명한 말에는 재미난 해석이 하나 있습니다. 천재가 악필이 된 이유는 순간적으로 생각난 아이디어들을 언제 어디서든 급히 메모하다 보니 자연스럽게 글씨가 나빠질 수밖에 없었으리라고 말이죠. 그런 이유라면 악필과 천재의 인과관계는 크게 없다고 볼 수도 있습니다.

요즘에는 교육 분야에서조차 미디어의 활용이 폭발적으로 늘다 보니 손 글씨를 쓸 일이 많이 줄었습니다. 심지어 대학교 강의실에서조차 필기하는 학생보다 노트북으로 교수의 강의를 타자로 메모하거나 녹음하는 학생이 많아졌습니다. 심지어 요즘에는 녹음한 파일을 문서로 변환해 주는 프로그램까지 생기기도 했습니다.

그렇다고 해서 손 글씨를 포기하는 일은 그리 바람직하지 않습니다. 바른 연필 잡기를 통해서 쓴 바른 글씨는 긍정적인 효과를 가져다줍니다. 『필기에 대한 권위 있는 분석』(마크 세이퍼)에서는 필기가 왜 두뇌 발달에 좋은지 설명하고 있습니다. 좌뇌와 우뇌의 균형된 발달은 물론 정서 안정과 학습 효과 향상에도 도움이 되며, 장기 기억에도 가장 큰 효과가 있는 방법이라고 합니다. 프린스턴대와 UCLA대 공동 연구팀의 연구에서도 필기를 하는 대학생과 전자 기기에 기록하는 대학생 중에서 필기하는 쪽이 긴 시간 동안 강의 내용이 기억이 정착되는 경향이 있다고 밝혔습니다. 그와 더불어 집중력 및 창의성 발달과 읽기 습득 능력, 학습에도 도움이 된다는 연구도 있습니다. 손 글씨를 쓸 때 뇌파에서는 이성적 판단과 의사 결정을 담당하는 전두엽이 활성화되었다는 사실도 매우 고무적인 부분입니다.

바른 글씨의 기본은 올바른 연필 잡기부터 시작합니다. 연필 잡는 방법이 잘못되면 글씨가 바르게 써지지 않습니다. 아이의 연필 잡는 모습을 자세히 지켜보면 의외로 독특하게 잡고 글씨를 쓰는 경우가 많습니다. 칫솔질이나 젓가락질처럼 연필을 잡는 방법도 초반에 잘 알려 줘야 합니다. 바른 방법으로 하더라도 손이 아프다거나 불편하다며 아이가 불평할 수 있습니다. 그런 상황이 생기더라도 끈기 있는 지도가 필요합니다.

그리고 연필을 잡는 힘, 즉 필압을 최대한 낮추면 글씨 쓰기에 대한 피로감을 줄일 수 있고 연필과 종이와의 각도는 60도로 유지하고 글씨의 기준선을 정해서 쓰면 좀 더 수월하게 개선될 수 있습니다. 아이의 글씨가 도저히 고쳐지지 않는다면, 시중에 나와 있는 글씨 교정을 위한 책을 구매해서 지도해 보는 방법도 하나의 대안이 될 수 있습니다.

아이의 글씨가 만족스럽지 않다면 글씨 쓰는 일에 자신감도 없어지며 더 쓰려고 하지 않게 될 가능성이 높습니다. 쓰는 장점을 잃어버릴 확률이 그만큼 높다는 뜻이겠지요. 글씨도 여느 습관들처럼 때를 놓치면 훨씬 고치기 어렵다는 사실은 다들 경험으로 아실 거라 생각됩니다. 손 글씨로 얻을 수 있는 장점들을 기억하셔서 부디 시기를 놓치지 않길 바랍니다.

SQ를 키우는 교육

조기 교육, 선행학습, 심화학습을 구분할 수 있는가?

> 한 권을 세 번 푸는 것이 세 권을 한 번 푸는 것보다 낫다.
>
> —수학계 명언

호진이 어머님은 고등학생 아들을 둔 학교 선생님입니다. 선행학습에 대한 문제점을 아는 분이었기에 호진이에게 선행학습을 시키지 않고 현행의 심화학습 정도만 시켰습니다. 하지만 그 선택은 뜻밖의 결과를 낳았습니다. 아이가 고등학생이 되자 수업을 따라가기 벅차다며 엄마를 원망했다고 합니다. "엄마, 왜 나 선행 안 시켜 줬어?"라고 말이죠.

이런 이야기들은 우리나라에서 선행학습을 해야 한다고 믿는 엄마들이 설득되는 가장 강력한 논리입니다. 5학년 정도쯤이면 최소한 중1, 중2 때는 고1 수학 과정을 공부하는 식으로 최소 두 개 학년 이상의 공부를 미리 해 둬야 수능시험에 대한 대비가 가능하다고 생각합니다. 심지어 6학년인 아이의 같은 반 친구는 고2 수학 과정을 배우는 친구도 있죠.

◇ 선행학습의 늪

우리나라만큼 선행학습에 대한 논쟁이 격렬한 나라는 많지 않습니다. 선행학습이란 새로운 지식이나 기술을 정규 과정보다 앞서 습득함을 뜻합니다. 기간에 대한 뚜렷한 정의는 없으나 일반적으로 하나 또는 두 학기 정도 앞서 나가는 수준까지는 예습으로 보고, 그 이상의 진도는 선행으로 판단합니다. 문제는 요즘은 저학년조차도 두 개 학년 정도는 가볍게 뛰어넘는 선행학습을 시키는 경우가 허다하다는 점입니다.

현재 다른 선진국들처럼 우리나라 역시 선행학습이 원칙적으로 금지되어 있습니다[공교육 정상화 촉진 및 선행교육 규제에 관한 특별법(2019.03.26. 공포)]. 학교는 선행학습을, 학원은 선행학습 광고를 금지한다는 점이 이 법의 핵심입니다. 그렇지만 우리 동네에서 어느 학원에서 선행 수업을 하는지 모르는 부모는 많지 않습니다.

선생님들과 전문가들은 선행학습의 부작용에 대해서 수없이 경고합니다. 교육학적으로도 아이의 학습에 크게 도움이 되지 않는다는 이유에서입니다. 일단 아이가 선행학습을 하더라도 이해도가 최소 80%는 되어야 하며, 선행학습을 통해 습득한 지식을 자기주도학습으로 복습할 수 있는 시간과 능력이 있어야 효과가 있다고 보고 있습니다. 교육 전문가들은 선행학습을 소화할 수 있는 아이들의 비율을 10% 정도밖에 되지 않는다고 보고 있습니다. 이런 상황에서도 부모들은 학원에서 최소 두 개부터 많은 경우에는 네 개 학년 이상 뛰어넘은 교육을 아이들에게 시키고 있습니다. 지금 어떻게든 저 10% 안에 들지 못하면 아이의 고등학교, 대학교의 진로 경쟁의 결과는 뻔하다고 생각해서입니다.

수능 만점자들의 인터뷰에는 선행학습을 하지 않았다는 내용이 심심찮게 나옵니다. 2020학년도 수능시험 만점자인 송영준 군 역시 선행학습을 하지 않았다고 합니다. 하지만 '저 아이는 특별하니까 가능했던 거겠지', '그래도 명문대 간 아이들은 다 선행을 어느 정도는 하지. 설마 하나도 안 했겠어?'라고 생각하면서 선행학습에 대한 미련을 버리지 못하는 분이 많습니다. 그렇지만 선행학습은 알고 보면 득보다 실이 더 많은 방식입니다.

◇ 선행학습의 부작용

사교육을 통한 선행학습이 가진 부작용은 크게 네 가지로 나뉩니다.

첫째, 선행학습의 대부분은 수박 겉핥기식 암기 형태의 교육입니다. 진동섭 선생님을 비롯한 입시 전문가는 대학 입시에서 수시 전형을 준비하든 정시 전형 준비하든 간에 가장 중요한 요소는 기본 개념이라고 주장합니다. 개념을 잡지 않으면 좋은 결과를 얻을 수 없다는 이유에서입니다. 선행학습의 문제는 수학에서 가장 중요한 공식의 원리를 비롯한 개념에 대한 학습 시간이 절대적으로 부족한 데 반해 반복적으로 문제만 풀게 하거나 유형만 가르치는 경우가 많다는 점입니다.

학원 수업에서는 일정이 정해져 있기에 기본 개념을 천천히 잡아가며 진도를 진행할 수가 없습니다. 기본적인 수업 진도가 수준이 높은 상위권 학생들 위주로 맞춰 나아가기 때문입니다. 이런 방식의 공부는 아이의 공부에 대한 정서나 의욕을 급격히 떨어뜨릴뿐더러 도리어 수포자의 길로 들어서는 지름길로 이끌기도 합니다.

둘째, 현재 학교에서 하는 공부에 대한 흥미가 상실됩니다. 선행으로 공부를 마쳐 버리면 복습으로 온전히 가져가지 못하더라도 아이는 그 내용이 자신의 지식이 되었다고 믿게 됩니다. 앞에서 언급한 메타인지 착각이 이런 경우입니다. 그로 인해 현행 수업이 학교에서 진행될 때는 지루하게 느낍니다. 중·고등학교 교실에서는 수업 시간에는 엎드려 자거나 학원 숙제를 하고 공부는 학원에 가서 하는 아이들의 모습을 심심찮게 볼 수 있습니다. 엄청난 양의 학원 숙제로 인해 수면 시간이 부족한 이유도 있겠지만, 이미 아는 내용이라고 착각하기에 집중력도 떨어지고 지루함을 느껴서입니다. 내신의 대부분이 학교 수업 내용에서 나온다는 점을 고려해 보면 이는 결코 바람직한 방향이 아닙니다.

셋째, 자기주도학습 능력을 기를 수 없습니다. 자기주도학습의 핵심은 자신에게 필요한 공부를 필요한 만큼 효율적으로 집중력 있게 사용해야 한다는 점입니다. 학원은 이 자기주도학습 능력을 키우는 데 도리어 방해가 될 수 있습니다. 일반적으로 학원 수업에서 아이는 스스로 문제를 풀어 보기보다는 선생님의 풀이와 설명을 듣고 오는 시간이 많습니다. 아이가 학원에서 문제만 푼다면 학원에 갈 이유가 없으니까요. 이런 상황에서 아이에게 복습할 수 있는 시간이 확보되지 못한다면 자기주도학습은 불가능할 수밖에 없습니다. 배우고 나서 다시 살펴봄으로써 배운 내용을 흡수하는 시간이 필요한데 감당하기 힘든 학습량으로 인해 복습할 시간은 턱없이 부족할 수밖에 없습니다. 이런 악순환이 반복되면 제대로 된 공부법을 익히지 못하게 됩니다. 자기주도학습을 습관으로 만들지 못한 아이의 학습 능력과 성적은 굳이 언급할 필요도 없겠죠.

넷째, 사교육에 점점 의존하게 되어 금전적인 부담이 커진다는 점입니다. 요즘은 하우스푸어라는 말보다 새롭게 에듀푸어(edu-pure: 교육 빈곤층)라는 말이 부각되고 있습니다. 자녀들의 교육비를 대느라 빈곤층으로 전락하는 세대를 의미합니다. 현대경제연구원의 조사에 의하면, 2015년 말 기준으로 에듀푸어(도시에 거주하는 2인 이상 가구 중 빚이 있고 적자 상태인데도 평균 이상 교육비를 지출하는 가구)는 60만 6,000가구로 추정된다고 합니다. 이 수치는 자녀 교육비 지출이 있는 614만 6,000가구 중 9.9%에 해당하는 수치입니다. 최근에 조사된 바는 없지만, 사교육 비중이 2022년만 해도 26조 원으로 사상 최대치를 경신했다는 점을 봤을 때 이 수치는 훨씬 높아졌을 가능성이 높습니다. 부모의 교육 수준이 높을수록 자녀에 대한 기대치가 높고, 그와 더불어 교육비의 지출 비중이 높아지는 구조라서 큰 사회 문제로 인식되고 있습니다. 물론 아이의 교육비가 헛된 투자라고만 볼 수 없겠지만, 과연 이 선택이 가장 올바른 방향인지는 한 번 고민해 볼 필요가 있습니다.

◇ 선행학습, 아이가 진짜로 소화해 내고 있나요?

6학년 자녀를 둔 지인 한 분은 현재 자녀가 중학교 2학년 선행학습을 하고 있다고 말했습니다. 친구들이 선행학습을 한다는 말을 듣고 자신도 학원에 가기를 원했다고 합니다. 그 이야기를 듣고 아이의 능력과 의지를 칭찬해 주면서 아이가 현행인 6학년 공부는 잘 따라가는지에 대해서 조심스레 물었습니다.

안타깝게도 아이는 정작 자신의 학년인 6학년 수행평가에서 중간 정도의 성적밖에 거두지 못했다고 합니다. 더 놀라운 사실은 학원을 그렇게라도 다니고 있으니까 절반 정도 수준을 유지하고 있다고 믿는 그분의 대답이었습니다. 현재를 담보로 하여 미리 미래의 수익을 예측해서 투자는 하지만 결과가 기대한 만큼 좋지 않아 보여 안타까운 마음이 들었습니다.

초등학교 2학년 아이가 고등학교 정석 수학을 배운다는 이야기도 들었습니다. 놀라운 실력이지만, 문제는 그 아이가 학교생활 적응에 어려움을 겪었다는 점입니다. 선생님을 비롯해 같은 반 아이들과 충돌이 자주 생겼고 결국 그 아이는 선생님을 수업 중에 폭행하는 사건을 일으켜 강제 전학 조치를 당했습니다. 아이의 선행학습은 우수했을지 모르나 아이가 보여 주는 문제 행동을 개선하지는 못했던 모양입니다. 결과론적인 이야기지만, 과연 그 아이의 선행학습이 그 아이에게 맞는 교육이었는가 하는 의문도 있었습니다. 여러 사례에서 본 적이 있듯 아이는 부모의 관심과 사랑을 얻기 위해 스스로 감당하기 힘든 일을 억지로 하려는 경우도 있기 때문입니다.

아이가 뛰어난 인지 능력이나 학습 능력을 가졌다면 부모는 그 능력을 더 살리고 키울 수 있도록 이끌어 줘야 합니다. 다만 선행학습은 현재 내가 속한 학교에서 하는 현행 과정의 학교 수업을 시시하게 만들어 부정적 인식이 들게 되고 적응이 힘들어질 수 있다는 점은 반드시 고려해야 합니다. 천재라고 불리며 언론에 자주 노출되었던 송유근 군이나 서울과학고를 자퇴한다고 해서 이슈가 되었던 백강현 군의 사례가 대표적입니다. 공부가 앞서 나가는 만큼 아이에게 정서적인 문제 또한 생길 여지가 많습니다. 아이는 단순히 학업의 성취감으로만 행복감을 느끼지 않습니다. 아이의 올바른 성장에 정서적 안정이 미치는 영향도 절대적이라는 사실을 잊지 말아야합니다.

◇ 완전학습과 심화학습

이러한 선행학습과 반대되는 개념으로 강조되는 방식이 완전학습과 심화학습입니다. 완전학습은 해당 학년이나 학기에 배우는 내용을 현행에서 완벽하게 이해하는 것을 목적으로 하는 방식입니다. 임 작가의 『완전학습 바이블』에서는 완전학습을 위해 교과서와 학교 수업을 강조합니다. 기본이 제일 중요하다는 의미입니다. 아이들의 대다수가 교과서의 내용을 온전히 이해하지 못한 채 어려운 문제집이나 학원 교재로 넘어갑니다. 교과서에 대한 완벽한 이해부터 공부는 시작이지만, 이미 수업을 들었으니 내용을 이해하고 습득했다고 착각합니다. 이 역시 메타인지 오류입니다. 일단 진도를 나갔으니 다음 단계로 넘어가서 더 어렵고 복잡한 문제를 풀지만 내용을 완벽히 이해했다고 보기는 어렵기에 악순환을 낳습니다.

레벨 테스트로 수강생을 따로 선발하는 상당수의 학원도 상황은 마찬가지입니다. 테스트를 통과한 뒤 각 해당 레벨에 해당하는 수업 진도를 마칩니다. 약 세 달 정도의 수업을 마치면 테스트를 통해 월반을 하지만, 100점 만점에 70점 정도가 합격선이라 요식 행위에 가깝습니다. 이렇게 수업을 듣기만 하고 있더라도 이해를 했다고 가정해서 계속 진도를 나갑니다. 물론 부모는 아이의 실력이 계속 향상되고 있다고 굳게 믿습니다. 현실은 다르지만 부모가 매일 아이의 공부를 챙길 수 없기에 이런 실태를 알아채기란 쉽지 않습니다. 그러다 보면 아이의 성적과 정서에 모두 어려운 상황에 처할 수도 있으므로 유의해야 합니다.

우리나라의 교육과정은 순차적으로 앞의 내용을 바탕으로 뒤에 오는 내용을 배워 나가기 위해 교육 전문가들이 짜놓은 체계적인 과정입니다. 수학 계통도를 기준(수학 부분 2-4. 참조)으로 해서 나눗셈을 제대로 배우지 못했다면 분수를 배울 때 문제가 생깁니다. 이런 문제가 초등학생 때는 티가 나지 않습니다. 하지만 차츰 누적되면 걷잡을 수 없습니다. 부모는 뒤늦게 이런 상황을 마주하며 소위 '멘붕'에 빠집니다. 더 큰 문제는 어디서부터 이런 문제가 생겼는지 알 수가 없다는 점입니다. 교과서에 있는 기본적인 내용들을 완전히 습득하고 다음 단계로 넘어가는 완전학습은 제대로 된 공부를 위한 필요충분조건인 셈입니다.

심화학습이란 풀어본 적이 없는 고난도 문제를 풀어 보는 학습을 뜻합니다. 교육 관련 전문가 상당수는 수학이란 학문은 선행학습을 하기보다는 현재의 학년에 요구되는 개념을 확실히 이해하고 응용력을 키워줄 수 있는 심화가 더욱 중요하다고 조언하고 있습니다. 보통 선행학습의 심리는 어렸을 때부터 미리 수학의 진도를 빼놔야 좋은 고등학교를 갈 때 도움이 되리라는 생각에서부터 시작됩니다.

그렇지만 수학도 여느 과목들처럼 제시된 문제를 통해 답을 찾아내는 과목입니다. 다른 과목과의 차이점이라면 눈으로 하는 공부로는 제대로 된 성적을 얻기 힘들다는 점입니다. 이런 점에서 수박 겉핥기식 공부가 될 가능성이 높은 선행학습보다는 깊이 있는 공부가 가능한 심화학습이 성적에 더 도움이 된다는 주장은 충분한 일리가 있습니다.

심화학습이란 현행에 대한 완전학습을 기반으로 하므로 개념을 깊이 있게 이해하고 어려운 문제에도 도전하면서 끈기와 응용력까지 키울 수 있습니다. 이런 과정을 거치게 되면 단원이나 학년 간 연계성을 고려했을 때 심화학습만으로도 상위 학년의 단원에 대한 예습까지도 충분히 가능합니다. 다만 주의할 점은 무리한 수준의 심화학습은 도리어 자신감이 떨어뜨릴 수 있다는 사실입니다. 어려운 문제를 손도 못 대서 답안지를 봐야 해결이 된다면 심화를 하는 의미가 없으니까요.

우리는 주위에서 다른 친구들이 선행학습을 한다는 이야기를 들으면 불안감을 느낍니다. 선행하는 아이들이 오히려 현행 수업을 제대로 따라가지 못한다는 경우도 많다고 하지만, 그런 이야기는 귀에 잘 들리지 않습니다. 실제로 두 개 학년 이상의 수학 선행학습은 영재고나 특목고를 목표로 하는 아이들에게는 효과적이며 꼭 필요한 방식이긴 합니다. 이 방법이 모든 아이들에게 알맞다고 보기에는 어렵다는 점도 절대 잊지 말아야 합니다. 내 아이의 역량과 성향을 면밀하게 관찰한 뒤 아이에게 알맞은 공부법을 찾으실 수 있기를 바랍니다.

감성 지수를 키우는 질문

: EQ (Emotional Quotient)

목 차

EQ(Emotional Quotiont)는 감성 지수나 감정적 지능 지수라는 의미로 사용됩니다. 자신과 타인의 감정을 이해할 수 있고 긍정적인 방향으로 감정을 통제할 줄 아는 능력을 뜻합니다. 심리학자이자 과학 저널리스트인 대니얼 골맨(Daniel Goleman)에 의해 처음 언급되면서 알려졌습니다.

EQ가 높은 사람들은 갈등 상황이 발생할 때 그 상황을 명확하게 분석하고 인식할 수 있는 능력을 갖추고 있습니다. 감정적인 대응을 자제하는 능력이 있으며 타인에 대한 공감적 이해도 발휘할 수 있습니다.

EQ를 키우는 질문

끊임없이 아이를 안아 주며 교감을 나눌 준비가 되어 있는가?

> 아이가 자기 집을 따뜻한 곳으로 알지 못한다면 그것은 부모의 잘못이며, 부모로서 부족함이 있다는 증거이다.
>
> —워싱턴 어빙

부모와 아이가 나누는 스킨십에는 애착 형성이라는 중요한 요소가 들어 있습니다. 안정적인 애착이 형성되지 못하면 회복 탄력성과 자아 정체성을 제대로 형성하지 못하는 일명 '정서적 흙수저'가 될 수 있습니다. 이러한 불안정 애착은 아이에게 정서적 안정감을 주지 못하며 새로운 사물이나 환경을 두려워하게 만듭니다. 가장 가까운 엄마, 아빠와도 애착 형성이 되지 않았기에 타인과의 애착에도 어려움을 겪게 됩니다.

서울아동청소년상담센터 이영민 소장은 "애착은 성년 전까지 회복 가능하며 사랑의 표현과 스킨십을 많이 해 줌으로써 회복이 가능하다."라고 말합니다. 하지만 어린 시절 아이와의 안정 애착 형성을 온전하게 만들어 줌은 물론 아이의 성장에 가장 중요한 요소라는 점을 잊지 말아야 합니다.[1)]

◇ 애착 형성의 기본은 스킨십!

산부인과에는 신생아와 부모 간의 스킨십을 위해 운영하는 '캥거루 케어'라는 프로그램이 있습니다. 기저귀만 찬 채 눈도 제대로 못 뜨는 신생아를 부모의 맨가슴에 안고 포대기를 둘러 피부를 맞대고 안고 있도록 해 줍니다.

12년 전 아내는 새벽에 양수가 터져서 이틀을 버티다가 쌍둥이를 33주 만에 조산했습니다. 그로 인해 2kg, 2.02kg으로 태어난 두 아이는 빛을 보자마자 엄마 품에 안기지도 못한 채 신생아 중환자실의 좁은 인큐베이터에서 3주 동안 셋방살이를 하게 되었습니다. 그때 처음 아내와 저 모두 캥거루 케어를 경험했습니다. 모유를 직접 수유할 수 없었기에 엄마의 품을 경험하지 못한 아이가 엄마와 교감을 형성하기 위한 일종의 대체재 역할인 셈이었습니다.

1) https://www.ibabynews.com/news/articleView.html?idxno=65496

미국 하버드 공중보건대학 엘렌 바운디 교수팀은 연구를 통해 캥거루 케어 같은 손길이 미숙아 또는 저체중아의 사망률을 비롯한 다양한 위험 증상을 감소시키고, 완전 모유 수유의 비율은 증가시킨다는 결과를 내놓았습니다. 더불어 아기의 뇌 발달을 돕고 NICU 자극(소음, 빛, 통증)의 영향을 덜어 준다는 사실도 밝혔습니다. 위스콘신대학 심리학 교수인 해리 할로 역시 피부를 통한 접촉이 아이와 부모 간의 애착에서 가장 중요한 부분이라고 주장했습니다. 부모와 아이가 평소에 짧게라도 함께 나누는 가벼운 스킨십 같은 피부 접촉이 애착 형성에 큰 영향을 미친다는 사실을 증명한 셈입니다.

◇ 방송인 김구라는 징그러운 아빠?

예전에 방송인 김구라가 아들 김동현 군과 20세까지 입술 뽀뽀를 했다는 이야기가 많은 화제를 끌었습니다. 물론 다 큰 나이에 남자끼리 징그럽다고 생각하는 분들의 의견도 충분히 공감은 갑니다. 다른 한편으로 부모와 자식 간에 애착과 유대감이 유지되지 않고서는 그렇게 하기 어려웠을 테니 그 부분에 한해서는 정말 부럽다는 생각이 들었습니다.

아이의 볼에 뽀뽀를 해 주거나 안아 주는 행위는 아이가 점점 성장할수록 급격하게 줄어듭니다. 여자아이를 키우는 집의 아빠들은 특히 더 공감하실 겁니다. 조금만 자라서 사춘기가 되면 자신의 몸에 손도 못 대게 하는 경우까지 있습니다. 도리어 아빠가 아이를 어렵게 생각하는 경우도 존재합니다. 여러 이유로 인해 시간이 갈수록 아이에게 쏟아 내는 잔소리 횟수는 상승 곡선을, 스킨십의 횟수는 급격한 하강 곡선을 그리고 있는 모습이 현실입니다.

저는 집에서 아이들과 있을 때 틈나는 대로 마치 숙제라도 하듯 아이들을 꼭 안아 줍니다. 다른 일을 하다가도 지나다니는 아이들을 잠시 멈추게 한 뒤 안아 주고는 합니다. 일부러라도 마음먹고 안아 주지 않으면 아이의 심장 소리와 체온을 느낄 기회가 부족하기 때문입니다. 아이와 교감을 나누는 일을 의무적으로 하는 숙제라고 여기다니, 이해하기 어려울 수도 있습니다. 하지만 정서적인 교감을 나눌 시간이 점점 부족해지는 현실에서 꽤 효과적인 방법입니다.

보통의 가정이 그렇듯 아이와 함께 보내는 시간은 평일에는 지극히 짧습니다. 바쁜 아침 시간은 말할 필요도 없으며, 퇴근해서 집에 온 뒤 저녁을 먹고 집안일이라도 조금 하고 나면 어느새 아홉 시가 훌쩍 넘습니다. 어영부영해 버리면 어느새 잘 시간이 되어 버리죠. 대화는 물론 제대로 한 번 안아 주지도 못하고 하루가 끝나 버리기 일쑤입니다.

일단 방법은 간단합니다. 이유를 막론하고 틈나는 대로 생각날 때마다 안아 주면 됩니다. 포옹은 옥시토신이라는 면역력과도 관계가 높은 호르몬을 생성시키며 근육을 이완시키고 긴장도 완화되는 효과를 줍니다. 안아 줄 때 아빠가 또는 엄마가 너를 얼마나 사랑하는지 직접 말해 주면 훨씬 효과는 배가 됩니다. 언어적인 메시지가 갖는 효과는 정말로 큽니다. 저는 "아빠 아들로 태어나 줘서 고마워!"라는 낯간지러운 말을 하루에 한 번씩은 꼭 해 줍니다. 이런 말들을 통해 아이는 자신의 존재 가치를 느끼기도 합니다.

아이와 애착 관계를 형성할 시간이 현실적으로 부족하다면 함께 자는 방법도 괜찮습니다. 아이가 안정을 느끼는 공간에서 함께 누워 스킨십도 하고 그동안 부족했던 대화를 나누면 됩니다. 수면 독립이 조금 늦춰지긴 하겠지만 평소에 부족했던 아이와의 애착 관계를 보충하는 데 효과를 얻을 수 있습니다.

저는 아이와 잘 때마다 옆자리에 누워 있거나 다리 마사지를 해 주며 이야기를 자주 나눕니다. 그리고 마지막에는 사랑한다는 말을 꼭 해 줍니다. 화분에 좋은 말을 들려주었을 때 더 잘 자랐다는 결과가 말해 주듯 이런 말들이 쌓이게 된다면 아이에게 정서적으로 긍정적인 영향을 줄 수 있습니다. 이런 말과 행동의 실천이 기질적으로 타고난 사람이나 잘하는 건 아닙니다. 감정을 표현하는 능력이 서투르더라도 노력하면 할 수 있습니다. '말하지 않아도 알아요'는 초코파이 광고에서나 어울리는 이야기입니다. 부모가 자식을 얼마나 사랑하는지는 쉴 새 없이 표현해야만 아이가 알 수 있습니다.

◇ 아이와 신나게 놀아 주기

부모가 5~10세의 아이를 키우면서 제일 행복을 느끼는 시간은 아마도 '아이가 잘 잘 때'가 아닐까 싶습니다. 반대로 아이가 가장 좋아하는 시간은 '엄마 아빠와 노는 시간'이겠죠. 아이는 늘 부모만 바라봅니다. 반면 어른은 해 내야 하는 역할들이 너무나도 많기에 그러기가 쉽지 않습니다. 그렇더라도 아이와 시간을 보내는 데 너무 인색해서는 안 됩니다. 10세가 넘어가는 시기부터는 부모 없이도 아이 스스로 할 수 있는 일들이 많아지는 만큼 부모에 대한 기대나 애착도 줄어들기 때문입니다.

적절한 시기에 아이와 함께하는 놀이 활동은 중요합니다. 함께 있어 주는 것과 놀아 주는 것은 엄연히 다릅니다. 온종일 아이와 시간을 보내며 밥도 먹이고 씻겨 주는 엄마와 하루 내내 집에 없다가 퇴근하고 20분 정도 놀아 주는 아빠가 있다면 아이는 누구를 더 좋아할까요?

예전에 평일에 휴가를 내어 하루 내내 감기로 어린이집에 못 갔던 아이들을 돌봤던 날이 있습니다. 아침 먹이고 설거지하고 빨리 돌리고 아이들이 할 일을 잠시 챙겨 주고 나자마자 점심을 준비합니다. 설거지하고 빨래 널고 청소기도 돌리는 등 집안일을 하고 제가 처리해야 할 일도 좀 합니다. 저녁까지 어렵사리 챙겨 먹이고 그제야 숨 좀 돌리려는데 아이가 말합니다. "아빠, 이제 같이 놀아요." 그 말을 듣는 순간 울컥하며 억울함이 밀려왔습니다.

분명히 저는 아이들을 위해 오늘 하루의 시간을 대부분 할애했다고 생각했는데 말입니다. 하루 내내 아이와 함께 있긴 했지만, 정작 아이에게 집중하고 놀아 주는 시간은 부족했음을 깨달았습니다. 이런 상황들이 계속된다면 부모 나름대로 최선을 다했다 하더라도 아이는 부모가 제대로 놀아 준 적이 없다고 생각할 수밖에 없습니다.

놀이는 부모와의 관계, 특히 아빠와의 관계를 쌓는 데 많은 역할을 합니다. 아이의 정서 및 두뇌 발달과도 깊은 관계가 있으며 감정을 조절하는 능력도 키워 줍니다. 이뿐만 아니라 부모와의 애착을 높이고 사회성을 비롯해 자신감, 자아 형성에도 상당히 큰 영향을 미친다는 결과는 많은 연구를 통해 널리 알려진 사실입니다. 아이의 가치관 형성에도 부모와 나누는 안정적인 정서적 교감은 중요합니다. 사회성을 키우는 과정에서 생기는 문제를 극복하는 능력을 키워 줄 수도 있습니다. 특히 몸으로 하는 놀이는 아이의 언어적·사회 정서적 발달에 많은 도움이 된다고 합니다.

반면 아빠와 애착이 형성되지 않은 아이는 정서적인 불안정성을 나타낼 가능성이 있습니다. 정서적 안정감은 아이가 힘든 상황을 이겨낼 수 있는 인내심을 키워 주고, 자존감을 높여 주며, 바르게 자랄 수 있도록 하는 힘을 줍니다. 아빠에 대한 애착이 부족하면 아빠 역할에 대한 잘못된 고정관념을 가지게 될 수도 있습니다. 일단 아이와 함께하는 놀이의 중요성을 잊지 말고 가능한 범위 내에서 아이와 놀 시간을 미리 확보해야 합니다. 바쁘고 시간이 부족한 아빠라도 짧은 시간 동안에 아이와 함께하는 시간의 질을 높인다면 아이와 유대감을 꾸준히 쌓을 수 있습니다. 아이와 놀다 보면 5G급의 속도로 체력이 떨어질 수 있으니 체력을 많이 사용하지 않고 스킨십도 할 수 있는 놀이를 찾아보면 꽤 많습니다.

하지만 의외로 아이와 노는 방법을 모르는 부모가 많습니다. 어른에게 마음과 시간적인 여유가 생겨 아이에게 "자! 이제 놀자" 하고 다가갈 때, 아이는 정작 놀고 싶은 상황이 아닐 수 있습니다. 아이라고 해서 항상 놀 준비가 되어 있지는 않으니까요. 이런 상황을 대비해 부모도 언제 어떻게 아이와 놀아 줘야 할지 생각해 두어야 합니다. 아이와 놀아 주며 교감을 쌓는 일은 무언가 거창하거나 신체 접촉이 잦은 놀이 말고도 많습니다. 산책이나 가까운 거리의 산행 같은 야외 활동 정도는 큰 부담 없이 가능합니다. 실내에서는 간단한 보드게임을 비롯해 풍선 배구나 지우개 따먹기, 빙고 등의 여러 놀이가 가능합니다. 아이의 취향을 배려해서 놀아 준다면 충분한 효과를 얻을 수 있습니다.

어떻게 놀아 줘야 할지 도무지 모를 때에는 『오늘 아이랑 집에서 뭐하지』와 같은 놀이 관련 책들을 참고해도 되고, 인터넷으로도 찾아볼 수 있습니다. 미술이나 과학에 관심이 있다면 『초등 과학×미술 놀이터』나 『초등학생을 위한 과학실험 380』과 같은 책을 참고해도 좋습니다. 다만 유의할 점은 아이와 어떤 게임을 하든지 어른이 지나치게 승부나 활동에 집착하거나 몰입하지 말아야 한다는 점입니다. 승부가 있는 게임에서 무조건 져 줄 필요는 없지만, 이기는 비율을 아이의 성향에 맞게 적절히 조절할 필요가 있습니다. 일부 아빠들은 아이한테 계속 져 주면 교육에 그다지 좋지 않다고 생각합니다. 그러다가 어른 혼자만 너무 상황에 몰입하면 아이는 결국 상처를 받게 되고 급기야 부모, 특히 아빠와 자녀가 서로 다투는 일까지 생겨 역효과가 생기기도 합니다.

오은영 박사는 놀이에서 부모가 명심할 네 가지를 강조했는데 기억해 두시면 좋겠습니다.

첫째, 놀이를 하는 모두가 즐거워야 하며,

둘째, 놀이의 주도권은 아이에게 주어야 하며,

셋째, 놀이를 하며 아이의 감정이나 생각을 반영해 주어야 하며,

넷째, 아이에 대한 존중이 있어야 한다.

◇ 집에서 놓치지 말아야 할 식사 시간과 함께 책 읽는 시간

밥상머리 교육에 대한 중요성은 많은 책에서 자주 언급됩니다. 가족들과의 식사는 기본적인 예절을 배울 수 있을 뿐만 아니라 심리적인 안정감도 얻을 수 있는 긍정적 효과가 있습니다. 일주일에 5회 이상 가족과 식사를 하는 아이가 그렇지 않은 아이보다 흡연 및 음주 경험률이 약 30~40% 정도 낮다는 콜롬비아대학의 연구 결과가 이를 뒷받침합니다. 함께 밥을 먹기만 해도 아이는 부모의 애정 표현과 유대감을 느낄 수 있기 때문입니다. 가족과의 식사 횟수가 많을수록 가족과의 관계가 좋고 우울증과 자살률은 떨어진다는 연구도 있습니다. 공부보다 식탁에서 습득하는 단어의 양이 훨씬 많다는 점도 가족과의 식사 시간이 주는 장점입니다.

『대학입시 초등부터 준비해라』의 저자인 진동섭 선생님은 「스카이 캐슬」의 악녀였던 김주영 쓰앵님의 실제 모델입니다. 그분은 TV 프로그램 「공부가 뭐니」에서 상담을 받으러 오는 게스트에게 자주 이런 질문을 던진다고 합니다. "아이에게 책을 읽어 주십니까?" 이 질문은 그의 저서에도 제일 먼저 언급됩니다. 저 역시 아이가 6학년이 된 지금도 일주일에 이틀 이상은 책을 읽어주려고 합니다.

아이에게 책을 읽어 주면 읽기와 듣기 능력을 비롯한 인지 능력을 키우는 데 많은 역할을 합니다. 하지만 또 중요한 역할은 아이와 붙어 앉아서 책을 읽어 주는 행위는 아이의 나이와는 무관하게 부모와 아이 사이의 애착과 유대감을 길러 주는 훌륭한 매개체가 될 수 있다는 점입니다.

정서적인 안정과 성장은 아이의 인생에서 중요한 역할을 합니다. 아이가 겉으로 표현하지 않는다고 해서 모른다고 생각하면 큰 오산입니다. 스킨십 그리고 지금 상황에서 가능한 범위 내에서라도 아이와 할 수 있는 활동들을 통해서 아이와의 애착을 꾸준히 쌓아 나가야 합니다. 아이와의 올바른 애착은 결국 사춘기뿐만 아니라 올바른 대인관계에도 크게 영향을 미친다는 사실을 잊지 말아야겠습니다.

02

EQ를 키우는 교육

공감하는 능력과 이타적인 마음을 키워 줄 수 있는가?

> 착한 일을 하는 사람은 하늘이 복을 내리고
> 나쁜 일을 하는 사람은 하늘이 재앙을 내린다.
>
> –공자 (명심보감 1장 1절)
>
> 좋은 사람의 삶은 사소하고, 세상에 알려지지 않았거나
> 잊힌 친절과 사랑의 행동들로 대부분 채워진다.
>
> –윌리엄 워즈워드

『안씨가훈』을 지은 안지추는 이타주의자의 무리를 '뜨거운 배를 가진 사람들'로, 이기주의자의 무리는 '차가운 창자를 가진 사람들'이라 정의했습니다. 그 사이에 있는 부류를 보통 우리는 개인주의자라고 부릅니다. 현재 아이를 키우고 있는 우리 세대를 비롯한 MZ로 대표되는 세대들의 삶은 주로 개인주의를 추구하며 살아왔습니다. 당

연히 우리 아이들은 부모와 사회의 영향을 받고 있으니 더욱 개인주의적인 성향을 띤 삶을 살게 될 지도 모릅니다. 『90년대생이 간다』에서도 이런 내용이 언급됩니다.

하지만 개인주의적인 삶은 아무래도 다른 사람을 도우며 살기 어렵습니다. 현재도 마찬가지지만 미래 사회에서도 공감 능력과 이타적인 마음은 필수 요소이자 큰 경쟁력입니다. 그런 점에서 아이가 어릴 때부터 조금 더 상대방의 어려움을 느낄 수 있고 돕고자 하는 마음은 반드시 키워 줄 필요가 있습니다.

◇ 공감 능력과 나눔을 배울 수 있는 제일 좋은 방법, 봉사활동

개인주의적 삶에서 벗어나 사람들에게 나눔을 베푸는 삶은 생각보다 쉽지 않습니다. 우리 아이들이 처해 있는 교육 환경 자체가 남보다 내가 앞서야 성공할 수 있는 구조로 만들어져 있어서입니다. 이런 교육은 결국 다른 사람과 더불어 살아가는 삶이 아닌 자신만 중요하게 여기고 점점 정신도 갉아먹게 만듭니다. 『명심보감』 첫 번째 장의 제목이 착하게 살라는 의미의 '계선(繼善)'인 이유도 그래서입니다.

일단 봉사활동은 함께 나누는 가치를 실천하는 삶을 살기 위한 가장 좋은 방법입니다. 몇 년 전에 감사하게도 기회가 닿아 라오스와 베트남으로 봉사활동을 다녀온 적이 있었습니다. 라오스에서는 시골 학교의 시설 개선 공사 봉사활동을 했고, 베트남에서는 백내장과 안과 질환을 가진 환자들을 돕는 개안 수술 봉사활동을 했습니다. 제대로 된 운동장과 교실은 물론 화장실과 놀이터조차 없는 열악한 시골 학교, 작은 질환을 제때 치료하지 못해 실명까지 이어지는 부실한 의료 환경을 직접 눈으로 보며 저는 놀라움과 안타까움을 감출 수 없었습니다.

그때의 경험은 제 인생에서 가장 뜻깊었던 일 중 하나였습니다. 내가 항상 당연히 누려 왔던 환경들이 누군가에게는 절실할 수 있다는 사실도 깨닫게 되었습니다. 언젠가 기회가 된다면 아이가 좀 더 자란 뒤 함께 직접 데리고 봉사활동을 해 보면 좋겠다는 생각도 들었습니다.

사실 더 일찍 그런 기회를 가져 보지 못한 이유가 있습니다. 보통 복지시설에서 봉사활동 문의를 할 때 아이가 너무 어린 경우라면 활동을 반기기보다는 꺼려합니다. 아무래도 어린아이는 아직 모든 면에서 서투르다 보니 신경 쓸 일이 되려 더 생기는 경우가 더 많아서라고 합니다. 아이가 많이 자라서 봉사활동을 할 수 있는 정도가 되면 VMS나 1365, DOVOL, 유스내비 같은 봉사활동 대표 사이트나 포털사이트 카페뿐만 아니라 지역 복지관이나 구청을 통해서 찾아볼 수 있습니다.

아이들이 밥을 먹지 않고 투정을 부리면 부모는 늘 가난한 지역의 아이들을 주제로 일장 연설을 합니다. 제가 어렸을 때도 자주 접했던 방식이었습니다. 당연히 아이는 부모의 연설에 공감하지 못합니다.

실제로 눈과 몸으로 겪어 보고 느껴 볼 기회가 없어서입니다. 직접 경험을 해 봐야 확실히 얻을 수 있는 깨달음이 있습니다. 아이는 이런 봉사활동을 통해 자신의 삶에 대해 감사하는 마음과 타인에 대한 이해를 함께 배울 수 있을 겁니다.

그리고 현행 교육 제도에서는 중·고등학생들이 의무적으로 채워야 하는 봉사활동 시간이 있습니다. 꼭 이런 이유가 아니더라도 좀 더 어린 시절부터 누군가를 도우며 보람을 얻는 경험을 해 본다면 아이들의 생각을 키우고 더 이타적으로 살도록 하고 더 큰 사람이 될 수 있도록 도와줄 수 있습니다.

◇ 노력 봉사가 힘들다면 기부도 좋은 방법

신체적인 활동 위주의 일명 노력 봉사가 여건상 쉽지 않다면 비영리 단체에 후원금을 내서 돕는 방법도 있습니다. 아이들이 3학년일 때 저와 아이들은 인터넷으로 비영리 단체들의 사회 공헌 홍보 영상을 보면서 어떤 기관에 후원하면 좋을지 함께 의논했습니다. 쓸 수 있는 돈은 한정되어 있었기에 이런 활동은 아이들의 가치 판단 능력을 키우는 데도 도움이 되었습니다. 고민 끝에 아이들은 굿네이버스의 '아프리카 식수 개선 프로젝트'와 그린피스의 '바다 쓰레기 줄이기 프로젝트'를 선택하기로 결론을 내렸습니다.

그렇게 비영리 단체에 대한 후원은 기존에 후원하던 세이브더칠드런까지 포함하면 총 세 군데가 되었습니다. 이 단체에 지원하는 비용을 설명해 줬더니 대뜸 돈이 너무 많이 들지 않냐는 의견을 냅니다. 아이들이 보기엔 적은 돈이 아니지만, 그만큼의 돈으로 어려운 사람들에게 어떤 도움을 줄 수 있는지 아이들에게 자세히 알려 주었습니다. 직접적인 활동을 하시거나 더 큰 금액의 기부를 하시는 분들에 비하면 미미한 수준이지만, 지금부터 아이가 인생에서 나눔의 첫걸음을 시작했다는 점에서 의미가 있다고 생각합니다.

아이 입장에서 처음에는 이런 활동을 왜 해야 하는지 이해하지 못할 수도 있습니다. 그렇지만 자발적이지 않은 경험으로 시작한다고 하더라도 나중에 시간이 지나면서 진정한 봉사활동에 대한 가치를 깨닫게 되는 사례도 많다고 합니다. 그런 점에서 이런 활동은 충분히 의미가 있다고 볼 수 있습니다.

◇ 규칙과 질서를 잘 지키고 남을 도울 줄 아는 아이

질서는 의외로 놓치기 쉬운 부분입니다. 넓은 의미에서 질서는 양심과 상대방에 대한 배려, 사회적 규범을 모두 배울 수 있는 덕목입니다. 그래서 질서를 잘 지키는 아이는 공부를 잘하는 아이보다 선생님이나 친구들에게 더 좋은 인상을 줍니다. 복도에서 뛰지 않기, 줄 서기, 주위 먼저 청소하기, 함께 쓰는 물건 깨끗하게 쓰기, 공공장소에서 떠들지 않기, 빌린 책 깨끗이 보기, 아무 데나 쓰레기 버리지 않기와 같이 규칙과 질서는 범위는 넓습니다.

아이들과 함께 놀다 보면 규칙에 대해 간과하는 경우가 많습니다. 남들에게 지고 싶지 않기에 규칙을 어기는 상황이 발생합니다. 공감 능력이나 이타심보다 승부욕이 강한 아이한테 그런 경우가 생깁니다. 체육 같은 신체 활동 시간이나 수업 때 자신의 주도로 말과 행동을 하려고 드는 형태로도 나타납니다. 자기중심적으로 살다 보니 뜻대로 해야만 직성이 풀려서입니다. 이런 문제를 너무 간과한다면 학교생활에 적응하는 데도 애를 먹기에 놀이를 할 때도 수업을 할 때도 규칙의 중요성을 알려 줘야 합니다.

이타심을 통해 누군가를 돕는 일은 정말 대단한 일입니다. 준비물을 빌려주거나 무거운 물건을 같이 들어 준다든지, 정리를 함께하는 등 학교에서 친구나 선생님을 도와줄 수 있는 일은 찾아보면 무궁무진합니다. 아이에게 항상 친구를 도와야 한다는 점을 강조하고 친구를 도와주었다고 할 때는 기쁜 마음으로 칭찬해 주면 됩니다.

부산의 한 초등학교의 운동회에서 있었던 일입니다. 반 대항 이어달리기를 하던 한 아이가 중간에 넘어졌는데 희한한 일이 일어났습니다. 앞서 달리던 아이들이 갑자기 하나둘씩 멈춰 서더니 오던 길을 되돌아갑니다. 넘어진 아이를 일으켜 세운 뒤 네 명의 아이들이 함께 걸어서 결승점에 들어옵니다. 승부에 집착하지 않고 어른들도 하기 힘든 상대방을 생각하는 이타적인 마음을 행동으로 아이들이 보여 준 이 사례는 초등학교 3-1 도덕 수업에 나오는 내용입니다. 이런 아이들이야말로 미래 사회가 요구하는 인재라고 할 수 있습니다. 인공지능이 결코 가질 수 없다고 알려진 이타심과 공감 능력을 지녔기 때문입니다.

◇ 사람을 넘어 더 큰 세상에 대한 공감 능력

아이들과 그린피스의 활동에 대한 후원을 결심하게 된 계기는 충격적인 공익 광고가 결정적이었습니다. 우리가 버린 플라스틱으로 인해 고통받으며 폐사하는 바다 동물들을 구해야 한다는 내용이었습니다. 비닐봉지에 몸이 걸려서 발버둥 치는 거북과 플라스틱을 먹고 폐사한 고래의 이야기는 경악스러웠습니다. 아이들과 저는 평소보다 재활용품 분리수거를 더 꼼꼼하게 하며 일회용품 사용을 줄이는 데 신경을 쓰기로 했습니다.

환경에 대한 관심 역시 아이의 공감 능력과 이타심을 키울 수 있도록 도움을 줍니다. 우리는 인간과 더불어 자연과도 함께 살아가기 때문입니다. 이상 기후라는 말은 이젠 우리에게 전혀 생소한 단어가 아닙니다. 환경이 파괴되는 속도는 상상했던 정도보다 훨씬 심한 수준이어서 우리 손자, 손녀 세대에는 지구가 온전한 상태로 남지 않을 수도 있습니다.

늘 환경 문제에 대해 고민해야 하는 이유는 나 하나를 위해서가 아니라 우리 모두의 생존을 위해서입니다. 우리가 재활용품으로 배출하는 플라스틱은 왜 30% 정도밖에 재활용이 되지 못하는지, 전기차는 정말 환경을 오염시키지 않는지, 세계에서 연간 13억 톤의 음식물 쓰레기가 버려지며 그 처리를 위해 170조 리터의 물이 사용되는 사실과 같은 깊이 있는 질문은 아이가 환경과 생명에 대해 더 공감할 수 있는 능력을 키울 수 있는 데 도움이 됩니다.

2019년도 통계청 자료 기준으로, 우리나라는 이미 1인 가구가 전체 가구에서 제일 높은 비율(29.8%)을 차지하고 있습니다. 혼자 사는 연예인을 관찰하는 예능 프로그램이 인기를 끌고 있듯 남과 어울리며 사는 삶이 아닌 혼자만의 삶이 주류가 되고 있음을 뜻합니다. 사실 이런 개인주의는 합리적인 이미지로 보이지만, 서로를 배려하는 사회적 소통이 부족해 고립을 부를 수 있다는 단점도 분명히 있습니다.

지독한 혹한과 눈보라 속에서 산길을 가던 두 사람이 쓰러져 있는 누군가를 발견합니다. 한 사람은 자기 혼자 몸을 가누기도 힘들다며 쓰러진 사람을 못 본 체하며 떠나고, 다른 한 사람은 그 사람을 둘러업고 길을 걸어갑니다. 그 결과는 모두 아실 겁니다. 미래형 인재는 이타심과 공감 능력으로 협업하고 소통하며 더불어 살아가는 능력이 무엇보다 중요함을 깨달았으면 합니다.

03

EQ를 키우는 교육

더 많은 믿음을 주고 칭찬을 해 줄 수 있는가?

> 나에 대한 자신감을 잃으면 온 세상이 나의 적이 된다.
>
> –랄프 왈도 에머슨

아이들이 좋아하는 동요 중에 이런 제목이 있습니다. '넌 할 수 있어'라고 말해 주세요. 부모는 아이를 위해서 많은 부분에서 신경을 써 주어야 하지만, 칭찬만큼 중요한 요소는 그리 많지 않습니다. 아이의 마음을 주제로 다루는 책에는 자신을 사랑하고 아끼는 방법에 대한 내용이 자주 등장합니다.

'자존감, 자신감, 자기 효능감' 등 다양한 표현들이 있지만 뜻은 조금씩 다릅니다. 자존감은 자신을 중요하다고 생각하거나 성공적이고 가치가 있다고 믿는 정도를 의미합니다. 윤홍균 작가의 『자존감 수업』에 따르면, 자존감은 자기 효능감, 자기 조절감, 자기 안전감 세 가지로 나뉩니다. 자기 효능감(자신감)은 자신을 쓸모 있게 만드는 느끼는 감정이고, 자기 조절감은 자신의 생각대로 행동하려는 감정이며, 자기 안전감은 안전하고 편안함을 느끼는 감정이라고 합니다. 그 외에 자아 정체감은 자신의 성격, 취향, 가치관, 능력, 관심, 인간관, 세계관 등에 대해 이해하는 개인의 심리적인 상태를 말합니다.

이런 용어들이 계속 언급되는 이유는 자기 자신에 대한 사랑과 믿음이 인생에서 매우 중요한 역할을 맡고 있어서입니다. 인성이 훌륭한 아이는 자기 효능감이라고 불리는 자신에 대한 믿음이 매우 크다는 특징이 있습니다. 그렇지만 이렇게 정서적으로 튼튼한 아이는 선천적으로 만들어지지 않습니다. 아이에게 절대적인 지지와 믿음을 보이는 부모를 통해서 발현될 수 있습니다.

◇ 칭찬을 종이로도 보여 주세요.

요즘 학교에서는 상장을 많이 줍니다. 학교마다 다양한 방식으로 아이 각자의 개성을 살려서 적어도 한 개 이상 받도록 해 줍니다. 예전 제가 초등학교 때는 개근상과 성적 우등상 정도뿐이었는데, 그에 비하면 바람직해 보입니다. 그 시절에도 상장 하나 때문에 울고 웃었는데 지금이라고 다를 리 없을 테니까요. 이런 상장은 아이의 인정 욕구를 충족시켜 주는 매개체가 충분히 될 수 있습니다.

상황에 따라 아이가 상을 받지 못할 수도 있습니다. 아이가 괜찮다고 생각한다면 부모도 괜찮다고 따뜻하게 말해 주어 마음을 어루만져 주면 됩니다. 상을 받지 못했다고 아이의 학교생활이 실패했음을 의미하지는 않으니까요. 괜스레 아쉬워하는 티를 내거나 속상해하면 도리어 아이에게 오히려 상처가 될 수 있습니다.

그래도 아쉬움이 크다면 집에서 상장을 직접 만들어 줄 수도 있습니다. 인터넷 쇼핑몰이나 문구점에서 상장 양식이 인쇄된 종이를 구매해서 직접 칭찬할 내용을 입력해서 아이에게 상을 만들어 주면 됩니다. 일명 가족이 주는 상장입니다. 정리정돈상, 효자상, 친절상, 미소상 등 제목이나 내용은 격려나 칭찬해 주길 원하는 부분에 따라 무궁무진합니다.

라이프코드의 대표인 공부법 전문가 조남호 코치는 "학교와 학원에서 다 안 된다고 하는 학생도 부모가 믿어 주면 된다."라고 말합니다. 막연하고 뜬구름 잡는 이야기 같지만 그만큼 부모가 아이에게 주는 전폭적인 격려와 신뢰는 큰 힘을 갖습니다. 그를 통해 공부에까지 긍정적인 영향을 미치는 원리죠.

◇ 다른 아이와 비교하며 조바심내지 마세요.

아이를 낳고 키워 나가는 동안 숨겨진 잠재력을 하나씩 발견하기 시작하면 부모는 설레기 시작합니다. 똘똘하게 말하는 모습을 보거나, 집중해서 뭘 뚝딱뚝딱 만들어 내면 보며 아이가 대단한 잠재력을 지녔다고 믿고 기대치를 높여 나갑니다.

안타깝게도 그런 기대감은 짧게는 유치원, 길어야 초등학교만 가도 깨지고 맙니다. 배움이 주된 목적인 학생이라는 신분이 되면서 아이와 비교할 대상들이 주위에 너무 많이 생기기 때문입니다. 거기에 내 아이를 평가하고 과하거나 불필요한 조언을 하는 사람들도 늘어난다는 점도 부담입니다. 내 아이는 키도 크고 외모도 훌륭하고 공부도 잘하며 사회성도 좋고 악기, 미술, 운동까지 잘했으면 하는 바람은 모든 부모가 똑같습니다. 내 아이가 다른 아이에 비해 부족하다고 느끼고 의식하기 시작하면, 그야말로 우리나라 사람들의 스트레스 최고 원인인 비교 불행이 시작되고야 맙니다.

어쩌면 아이의 부족함이 마치 내 부족함 같아서 속이 상할 수 있겠지만 절대 부모의 잘못은 아닙니다. 정말 큰 잘못은 아이가 가진 고유의 개성을 찾아 계발하는 데 애쓰기보다는 아이를 남들 수준에 맞추는 데 급급해 지나치게 닦달한다는 점입니다. 형제자매가 있는 경우도 각자가 지닌 개성과 능력이 다르기에 절대 비교하지 말아야 합니다. 같은 뱃속에서 8개월 동안이나 함께 지내며 13년 동안 서로 떨어진 시간이 거의 없는 우리 집 일란성 쌍둥이들조차도 잘하는 부분과 좋아하는 부분이 상당히 다릅니다.

황희 정승의 '누런 소 검은 소' 이야기처럼 비교하는 행위가 얼마나 나쁜지에 대해서 모든 부모는 알고 있습니다. 하지만 부모들이 학원에 상담을 하러 가면 대부분 자신의 아이를 다른 아이들과 비교하면서 이야기를 시작한다고 합니다. 의도가 그렇지 않더라도 어린아이들은 타인과 비교당하는 고통으로 인해 자존감도 떨어지고 노력하겠다는 의지도 떨어질 수 있다는 점을 잊지 말아야겠습니다.

◇ 아이의 자존감이 손상되는 경우

어린아이가 마음의 상처를 받는 크게 받는 세 가지는 경우는 다음과 같습니다.

첫째, 부모의 나쁜 잔소리입니다. 잔소리가 나쁜 건 아닙니다. 시의적절한 잔소리는 아이를 더 크게 키울 수 있습니다. 하지만 반복, 무시, 강요, 비난이 들어간 잔소리는 아이의 자존감과 정서를 죽이는 강력한 흉기가 될 수 있습니다. "너는 누굴 닮아서 이렇게 말을 안 듣니?", "한번 시키면 시키는 대로 좀 해.", "왜 이렇게 말귀를 못 알아듣니?" 등 아이를 가르치는 말이 아닌 상처 주는 말은 얼마든지 많습니다. "하지 마, 그만해, 안 돼." 이런 지나치게 단호한 잔소리 역시 아이들의 자존감과 더불어 호기심과 탐색 욕구를 잃게 할 수 있습니다. 그러므로 조금 더 부드러운 표현으로 아이에게 말해 주세요.

둘째, 친구에게 상처 입을 때입니다. 아이는 친구가 놀아 주지 않거나 심한 말이나 행동을 할 때 상처를 입습니다. 아이의 친구 문제는 부모로서는 꽤 신경 쓰이는 문제지만, 해결을 돕기보다는 속상한 마음을 부모가 이해하고 존중해 주는 일이 우선입니다. 정도가 심하지 않다면 아이가 스스로 판단하고 해결할 수 있도록 간접적인 도움을 주는 방식이 훨씬 더 현명합니다.

셋째, 공부로 인해서 상처를 받는 경우입니다. 공부를 싫어하는 아이는 있어도 공부를 못하고 싶은 아이는 단 한 명도 없습니다. 공부를 잘하면 부모가 좋아하고 선생님한테도 인정받을 수 있음을 알아서입니다.

공부에 대한 자존감은 중요합니다. 2장에서 언급한 공부 정서와도 같은 개념입니다. 아이에게 무작정 공부를 하라고 시키기보다는 공부에 대해서 좋은 감정을 가질 수 있도록 해 주는 노력이 필요합니다.

◇ 칭찬의 기술

칭찬은 고래도 춤추게 한다는 말이 널리 알려지면서 칭찬을 아낌없이 해 주는 부모들이 많아졌습니다. 그렇지만 무분별하게 하기보다는 칭찬에도 기술이 필요합니다. 칭찬할 때 주안점을 둬야 할 부분은 다음과 같습니다.

- 이름을 불러서 칭찬하라: 이름은 인격을 칭찬하는 일입니다.
- 결과보다 과정이나 노력을 칭찬하라: 노력과 과정의 가치를 깨닫게 해 줄 수 있습니다.
- 의도하지 않은 행동도 칭찬하라: 자신에 대한 긍정적인 효능감을 느낄 수 있습니다.
- 두루뭉술하게 하지 말고 구체적으로 칭찬하라.
- 미루지 말고 즉시 칭찬하라.
- 대충하지 말고 진심으로 칭찬하라.
- 재능보다는 열정과 노력을 칭찬하라.
- 잘하는 부분과 함께 아이가 발전할 수 있는 다른 부분도 칭찬하라.
- 너무 잦은 칭찬은 오히려 독이 될 수 있으므로 적당하게 해라.

칭찬은 보상과는 떼려야 뗄 수 없는 관계입니다. 기쁜 마음이 앞서 아이에게 보상을 줄 때도 분명한 원칙이 필요합니다. 물질적인 외적 보상에만 너무 과하게 치중되어 성취감과 같은 내적 동기를 잃지 않도록 신경을 써야 합니다. 칭찬은 신경전달물질인 도파민을 발생시킵니다. 인정 욕구를 충족시키는 가장 기본이 되는 행위이며 인격적인 성장은 물론 사랑받는다는 느낌을 받게 하는 데도 큰 역할을 합니다. 부모와 자녀 간의 관계 형성과 학업 성적에도 큰 영향을 미치기도 한다는 점에서 이런 효과가 좋은 약은 놓치지 말아야 합니다.

『미움받을 용기』에서 핵심적인 부분을 차지하는 심리학자 알프레드 아들러(Alfred Adler)는 어린 시절 병약한 데다 공부에 흥미가 없어 중학교 때 성적이 아주 나빴다고 합니다. 선생님마저 구두 수선공 같은 직업을 시키는 게 좋겠다고 말할 정도였습니다. 하지만 아들러의 아버지는 결코 아들러를 포기하지 않았고 끝까지 격려와 지지를 보내주었습니다. 그 결과 아들러는 고등학교 때 우수한 성적으로 졸업하여 안과 의사가 되었으며, 결국에는 역사적으로 큰 업적을 남긴 심리학자가 될 수 있었습니다. 이처럼 부모가 어떻게 격려하고 칭찬하여 사기를 북돋워 주느냐에 따라 아이는 얼마든지 바뀔 수 있습니다.

EQ를 키우는 교육

스마트폰 사용을 스스로 조절할 능력을 키워 줄 수 있는가?

> 부모들은 본인이 독을 탔으면서 왜 하천이 뿌연지를 궁금해한다.
>
> -존 로크

아이들이 1학년 때 학부모들을 대상으로 특별한 설문조사를 한 적이 있었습니다. 아이의 스마트폰 사용에 관련된 내용이었는데, 이 설문은 253명의 전체 1학년 학부모님들 중에서 210명의 응답을 받았습니다. 엄마들 대부분이 아이의 스마트폰 사용을 부정적으로 보고 있었습니다. 스마트폰이 아이들에게 얼마나 치명적인 독이 될 수 있는지에 대해서 함께 인식하고 헤쳐 나갔으면 하는 마음에 한 행동이었습니다. 하지만 안타깝게도 현재 6학년 아이들 중에 스마트폰을 쓰지 않는 아이는 우리 아이들을 포함해서 10%도 채 되지 않습니다.

여성가족부에서 실시한 '2022년 청소년 인터넷·스마트폰 이용 습관 진단조사'에 따르면 초등학교 4학년 학생의 96.5%(43만 314명)가 스마트폰을 가졌고, 과의존 위험군은 16%에 달하는 것으로 조사되었습니다. 아마 앞으로도 더 늘어날 겁니다. 올바른 사용 지도가 되지 않은 상태에서 어릴 때부터 보유 비율마저 높은 우리나라 초등학생의 스마트폰 실태는 그리 바람직해 보이지 않습니다.

◇ 스마트폰이 빼앗아 가는 것들

스마트폰은 또 하나의 메타버스입니다. 아빠 엄마가 시도 때도 없이 들여다보는 그 신기한 기계가 항상 궁금했는데, 이 기계만 있으면 할 수 있는 일이 많으니 아이로서는 눈이 돌아갈 수밖에 없습니다. 그렇지만 아이의 지나친 스마트폰 사용은 어른보다 훨씬 많은 가능성을 앗아갑니다.

스마트폰을 과도하게 사용했을 때 생기는 부작용을 열거하면 다음과 같습니다. 집중력 저하, 주의력 장애 같은 학습 능력의 질적 저하를 가져옵니다. 불안감 상승, 우울감, 외로움, 공감 능력 저하 등은 정서상의 질적 저하입니다. 거북목 증후군이나 수면장애, 근시, 과체중, 운동 부족 같은 신체상의 질적 저하도 심각합니다. 미국 럿거스 대학 연구팀은 심리학과 학생 118명의 도움을 받아 수업 중 스마트폰이 미치는 영향을 실험했습니다. 그 결과 단기적으로는 영향이 없었지만 학기말 시험 결과가 5% 이상 떨어졌다고 합니다. 하루 평균

200번 이상 쳐다보는 스마트폰 때문에 무언가에 집중하기 어려울뿐더러 공감 능력 형성에 도움이 되는 환경을 만들기도 쉽지 않습니다. 추가로 실시한 실험에 따르면 스마트폰이 옆에만 있어도 집중력이 떨어졌다고 합니다.

게다가 아이들은 아직 사고와 판단을 담당하는 전두엽이 온전히 발달하지 않아 스스로 스마트폰 사용을 자제하거나 통제할 수 있는 능력이 부족합니다. 특히 자기 전의 스마트폰 사용은 도파민의 분비를 높이고 전두엽의 발달을 저해하여 충동적인 사람으로 만듭니다.

일본 센다이 소재 도후쿠대학의 연구에 따르면, 전자 기기 앞에서 시간의 대부분을 보낸 어린이들은 전두엽 앞쪽의 피질에 더 많은 양의 회색 물질이 있었다고 합니다. 이와 같은 물질의 증가는 낮은 언어 지능과 관련이 있는 부정적인 현상을 초래한다고 연구팀은 전했습니다. 또한, 학습의 3요소인 기억력, 자제력, 어휘력을 떨어뜨리고 폭력성은 높아질 수 있다는 결과도 있습니다.

『스마트폰으로부터 아이를 구하라』의 저자인 놀이미디어 교육센터 권장희 소장은 13세까지 절대로 스마트폰을 사 주지 말라고 강하게 주장합니다. 이 책에서 가장 마음에 와닿았던 부분은 "4차 산업혁명 시대는 다양한 경험을 해 본 사람이 살아남는데 스마트 기기를 사용하는 아이의 뇌는 아무 일도 하지 않게 된다."라는 말이었습니다. 조금 더 부연 설명을 하면 뇌 속에는 뉴런(신경세포)이 있으며 이를 다른 뉴런과 연결해서 신호를 전달하는 시냅스, 일명 '신경 접합부'라는 부분이 있습니다. 뇌가 발달한다는 말은 시냅스가 좋은 방향으로 변화됨을 의미합니다. 독서나 여행, 놀이 같은 다양한 활동은 전두엽이 다양한 시냅스를 만들고 자주 사용하고 중요한 부분은 튼튼하게 하며 불필요한 부분을 잘라낼 수 있도록 합니다. 유용한 시냅스가 많을수록 아이는 성장 가능성이 높은 셈입니다.

그렇지만 스마트폰 사용과 같은 즉흥적인 재미만 추구하고 오히려 주의력을 빼앗는 활동은 그동안 잘 만들어 둔 유용한 시냅스들을 사라지게 만들고, 없애야 할 시냅스들이 과잉 연결되는 결과를 낳습니다. 이러한 과정이 누적되면 우리 아이들은 깊은 사고를 하기 어려워하며 무언가를 하겠다는 의욕도 없으며 집중력은 떨어지게 됩니다.

◇ 스마트폰이 이래서 필요하다고?

이렇게 사회적인 문제로까지 대두되는 스마트폰이기에 만약에 할 수만 있다면 스마트폰을 사 주기 전으로 시간을 되돌리고 싶다고 말하는 부모님들이 정말 많았습니다. 사 주고 난 뒤 아이와의 갈등이 오히려 더 커지고 통제가 되지 않아 스마트폰을 압수한 적도 많고, 심지어 부숴야 상황이 마무리되기도 합니다. 하지만 그분들도 사주게 된 이유들이 있습니다.

첫째, "주위를 둘러보니 우리 아이만 없더라고요." 우리 아이만 스마트폰이 없다면 친구들과의 소통에 문제가 생길까 걱정이 되어 마냥 무시하긴 어렵다고 합니다. 또 부모가 보기에는 다른 아이들이 다 가지고 있으니까 괜찮으리라고 합리화하기도 쉽습니다. 하지만 스마트폰은 오히려 건강한 또래 문화를 형성하는 데 방해가 됩니다. 온라인상의 인간관계에 집중하게 되면 대면 접촉에서의 소통의 어색함과 불편함이 생깁니다. 스마트폰 중독은 인간관계를 풍요롭게 하기보다 일상생활의 어려움을 유발하고 극단적인 대인 기피 현상을 발생시킨다는 연구도 있습니다. 오히려 삶의 만족도를 저해하는 셈입니다. 만약 또래 친구와의 연락을 위해서라면 간단한 기능만 탑재된 폴더폰으로도 전혀 불편함이 없습니다.

둘째, "아이 공부에 없어서는 안 되겠더라고요." 요즘 학교나 학원의 과제, 공지가 온라인 방식을 전달되는 경우가 많아 어쩔 수 없이 공부를 위해 스마트폰을 사 준다고 하시는 분들이 더 많아졌습니다. 디지털 리터러시(디지털 기술, 데이터, 콘텐츠, 미디어를 읽고 분석할 줄 아는 능력과 소양)를 키워야 하는데 아이가 뒤처질까 걱정이 된다고 말이죠. 하지만 과제나 공지 사항은 컴퓨터로도 충분히 확인 가능합니다. 스마트폰이 없어도 카카오톡과 네이버 밴드는 현재 PC 버전이 제공되며, 하루에 한두 번의 접속으로도 과제나 공지는 충분히 확인할 수 있습니다. 스마트폰이 공부에 도움이 된다고 하지만 그 효과는 생각보다 미미합니다. 실제로 전자책(e-book)이나 동영상 같은 디지털 미디어를 통한 읽기나 지식 습득은 활자를 통한 방식보다 학습 능력을 10~15%나 떨어뜨린다는 연구 결과도 있습니다.

셋째, "억지로 못하게 막느니 일찍 갖게 해서 관리 능력을 키우는 방식이 낫지 않나요?" 일부 유럽 국가에서는 음주가 청소년 때부터 허용됩니다. 아이들에게 스스로 통제할 힘을 키우게 해 줘야 한다고 여겨서입니다. 이런 경우처럼 스마트폰 사용도 충분히 아이들 스스로 통제하는 능력을 키우고 관리할 수 있다고 스마트폰 옹호론자들은 주장합니다. 그리고 그 주장에 설득력이 있다고 생각하는 부모들도 많습니다.

그렇지만 스마트폰을 미리 갖게 해서 자기 통제력을 키우는 방법도 완벽한 해결책이 될 수 없습니다. 이 주장은 현재 학자들 사이에서도 의견이 팽팽합니다. 청소년에게 자율성을 상당히 부여하고 있는 독일은 맥주나 와인을 만 16세부터 구매하고 마실 수 있습니다. 그 결과 청소년 음주가 큰 사회 문제가 되었습니다. 이런 자율성은 부모와의 끊임없는 소통과 올바른 교육이 수반되었을 때 빛을 발할 수 있습니다. 하지만 최근 설문조사에 의하면, 자신이 스마트폰 중독이라고 생각하는 성인이 10명 중 4명꼴이라고 하는 상황에서 아이에게 제대로 된 스마트폰 사용 지도가 되리라 믿는다면 이는 지나친 낙관주의입니다. 이렇듯 부모 자신이 문제의식을 느끼고 폐해를 깨달아야 아이의 스마트폰 사용에 대한 문제도 적극적인 개입이 가능합니다.

이런 사실을 바탕으로 부모는 자녀의 스마트폰 구매 및 사용에 대해 심사숙고해야 합니다. 아이들의 분별력과 절제력을 키울 수 있는 교육을 하고 명확한 룰을 정해서 지킬 수 있는 시점에 사용하면 됩니다.

만약에 이미 사 줬다면 사용 시간을 비롯한 확실한 사용 규칙을 만들어야 합니다. 예를 들어서 집에서는 스마트폰 충전기를 방 한편에 모두 모아 두고 필요할 때만 사용하겠다는 약속을 한다든지 말이죠. 어른부터 노력을 해야 아이도 보고 배웁니다. 『스마트폰을 이기는 아이』의 저자 루시 조 팰러디노 박사는 "디지털 기기를 스스로 끄는 능력이야말로 아이에게 가장 중요한 디지털 능력이다."라고 했습니다. 부모는 아이의 자제력을 어느 정도 갖췄다고 판단될 때 스마트폰을 허용해 주며 올바른 사용에 문제가 생긴다면 신속한 개입이 바람직합니다. 그동안 제가 접한 수십 권의 자녀 교육 도서 중에 스마트폰의 부작용을 우려하지 않았던 책은 단 한 권도 없었습니다.

요즘 세상에서 디지털 세계를 배제하고 살아가기 어렵습니다. 하지만 부모조차 스스로 통제하지 못하고 아이에게 올바른 사용 지도를 할 수 없다면 스마트폰을 비롯한 전자 기기들은 오히려 아이에게 독이 될 수밖에 없습니다. 실리콘밸리에서 일하는 사람들의 가정에는 무분별한 스마트폰 사용으로 인한 유해성을 알기에 집에 IT 기기 사용을 엄격하게 관리한다는 사실로 유명합니다. 스마트폰의 사용이 편리함보다 잃는 부분이 더 많을 수 있다는 점을 알고 조금 더 엄격한 잣대를 가지기를 권합니다.

05

EQ를 키우는 교육

온라인 세계가 아이에게 미치는 문제에 대해 인지하고 있는가?

> 최고의 주사위 던지기는 주사위를 통 안에 그냥 넣어 두는 것이다.
>
> –영국 명언

아이가 스마트폰으로 즐기는 주된 콘텐츠는 동영상(98.5%), 게임(96.7%), 메신저(96.5%) 순서입니다. 사용 비율이 높은 만큼 자녀에게 이런 온라인 콘텐츠에 대한 올바른 사용 지도는 반드시 이루어져야 합니다. 하지만 이런 잠재적 위험에 대해서 많은 부모가 간과하는 경우가 많아서 각별한 유의가 필요합니다.

◇ 유튜브

유튜브는 이미 비슷한 분야의 영상들이 포화 상태입니다. 경쟁은 치열하고 짧은 시간에 승부를 봐야 하는 특성상 유튜버들은 자극적인 제목과 섬네일(미리보기 사진), 영상을 올릴 수밖에 없습니다. 게다가 유해성에 대한 필터링도 완벽하지 않다 보니 성인이 봐도 민망한 영상들이 아이에게 노출되는 경우가 잦습니다. 2020년 기준으로 초등학생(4~6학년)의 33.8%가 성인용 영상물을 본 경험이 있다고 조사되었으니 결코 가볍게 여길 일이 아닙니다.

이뿐만 아니라 평균 10여 분 정도의 호흡이 짧은 영상들에만 익숙해지다 보면 집중력이나 인내심을 키우기가 힘듭니다. 게다가 더 큰 문제는 요즘에는 틱톡이나 유튜브 쇼츠, 인스타그램 릴스 같은 1분도 되지 않는 짧은 영상을 제공하는 플랫폼으로 아이들을 비롯한 많은 사용자가 이동하고 있다는 사실입니다. 이렇게 짧은 집중력을 사용하는 콘텐츠에 익숙해지면 서사가 있고 집중이 필요한 독서 같은 활동에는 흥미를 잃을 가능성이 커집니다.

'아이스크림에듀'에서 실시한 초등생 유튜브 사용 실태 설문조사에 따르면, 초등학생 3명 중 한 명은 유튜브를 매일 본다고 답했다고 합니다. AI 알고리즘에 의해 계속 붙잡혀 있는 경우도 많습니다. 유튜브는 정보를 얻는 데에는 너무나도 큰 역할을 하지만 사색하는 능력, 학습하는 능력, 자기 조절력과 논리력에는 악영향을 미칠 수밖에 없습니다.

◇ 게임

저는 한때 리니지라는 게임에 깊게 빠져 길드장, 일명 군주 자리까지 경험했던 중독자였습니다. 결국 지나친 게임 시간이 일상생활을 온전히 유지하는 데 큰 문제가 된다는 사실을 깨달은 뒤 게임을 끊게 되었습니다. 게임은 재미와 더불어 또래 아이들 사이에서도 중요한 소통 수단이 되기에 늘 부모의 걱정거리입니다. 아이가 만약 게임을 좋아한다면 부모는 조절하거나 아니면 금지하는 두 가지 선택지가 있습니다.

일단 게임 시간 조절은 시간 제한 프로그램이나 알람을 사용해 게임 시간에 대한 약속을 하는 방식입니다. 인터넷 서핑과 달리 게임은 연속성을 가지기 때문에 당연히 시간을 딱 맞춰서 약속을 지키기 어렵다는 점은 고려해야 합니다. 더불어 부모가 아이의 게임에 관심을 두고 관련된 대화를 하거나 가끔이라도 게임을 함께해도 좋습니다. 이렇게 해 준다면 게임에 매몰되지 않게 만들기가 훨씬 수월해집니다. 이 방식은 아이의 관심사를 이해한다는 차원에서 소통에도 도움이 되어 일석이조의 효과를 얻을 수 있습니다.

수시로 할 수 있는 스마트폰 게임보다 컴퓨터를 개방된 공간에 내놓고 하는 방법도 좋습니다. 상대방과 지나친 경쟁을 유도하는 온라인 게임은 일명 현질(현금으로 게임 아이템을 사는 행위)을 유도할 뿐 아니라 게임 중 상대 유저와의 갈등으로 감정을 통제하는 능력을 잃거나 욕설을 배우기도 쉽기 때문입니다. 특히 상대방을 죽여야 승리하는 방식인 FPS(Fisrt-Person-shoote, 1인칭 슈팅게임)은 일명 감각 충돌이라고 불리는 인지 부조화로 인해 멀미나 두통이 유발되기도 하고 폭력성을 키울 수 있다는 우려에서도 자유롭지 못합니다.

제 지인 한 분은 고등학교 시절 아버지가 게임을 금지하면서 컴퓨터의 비밀번호를 설정해 두었다고 합니다. 컴퓨터의 비밀번호를 풀기 위해 키보드를 버튼을 하나씩 빼내서 샤프심을 끼워 두었고 아버지가 비밀번호를 잠깐 풀어 주는 순간 키보드의 버튼들을 다시 분리해 샤프심이 부서진 부분을 찾아서 심이 부서진 부분을 조합한 뒤 결국 비밀번호를 찾아냈다고 합니다. 이렇듯 한 번 깊이 빠져 버리면 중독 증상과 집념이 무엇보다도 커지는 분야가 게임입니다. 전문가들에 의하면 게임 중독은 우울 증상, 높은 충동성, 여러 불안 증상을 유발하므로 어릴 때부터 유심히 잘 살펴야 합니다.

무조건 막는 방법도 있지만 이는 많은 부작용을 수반할 수밖에 없습니다. 게임을 단순히 공부를 방해하며 시간을 낭비하는 행위만으로 생각한다면 이는 옛날 사고방식입니다. 이제 게임 산업은 첨단 기술의 집합체일뿐더러 다른 산업과도 밀접하게 연결되어 있습니다. 미래 사회의 중심이 되고 있는 메타버스 산업에서 큰 비중을 차지하고 분야이기 때문에 마냥 금지하고 멀리하게 만들겠다는 방법만이 능사는 아닙니다.

자전거를 타다가 다칠까 걱정되어 자전거를 사 주지 않고, 손을 베일까 봐 과일을 깎는 법을 가르치지 않을 수 없듯 게임에 대해 배우고 이해할 수 있는 기회 자체를 아예 막아 버린다면 아이의 직업 선택권을 지나치게 제한하는 결정이 될 수도 있습니다. 아이와 더불어 게임은 활용하기에 따라 아이의 스트레스 해소를 위한 창구로 적절히 활용할 수도 있으며, 또래 친구들끼리의 소통에도 게임이라는 주제는 무시할 수 없다는 점에서 고민이 필요한 부분입니다.

◇ SNS

SNS(Social Network Service)가 아이의 공부와 성장에 악영향을 미친다고 하면 의외라고 생각하실 분들이 많을 겁니다. 게임이나 유튜브처럼 SNS 중독 역시 정상적인 일상생활을 크게 해칠 수 있습니다. 소셜미디어 사용 과다로 인해 생기는 정신 건강 문제는 내재화 장애가 대표적인 예입니다. **내재화 장애란 갈등과 이에 기초한 감정, 불안, 기분 침체와 강박 증상 자체의 내적인 체험을 하는 장애군**으로 우울증과 불안, 고독 등과 관련이 있습니다.

실제로 즉각적이고 다양한 반응과 만족을 불러일으키는 SNS를 지나치게 많이 사용하게 되면 현실 세계에서의 소통에 어려움을 겪게 됩니다. 한 연구에서는 SNS를 통한 위로나 공감은 실제로 받는 위로에 비해서 안정감이나 만족감을 느끼는 효과가 훨씬 떨어진다고 합니다. 또 다른 연구에서는 **SNS 중독자의 뇌 영상이 마약인 코카인을 흡입했을 때의 뇌와 비슷한 형태를 띠고 있다**는 결과를 내놓아 큰 충격을 주었습니다. 포모(FOMO, Fear Of Missing Out) 증후군은 내가 없을 때

남들이 좋은 경험을 한다는 사실에 대한 지속적인 불안을 나타냅니다. SNS를 통해 느끼는 이런 불안감이 계속된다면 삶의 만족도는 낮아질 수밖에 없습니다. 실제로 이 포모 증후군으로 SNS 중독을 판별하기도 합니다.

이뿐만 아니라 소셜 미디어 역시는 유튜브처럼 음란물을 비롯한 유해 영상을 접하게 되는 통로로 활용될 수 있으며, 사이버 학교 폭력의 주된 배경이 되기도 합니다. 이런 유해성을 심각하게 인지한 미국 유타주에서는 청소년의 SNS 사용을 제한하는 법안까지 추진하고 있습니다. 결국 부모의 지도와 기업의 자율성만으로는 이런 유해한 문제들로부터 청소년들을 보호하기 어렵다고 판단했기 때문으로 생각됩니다. 안타까운 사실은 아직 한국은 소셜 미디어에 대한 유해성에 대해 깊이 인지하지 못하고 제대로 된 사회적인 논의조차 이루어지지 않는다는 점입니다.

◇ 음란물

일선 학교에서도 주기적으로 성교육을 하고 있지만, 아직 아이들과 부모의 기대치를 완전히 반영했다고 보기에는 어렵습니다. 그래서 요즘은 아이들을 그룹으로 모아 청소년수련관이나 외부 기관에서 성교육을 받는 경우가 많습니다. 특이한 사실은 일부 기관에서는 성교육을 받기 전에 아이의 스마트폰 보유 여부를 확인해 반을 나누는 경우가 많다고 합니다. 스마트폰을 가진 아이는 이미 음란물을 접했으리라 가정하고 그에 맞춰 교육을 해서입니다.

일부 부모들은 우리 아이가 그럴 리가 없다고 하며 강한 부정을 합니다. 그러면 그 자리에서 성교육 담당 선생님은 아이들이 얼마나 스마트폰으로 음란물을 접하기가 쉬운지를 확인시켜 줍니다. 심지어 '뽀로로'라는 검색어로도 미성년자가 접근이 가능한 음란물이 있음을 알고 부모들은 충격을 금치 못합니다. 설문조사에 따르면, 초등학교 4학년 기준으로 음란물을 스마트폰으로 접해 본 비율이 1/3이 넘는다는 사실은 결코 내 아이가 안전하다고 보기에는 어렵다는 사실을 의미합니다.

부모는 유해 매체를 얼마든지 통제할 수 있다고 확신합니다. 아이의 사용 시간이나 접속 내역을 부모의 휴대전화로 관리할 수 있는 다양한 애플리케이션이나 프로그램이 있어서입니다. 그렇지만 뛰는 놈 위에 나는 놈이 있다고 하지 않습니까. 이런 프로그램들을 몰래 뚫는 방법을 알려 주는 동영상이 유튜브에는 차고 넘칩니다. 부모는 생각보다 아이들이 이런 쪽으로 머리가 너무나도 잘 돌아간다는 사실을 간과합니다. 게다가 인터넷상에서는 노출 수위가 높고 자극적인 광고들이 넘쳐나고 있다는 사실도 무시할 수 없습니다. 온라인상의 음란물을 결코 가벼이 여겨서는 안 되는 이유입니다.

◇ 자녀의 디지털 미디어 중독을 막는 것은 금지가 아닌 소통

디지털 미디어 리터러시는 컴퓨터를 통해 찾아낸 여러 정보를 이해하고 자신에 맞게 활용하는 능력을 의미합니다. 아이가 미래 사회를 살아가기 위해 꼭 필요한 능력입니다. 다만 아이의 자율성에만 맡겨두기는 어렵습니다. 그렇다고 어플을 통한 통제도 효용성이 떨어집니다. 결국 무조건 통제보다는 아이와의 꾸준한 대화를 통한 자율적인 합의가 더 중요해질 수밖에 없습니다.

이런 프로그램을 이용한 통제는 오히려 부모와 자녀 간의 사이를 오히려 나쁘게 만들 수 있기에 절충점을 찾기 위한 노력이 필요합니다. 전문가는 아이의 디지털 미디어를 지도하는 방법을 다음과 같이 제시합니다.

첫째, 아이가 관심을 가지는 디지털 미디어에 대해 말할 때 무시하지 말고 호응해 줄 것. 아이가 무엇을 즐겨 보는지도 모르면서 아이의 관심사를 알 수 없습니다. 요즘은 어떤 콘텐츠가 재미있느냐고 아이에게 물어봐도 충분한 대화가 가능합니다.

둘째, 부모는 마음껏 사용하면서 자녀를 통제하려고 하지 말 것. 부모가 모범을 보이지 않고 아이를 윽박질러서 일시적으로 통제할 수는 있습니다. 그렇지만 점점 시간이 갈수록 아이에게 부모를 향한 반항심이 생기는 상황은 막을 수 없습니다.

셋째, 즐겨 쓰는 미디어의 사용 원칙과 기준을 정해서 스스로 지키도록 유도할 것. 게임이나 유튜브, SNS를 할 때 최소한의 기준과 사용 시간을 정할 필요가 있습니다. 이런 규칙을 통보나 지시가 아닌 대화를 통해서 정해 나간다면 부모의 눈에 보이지 않을 때도 스스로 지킬 가능성이 높습니다. 당연히 인내심을 가지고 시행착오도 발생할 수 있다는 점을 감안하셔야 합니다.

넷째, 아이와 함께 미디어를 즐길 때 깊이 있는 대화의 장으로 활용할 것. 아이와 게임이나 미디어를 함께 즐길 때 가만히 화면만 보고 있다면 큰 도움이 되지 않습니다. 수시로 대화를 시도함으로써 아이의 뇌가 멈춰 있지 않고 지속적으로 자극될 수 있도록 해 주어야 합니다.

아이에게 상이나 벌로 전자 기기 사용을 활용하는 방법도 집착을 유발할 수 있기에 너무 남용하지는 말아야 합니다. 공부를 위해 영상 자료를 볼 때도 내용을 간략히 요약할 수 있도록 지도합니다. 그래야 금방 날아가지 않고 머릿속에 남을 수 있습니다. 궁금한 내용도 일단 책으로 찾아보도록 유도하는 방식이 장기적으로 더 도움이 됩니다. 온라인 세계는 우리의 삶을 정말 재미있고 편리하게 만들어 주었습니다. 하지만 동전의 양면처럼 치명적인 유해성도 있음을 절대 잊지 말고 아이의 지도에도 유의해야겠습니다.

EQ를 키우는 교육

갈등을 없애는
가장 강력한 힘이
소통임을 알고 있는가?

마음을 자극하는 단 하나의 사랑의 명약, 그것은 진심에서 나오는 배려이다.

–메난드로스

심리학에 'VIP 신드롬'이란 말이 있습니다. 의료 용어의 하나로 중요한 환자에게 잘해 주려다가 오히려 더 나쁜 결과가 생긴다는 의미로 잘하고 싶은데 일이 계속 꼬일 때 자주 사용합니다. 부모와 자식의 관계도 비슷합니다. 아이에게 잘해 주고 올바르게 키우기 위해 의욕적으로 온 힘을 다하지만 뜻하지 않았던 속상한 결과로 이어지는 경우가 많습니다.

이런 문제들을 자세히 살펴보면 기본적으로 아이에 대한 온전한 이해가 바탕이 되지 않았다는 공통점이 있습니다. 부모가 맹목적으로 잘하려고 하기 전에 내 아이가 어떤 성향이고 어떤 교육이 필요한지를 객관적으로 고민해야 합니다. 그래야 아이와의 관계에서도 갈등을 피할 수 있을뿐더러 아이의 미래를 위해서도 바람직해서입니다. 모든 인간관계가 마찬가지지만 내 아이에 대해서 제대로 파악하는 일이 자녀 교육의 가장 기본입니다.

◇ 아이 얘기를 더 잘 들어 주고 공감해 주세요.

아이 친구들의 엄마 한 분이 '아이가 학교 얘기를 통 안 하려고 한다'며 걱정하셨습니다. 아이도 성실하고 착했으며 어머니도 좋은 분인데, 대화를 나눠 보니 그 이유는 생각보다 간단했습니다. 질문하는 방법에 문제가 있었습니다. 아이가 하교하면 일단 엄마가 대화를 시도합니다. "학교 잘 갔다 왔어?", "밥은 잘 먹었어?", "수업은 잘 들었어?", "별일 없었어?" 이런 질문들은 모두 아이가 "네, 네, 네, 네"라고 대답할 수밖에 없는 폐쇄형 질문들입니다.

회사 기자 활동으로 연예인을 비롯한 유명 인사들을 인터뷰하면서 질문에도 기술이 필요하다는 사실을 배웠습니다. 평소 말수가 적은 아이라고 다를 리 없습니다. 뻔한 물음에는 뻔한 대답이 나오고 대답하기 싫은 질문에는 무성의한 답변이 돌아옵니다. 질문의 방식을 조금만 바꿔 보면 아이의 답변 역시 달라집니다. 거기서부터 차근차근 꼬리에서 꼬리를 잡는 식으로 대화를 이어가면 좀 더 이야기가 풍성해질 수 있습니다. 그런 경험이 누적되면 효과가 나타나면서 아이 역시 부모와 함께 이야기하는 재미를 느낄 수 있습니다.

그리고 제가 아이와 대화를 나눌 때 항상 하는 행동이 하나 있습니다. 몸을 낮추거나 한쪽 무릎을 꿇고 아이의 이야기를 듣는 것입니다. 아이는 어른보다 키가 작으니 어른과 이야기할 때는 항상 위로 올려다보아야 합니다. 자세가 불편하니 아이의 기준에서는 대화를 편안하게 나누기 어렵습니다. 자신보다 키가 엄청 큰 사람을 올려다보며 이야기를 나눈다고 상상해 보면 이해가 쉽습니다. 아이가 가장 편안하게 바라보고 눈을 맞출 수 있는 위치로 어른이 몸을 낮춰 주는 건 물리적으로 수평적인 대화를 나누기 위한 작은 배려입니다. 아이 역시 부모의 자세를 보며 대화에 진지해질 수 있습니다. 그렇게 이야기를 마친 뒤에는 아이를 꼭 안아 주면 되고요. 또 한 가지 염두에 둬야 할 점은 아이와 그날 일로 대화할 때는 그때 느낀 감정도 함께 파악해 주면 좋습니다. 즐거움, 속상함, 설렘 등의 기분을 파악해 주고 공감해 준다면 아이가 자신의 감정을 판단하고 조절하는 데 많은 도움이 됩니다.

아이도 자신이 경험한 속상한 마음을 다양한 방식으로 표현할 때가 있습니다. 이럴 때 어른이 어떻게 대처하느냐에 따라 아이의 감정 조절 능력이 좌우됩니다. 아이의 기를 다시 빨리 살려줘야 한다며 해결책부터 제시하거나 격려로만 일관한다면 역효과를 불러일으킬 수 있습니다. 부모가 자신의 마음을 알아준다는 느낌이 들지 않기 때문입니다. 이를 '감정의 홍수 상태'라고 합니다. 이성의 자리를 감정이 차지하고 있어서 아무 이야기도 들리지 않는 상황인 셈입니다.

이럴 때는 일단 아이와 눈을 마주치고, 모든 감정에 공감해 주며, 아이의 말을 따라 해 주는 미러링을 해 주면 효과적입니다. 아이가 처한 문제를 해결해 주기보다 효과가 떨어진다는 생각이 들 수 있지만, 아이는 이 정도만 해도 자신이 사랑받는다고 느낄 수 있으며 부정적인 감정을 스스로 이겨내는 힘을 키우게 됩니다. 이런 활동들이 아이가 성장하면서 겪을 수 있는 사춘기나 친구 간의 갈등, 성적 문제, 학교 폭력 같은 힘든 시기를 맞닥뜨렸을 때 슬기롭게 이겨낼 수 있도록 하는 힘이 되어 줄 수 있습니다.

◇ 대화와 존중의 중요성

아이의 요구를 거절할 때도 너무 단호한 태도는 바람직하지 않습니다. 아이는 별 시답잖은 주제부터 청천벽력과도 같은 말을 아무렇지 않게 할 때가 있습니다. 둘째에게는 독특한 말투가 있습니다. 저에게 무슨 부탁을 할 때면 "아빠가 안 된다고 할 것 같으니까 말 안 할래요."라고 합니다. 대부분은 들어 주기 어려운 부탁이 많지만, 그래도 상황이 허락하는 한 많이 들어 주려고 합니다. 거절에 대한 저항감을 높이는 교육도 중요하다지만 그래도 부모는 아이에게 있어 최후의 보루이기 때문입니다.

만약 현실적인 제약으로 인해 도저히 부탁을 들어 줄 수 없는 경우일 때는 요령을 갖고 대화를 나눈다면 위기를 모면하고 상황을 잘 마무리할 수 있습니다. 언젠가 둘째 녀석이 강아지 포메라니안을 키우고 싶다고 말한 적이 있습니다. 참고로 저는 강아지 털 알레르기가 있습니다. 그런데 강아지를 키우는 꿈까지 꿨다는 아이에게 단호하게 "안 돼!"라고 답하는 방식은 좋은 방법이 아니겠죠.

일단 아이에게 왜 강아지를 키우고 싶은지에 대해서 차분히 물었습니다. 저 역시 강아지를 좋아하기에 '아빠도 어릴 적에 강아지를 키우고 싶었다'는 이야기도 해 주었습니다(참고로 제 어머니께서는 강아지를 키울 바에는 차라리 소를 키우자는 답을 주셨습니다). 그런 뒤에 강아지를 키울 때 꼭 챙겨야 할 점과 비용 등을 정리해 놓은 유튜버의 영상을 함께 봤습니다. 그걸 함께 보고 고민하던 둘째는 크게 불평하지 않고 자신의 주장이 현실적으로 여러 가지 문제가 있음을 스스로 깨닫고 포기했습니다. 대신 강아지 그림을 그릴 수 있는 일러스트(그림) 책을 얻게 되었죠.

이런 이야기는 특별한 상황이고, 우리 집에서는 하나도 안 먹힌다고 생각할 수 있습니다. 그렇지만 부모가 화내지 않고 차분히 아이의 말을 들어주고 대화를 이어 나간다면 아이는 속상하고 흥분된 마음을 조금씩 가라앉히게 되고 부모의 말에 수긍하는 순간이 분명히 있을 겁니다. 이런 과정을 통해 절충점을 찾게 된다면 충분히 훌륭한 대처를 할 수 있게 됩니다.

급하게 일정을 정할 때도 문제가 생길 수 있으므로 아이와의 소통에 신경을 써야 합니다. "내일 누가 올 거야.", "다음 주에 어디 하기로 했어.", "오늘 저녁 메뉴는 ○○야."처럼 아이에게도 미리 계획이나 일정을 공유해야 함을 뜻합니다. 곰곰이 생각해 보면 아이와 상의

할 때도 있지만 대부분 일정의 결정은 아이와의 상의 없이 어른의 편의대로 정합니다. 아주 어린 영아라면 모를까 아이가 조금만 자라더라도 불만이 생길 수밖에 없습니다.

어른들은 아이의 감정이나 상황을 깊이 생각하지 못하기에 아이의 불만을 듣고 흘려 버리기 일쑤입니다. 내일 갑자기 엄마 친구가 동생들을 데리고 오는 것은 '엄마 친구가 시간이 그때만 되기 때문에', 숙제하다 말고 갑자기 옷을 입고 외출해야 하는 상황은 '오늘 집에 먹을 만한 음식이 없기 때문에', 주말에 갑자기 시골 할머니 댁에 가는 이유는 '학원이 다음 주에만 방학을 하기 때문에' 등 다 그럴듯한 이유는 있습니다.

그렇지만 아이에게는 자신의 마음을 전혀 존중하지 않는 일방적인 통보이며 무조건 따라야 하는 불편한 명령에 가깝습니다. 당연히 부모에게 존중받는 느낌을 받기 어렵습니다. 아이의 정서 지능, 즉 EQ는 어른이 아이의 의견을 묻는 과정을 통해서도 키워집니다. 부모의 결정이 합리적이라는 이유로 아이의 의견을 물어보는 절차를 간과한 적은 없는지 생각해 보세요. 무언가를 정해야 하는 상황이라면 부부끼리만 공유하지 말고 아이와도 미리 상의하고, 만약에 아이의 동의를 구하지 못했다면 정중히 양해를 구할 필요도 있습니다.

고민이나 나쁜 일에 관해 대화할 때도 마찬가지입니다. 가끔 아이가 무언가를 우물쭈물하며 어렵게 말할 때가 있는데, 심각할 수도 있고 별일 아닐 수도 있습니다. 일단 아이가 이야기를 꺼낸다면 부모는 제일 먼저 "말해 줘서 고마워"라는 말부터 해야 합니다. 그래야만 아이는 문제의 상황과는 별개로 자신의 고민이나 생각을 부모에게 말한 사실을 잘했다고 생각하며 앞으로도 그렇게 행동할 수 있습니다. "뭘 그런 걸 가지고 걱정하고 그래?", "그걸 왜 이제 얘기해?", "너는 그냥 가만히 있었어?"와 같이 아이가 죄책감을 느끼게끔 하는 답을 해 버린다면 아이의 마음의 문이 닫혀 버리고 앞으로 소통의 폭을 넓히기는 어려울 수밖에 없습니다.

아이와 깊이 있는 대화를 할 때 유의할 점이 한 가지 더 있습니다. 아이는 자신이 겪은 일을 구체적으로 한꺼번에 전달하지 못하기 때문에 한 번에 하나씩 구체적으로 이야기를 나누는 방식이 좋습니다. 아이가 먼저 이야기를 꺼내지 않을 경우가 많으므로 부모가 먼저 이야기를 시작하고 그 뒤부터는 아이의 이야기에 대한 경청이 중요합니다.

◇ 아이에 대해서 많이 기억하고 의견을 존중하는 것이 정서 지능의 시작

비상교육에서 초등학생 자녀를 둔 부모 405명을 대상으로 설문조사를 한 적이 있습니다. '하루에 자녀와의 대화 시간이 얼마나 되나요?'라는 질문에 1시간도 되지 않는다고 답한 비율은 놀랍게도 35.1%였습니다. 보통 부모가 아이에게 잔소리하는 시간도 대화로 생각한다는 점을 봤을 때 제대로 소통하며 대화하는 시간은 턱없이 부족한 셈입니다.

아이와 대화를 나눠 보면 길게 이어 가기가 어려울 때가 많습니다. 내가 묻고 싶은 부분과 아이가 하고 싶은 이야기에 분명한 괴리감이 존재해서입니다. 부모는 아이가 학교생활은 잘하는지, 선생님 말씀을 잘 듣는지, 친구들과의 관계는 좋은지가 궁금합니다. 부모가 아이에게 궁금한 점만 묻는다면 대화라기보다는 오히려 조사에 가깝습니다. 반대로 아이가 원하는 대화 주제들은 그와는 거리가 멉니다. 자신의 취미 생활이나 그날 있었던 소소한 이야기처럼 큰 맥락이 없는 내용이 주를 이룹니다. 아이와 길게 대화하기 위해서는 대화의 수준을 아이의 눈높이에 맞추려는 노력이 필요합니다. 아이의 관심사를 존중해 주는 눈높이 대화는 아이가 부모에게 사랑받고 있음을 느끼게 해 줍니다.

아이의 관심사는 수시로 바뀝니다. 게임, 운동, 아이돌, 유튜브, 책 등 천차만별입니다. 아이의 관심사가 바뀌었다는 사실을 부모가 놓치지 않으면 원활한 대화는 어렵지 않습니다. 화술에서도 강조되듯 상대방의 관심사로 대화하는 방식만큼 관계를 가깝게 만드는 데 좋은 방법은 없기 때문입니다. 자신의 관심사에 대해 부모와 이야기할 수 있다는 사실에 아이는 큰 행복을 느낍니다. 부모에게 관심받고 사랑받는다는 느낌을 얻습니다. 이런 과정을 꾸준히 갖지 못한다면 아이는 언젠가 이렇게 이야기할지도 모릅니다. "엄마, 아빠는 말해도 모르잖아요."

이와는 반대로 부모는 아이가 싫어하는 부분에 대해서도 알 필요가 있습니다. 요즘 사용하는 유행어 중에서 "선을 넘었다"라는 말이 있습니다. 상대방의 심리적인 경계를 넘었음을 뜻하는데요. 의외로 많은 사람이 관심과 애정이라는 이름으로 포장하여 상대방의 기분은 전혀 고려하지 않은 말이나 행동으로 넘지 말아야 할 '선'을 넘습니다. 아이와의 관계에서도 마찬가지입니다. 부모는 필요한 부분이라 여겨 당연하게 말하지만, 개중에는 아이가 정말 싫어하는 지점들이 분명 존재합니다. 부모라고 해서 아이 앞에서 하는 모든 말과 행동이 용납되지는 않습니다. 기회가 될 때 아이와 서로 제일 듣기 싫은 말이나 보기 싫은 행동에 대해 함께 이야기를 나눠 보면 어떨까요?

부부 관계를 회복하기 위한 솔루션 중에도 '배우자가 좋아하는 행동을 하기보다는 싫어하는 행동을 하지 말라'는 말이 있듯 아이와의 관계에서도 크게 다른 점은 없습니다. 당장 생각이 나지 않을 수도 있기에 말로 하기 힘들면 아이에게 시간을 두고 적어 보라고 하면 됩니다. 깜짝 놀랄 만한 내용이 있을지도 모릅니다. 이런 시도는 서로에 대해 더 많이 이해하고 아이와의 관계를 개선하는 데 정말 큰 도움이 됩니다.

사춘기가 되어서 소통도 통제도 되지 않아서 모든 것을 내려놓았다는 부모들의 이야기는 결코 웃어넘길 일이 아닙니다. 이렇게 어렸을 때부터 다져 놓은 정서 지능은 나중에 아이가 커서 사춘기를 맞았을 때 빛을 발할 수 있습니다.

07

EQ를 키우는 교육

부부 싸움은 최대한 아이 모르게 할 수 있는가?

> 행복한 결혼 생활에서 중요한 것은 '서로 얼마나 잘 맞느냐'보다 '다른 점을 어떻게 극복해 나가느냐'이다.
>
> –레프 톨스토이

예전에 「1호가 될 수 없어」라는 개그맨 부부들의 일상생활을 다루는 관찰 예능 프로그램이 있었습니다. 개그맨 부부들 중에는 아직 이혼한 부부가 한 쌍도 없다는 특이한 기록이 있어 '이혼 1호'가 될 수는 없다는 의미로 만든 프로그램입니다. 그 프로그램에서는 보통의 부부가 겪을 법한 다양한 다툼 상황이 나옵니다.

이렇듯 TV 속에서 그리고 남의 이야기일 때에 한정한다면 부부 싸움은 재미있는 구경거리 또는 이야깃거리지만 내가 주인공인 현실에서는 그렇지 못합니다. 생각과 생김새가 두 사람뿐만 아니라 가족들까지 하나의 울타리 안으로 들어가는 행위가 결혼이기에 나의 노력과는 무관하게 갈등이 생기는 요소는 정말 차고도 넘칩니다.

예전에 아이들이 다니던 어린이집에서 일일 선생님으로 활동하러 간 적이 있습니다. 낱말 퀴즈를 진행하던 중 '부부'라는 단어가 나왔습니다. 여섯 살 아이에게 부부가 뭔지 아냐고 물었는데 당황스러운 대답들이 나옵니다. "아빠랑 엄마가 부부잖아요. 그런데 우리 엄마 아빠 오늘 아침에 엄청 싸웠어요." 옆 아이도 결코 지지 않습니다. "응? 우리 엄마 아빠는 어제 싸웠는데."

◇ 얘들아 이건 진짜 싸운 게 아냐.

부부 싸움과 관련된 황당한 일화가 하나 있었습니다. 친한 형님의 부친상으로 늦은 밤에 조문을 가게 되었습니다. 아내는 야간 운전은 위험하니 최대한 빨리 돌아오라고 당부했고, 저는 늦을 수도 있으니 먼저 자라고 했습니다. 아내가 원했던 귀가 시간은 자정이지만 현실적으로 촉박했기에 저는 말을 삐죽하게 하고 말았습니다. 그러자 아내도 12시가 조금이라도 넘으면 현관문을 잠그겠다며 으름장을 놓았습니다. 물론 걱정스러운 마음을 담은 말인 줄 알면서도 "그러든지 말든지"라고 응수하고 나와 버렸습니다.

조문을 마치고 돌아오니 자정이 조금 넘은 시간이었습니다. 조심스레 현관문의 비밀번호를 누르고 안으로 들어가려는데 당황스럽게도 현관문에는 수동 잠금장치가 걸려 있었습니다. 진짜로 잠근 모양이었습니다. 아내에게 메시지를 보내 보았지만 잠이 들었는지 대답 없는 메아리일 뿐입니다. 전화를 걸거나 인터폰을 누르자니 아이들까지 깰까 봐 어쩔 수 없이 저는 지하 주차장으로 내려가 차 안에서 잠을 청했습니다. 다음 날 아침에 제가 주도권을 쥔 부부 싸움을 거하게 할 만반의 준비를 하고 말입니다.

드디어 아침이 되어 집에 들어갔는데 사건의 전말은 제 예상과 전혀 달랐습니다. 문을 잠근 범인은 아이였습니다. 아빠와 엄마의 말다툼을 듣고는 엄마의 말이 진짜 문을 잠그라는 의미로 이해했고 자기가 잠근 뒤 엄마에게 미처 말하지 못하고 잠들어 버렸다더군요. 상황을 보아하니 아이를 탓할 수 없는, 여지없는 부모의 잘못이었습니다.

어른들이 다투며 내뱉는 말들은 전체적인 상황을 이해해야 하고 말 속에 다른 의미가 숨어 있는 경우도 많습니다. 우리는 비유법, 과장법, 의인법, 은유법 같은 다양한 수사법(사상과 감정을 보다 효과적으로 나타내기 위한 표현의 기교)을 사용합니다. 물론 사회생활을 하고 대화의 경험이 많다면 알아듣기 그리 어렵지 않습니다.

그렇지만 아이는 맥락을 이해하는 능력이 부족하고 대화의 배경도 쉽게 알 수 없습니다. 단순히 눈에 보이는 대로 귀에 들리는 대로 아빠 엄마의 대화를 해석할 수밖에 없습니다. 이런 사건 역시 아이의 잘못이 아니라 어떻게 보면 자업자득인 셈이었습니다. 그 뒤로는 아이들 앞에서 말과 행동을 좀 더 조심해야겠다고 다짐했습니다.

◇ 부부 싸움은 아이의 불안감을 증폭시키는 촉매제

부부 싸움의 주제는 시대에 따라 다릅니다. 최근 설문조사(취업포털 커리어_기혼 직장인 대상 2019년 네이버 조사)에 따르면 한국인의 부부 싸움 원인은 시댁, 처가 문제(27.1%), 집안일 관련(18.9%), 육아 참여 관련(14.6%), 경제적인 문제(14.5%), 자녀 양육 방법(7.8%) 순이었습니다.

특히 모계사회로의 변화 및 아빠의 육아나 교육 참여가 늘다 보니 예전에 비해 부부 간의 다툼이 다양하게 생깁니다. 의견의 충돌이 짧은 시간 안에 해결이 되면 물론 좋겠지만 부부의 대화는 서로 기가 막히게 엇갈립니다. 충분히 그럴 수도 있다고 생각합니다. 하지만 문제는 본질을 벗어나 아이 앞에서 고성이 오가는 못 볼 꼴을 보일 때가 발생한다는 점입니다.

아이 앞에서의 부부 싸움은 생각보다 부정적인 영향이 큽니다. 미국 시애틀 고트맨 학회의 연구에 따르면, 부부 싸움을 보며 성장한 아이들이 고혈압, 공격성, 소극적인 태도, 우울감의 항목에서 높은 수치가 나타났다고 합니다. 노트르담대학의 연구 역시 이를 뒷받침합니다. 부모가 아이 앞에서 싸우면 어린아이도 함께 혈압이 올라갑니다. 강남세브란스병원 정신건강의학과 석정호 교수팀 역시 부모의 싸움을 보고 자란 아이들이 우울증 발병 가능성이 높다는 연구 결과를 내놓기도 했습니다. 이런 상황들이 계속 반복된다면 아무래도 부모는 더 이상 자녀에게 훌륭한 롤모델이 되기 어려워지겠죠.

◇ 시작이 창대했다면 마무리도 창대하게

몇 달 전 거실에서 말다툼을 하던 저와 아내에게 아이가 이렇게 말했습니다. “엄마, 아빠, 너무 시끄러워서 그러는데 저 방에 가서 싸우시면 안 돼요?”, 이럴 때도 있습니다. “이제 얼른 화해하세요.” 아이가 이렇게 말하게 된 계기는 싸우게 되더라도 적당한 선을 지키려고 노력하며 아이 앞에서 확실히 상황이 마무리되었음을 보여 주었기 때문입니다.

물론 부부간에 다툼이 없는 상황이 가장 바람직합니다. 그걸 모르는 부부는 없습니다. 우리 삶의 영역과는 멀다는 점이 문제죠. 일단 다툼이 생기게 되는 불가피한 상황이라면 최대한 아이의 눈에 띄지 않게 다투되 그마저도 힘들다면 아이가 무서워하거나 불안감을 느끼지 않는 수준을 넘지 않도록 애써야 합니다.

예전에 들었던 상담심리학 수업 중에 ‘부부 및 커플 치료’라는 과목이 있습니다. 여기서는 부부간의 문제에서 나타나는 4가지 패턴을 언급합니다.

1. 부부가 다투며 상황을 악화시키는 것

2. 배우자의 감정, 생각, 인격을 무시하는 행위

3. 배우자의 동기를 실제보다 부정적으로 보는 것

4. 중요한 대화의 순간을 피하려고만 하는 행동

결국 이 모든 패턴을 살펴보면 본질은 한 문장으로 요약 가능합니다. 서로 다른 가치관으로 인해 발생한 문제를 원활한 의사소통으로 해결하지 못했다는 점입니다. 우리 집도 다툼이 존재합니다. 다만 부부 싸움을 하더라도 상황이 끝나면 일단 아이 앞에서 화해했음을 보여 줍니다. 물론 감정이 격해진 뒤라 처음에는 쉽지 않았지만 아내가 슬기롭게 아이를 통해 해결했습니다. 아내가 아이들에게 아빠와 엄마의 손을 끌어당겨서 화해의 포옹을 하게끔 시킨 것입니다. 아이에게 "엄마, 아빠 이제 화해했어!"라고 말로만 하는 방법보다 이렇게 스킨십으로 화해가 되었음을 알려 주면 효과가 더 좋습니다.

저학년 때 아내와 아이의 교육 문제로 말다툼이 있었는데, 아이가 갑자기 방으로 들어가서 울기 시작했습니다. 알고 보니 자기 때문에 아빠와 엄마가 싸운다고 느껴져서 속상해서 그랬다는 이유에서였습니다. "엄마 아빠가 다투기는 했지만 그건 의견이 달라서이지 너 때문이 아냐."라고 말해 주며 아이의 불안감을 해소시켜 줬고 반성도 많이 했습니다. 아이들의 상당수가 부모의 부부 싸움을 보면서 내가 있어서 엄마 아빠가 불행해졌다며 죄책감을 느낀다고 합니다. 이런 사실을 놓치지 않는다면 부부간의 갈등 상황을 조금 더 슬기롭게 헤쳐 나갈 수 있습니다.

부부 싸움을 하지 않기란 어렵습니다. 혹시 하게 되더라도 아이 앞에서는 피하도록 하고, 피하지 못하면 인신공격이나 욕설, 폭력은 무조건 자제하는 등 최소한의 선을 지키는 수준에서 하되, 싸움이 끝났다면 마무리는 확실하게 해야 합니다. 이런 과정이 쉽지는 않지만 노력해 나간다면 아이는 부모의 상황에 대해서 공감하는 시간도 가지고 갈등을 해결하는 방법에 대해서도 배울 수 있습니다.

만약 갈등이 정말 심할 때는 제삼자인 상담자가 낀 부부 상담이 필요할 수도 있습니다. 하지만 그러한 프로그램의 도움을 받더라도 서로 배려하고 원활한 의사소통이 제일 큰 해결책이라는 사실은 변함이 없습니다. 가정의 평화와 아이의 정서적 안정감을 지키기 위해서라도 부부간의 화목은 무엇보다 중요하다는 사실을 잊지 말아야겠습니다.

EQ를 키우는 교육

스스로 감정을 다스리는 힘을 키워 줄 수 있는가?

> 노하기를 더디하는 사람은 용사보다 낫고 자기의 마음을 다스리는 사람은 성을 빼앗은 사람보다 낫다.
>
> –성경

아이가 갑자기 화를 참지 못하고 나쁜 말이나 돌발 행동을 할 때면 당황스럽고 두렵기도 합니다. 그런 모습을 보며 내가 무언가를 잘못해서 아이가 잘못된 방향으로 크고 있다는 생각에 마음이 편치 않습니다. 아이의 감정은 하루에도 몇 번씩 변덕스러운 날씨처럼 시시각각 변합니다. 원래 인간은 다양한 감정을 느끼는 동물이기에 아이 역시 자라면서 당연히 기쁨, 성취감, 보람 등의 긍정적인 감정만 배울 수 없습니다. 분노, 짜증, 슬픔, 좌절과 같은 부정적인 감정도 배우고 조절하며 극복할 수 있어야 합니다. 아이의 감정은 어떻게 관리해야 바람직할까요?

◇ 아이의 감정 조절 능력은 부모의 육아 방식에서부터

일반적으로 아이가 화를 참지 못하는 경우가 잦다면 부모의 강압적인 훈육 방식에 원인이 있다고 판단하는 경우가 많습니다. 예전 지금 부모 세대가 자라던 시대가 그런 비율이 높았습니다. 부모 교육이라는 말도 없었고 가정이나 교육기관에서 체벌이나 폭언에 노출되는 빈도가 지금보다 훨씬 높았기 때문입니다.

하지만 요즘 세대에서는 예전과는 반대로 허용적 또는 방임적인 방식의 훈육이 감정 조절 능력을 키우는 데 나쁜 영향을 끼칩니다. 물론 아이의 모든 행동과 감정을 수용하는 방식이 바람직하다고 생각할 수 있습니다. 하지만 가정에서 모든 부분을 부모가 수용해 주는 태도로 일관한다면 집 안의 울타리를 벗어났을 때 아이는 자신의 뜻대로 하지 못하는 순간을 견디지 못하게 됩니다. 당연히 나 자신의 기분이 최우선이기 때문에 상대방의 감정에 대해서 공감할 수 없습니다. 이렇게 되면 스스로 감정을 조절하는 능력을 키우는 일이 어려워짐은 물론 사회성을 키우는 데도 악영향을 끼칠 수 있습니다.

그래서 상식적인 선에서 훈육의 기준을 튼튼하게 잡아줘야 합니다. 부모의 기준으로 일명 '낄끼빠빠(낄 때 끼고 빠질 땐 빠져라)'라는 표현이 이 상황에도 적용됩니다. 아이의 상식에 벗어난 지나친 행동을 적절한 방법으로 훈육하는 연습을 시켜 주세요. 너무 어린 시절에는 쉽지 않겠지만 5세 정도가 넘어가면 옳고 그름에 대한 지도가 충분히 가능합니다. 한 번에 될 수는 없겠지만, 부모와 평소 신뢰나 애착이 꾸준히 형성되어 있었다면 빠른 시일 내에 좋은 결과로 이어질 수 있습니다.

◇ 실컷 울어도 돼

신나게 놀고 있던 아이가 갑자기 울기 시작합니다. 알고 보면 아이에게 그럴 만한 이유는 당연히 있습니다. 그런 모습을 볼 때 부모는 대부분 어떤 식으로 대처할까요? 부모는 말귀를 알아들을 만한 나이가 되면 아이가 우는 모습을 있는 그대로 받아들이기 어렵습니다. 부모 자신이 눈물을 흘리면 뚝 그치라는 다그침을 받으면서 자라 왔던 영향으로도 볼 수 있습니다. "귀신이 잡아간다", "경찰 아저씨 오라고 해야겠네", "뭘 잘했다고 울어" 등 강한 대처에 더 익숙해져 있다 보니 눈물에 대한 인식이 부정적인 경우가 많습니다.

하지만 눈물은 감정의 해소 차원에서도 역할을 한다는 점에서 중요합니다. 아이들과 애니메이션 「마당을 나온 암탉」을 본 적이 있습니다. 마지막 장면은 주인공인 암탉 '잎싹'이 의붓아들인 청둥오리를 멀리 떠나보내고 모든 것을 체념한 채 늘 자신을 노리던 족제비에게 자신을 잡아먹을 수 있게 해 주는 내용이었습니다.

그 장면을 보며 한 녀석은 너무 놀랍고 슬프다며 꽤 긴 시간 동안 눈물을 감추지 못했습니다. 주인공인 암탉이 너무나도 가엾다는 이유에서였죠. 저는 아이를 옆에서 안아 주고 토닥거려 주며 실컷 울라고 해 주었습니다. 그리고는 눈물을 흘리는 일은 절대 창피하게 생각하지 않아도 된다고 말해줬습니다. 부끄러운 이야기지만, 저 역시 최근 아이들과 『여우의 전화박스』라는 책을 읽으면서 펑펑 운 적이 있었습니다.

감정을 겉으로 표현하지 않고 속에서 삭이는 방법은 올바른 해소 방법이 아닙니다. 아이가 느끼는 위축, 외로움, 억울함, 서운함과 같은 부정적인 감정은 단순히 참고 인내한다고 없어지지 않기 때문입니다. 슬플 때는 울고 화낼 때는 화를 적절하게 내면서 불편한 감정들을 털어내야 합니다. 전 세계를 통틀어 우리나라에서만 사용되는 화병이라는 의학적으로도 특이한 용어가 생긴 원인도 어릴 때부터 감정을 제대로 표현하는 방법을 배우지 못한 이유가 큽니다.

하지만 안타깝게도 아이가 조금 더 자라면 부모들은 특히 남자아이들이 흘리는 눈물에 매우 인색해집니다. 아이의 눈물에 대해 지나치게 엄격한 잣대를 적용하게 된다면 아이의 정서적인 발달에 어려움이 생길 수 있습니다. 아이가 슬픈 감정을 빠르게 털어낼 수 있게 하기 위해서는 울지 못하게 하기보다는 건강하게 표출하도록 이끌어 주는 방법이 가장 최고입니다.

◇ 아이의 마음을 다스리는 사색하는 힘

길지 않게 5~10분 정도라도 차분하게 앉아서 사색할 수 있는 시간을 가지는 방법도 아이의 격앙된 감정을 다스리는 데 큰 도움이 됩니다. 김종원 작가는 부모가 아이를 키울 때 가장 중요한 세 가지를 언급했습니다. 독서와 글쓰기 그리고 마지막이 사색입니다. 그는 이것을 '혼자 있는 시간의 힘'이라고 표현했습니다. 『우리 집에는 꼬마 철학자가 산다』의 노신화 작가 역시 아이에게 사색은 시간이 필요함을 강조합니다.

사색의 다양한 감정을 받아들이고 이해하는 일명 '마음 그릇'을 키워 줍니다. 세계적인 위인들 역시 사색의 힘으로 큰 업적을 이루어 냈습니다. 러시아의 작곡가 차이코프스키는 하루 두 시간의 산책을 무슨 일이 있어도 지켜왔다고 합니다. 프랑스의 철학자 데카르트는 집에 손님이 너무 많이 찾아오자 혼자만의 시간을 위해 이사를 결정했다는 일화도 있습니다. 특히 레오나르도 다빈치는 늘 사색에 많은 시간을 할애했습니다. 그는 자신이 연구한 내용은 온 정신을 모아 깊이 새겨야 한다고 생각했으며, 이때 중요한 부분은 혼자 있어야 한다는 점이었습니다. 그것도 모자라 자기 전에 다시 한번 자신이 그날 공부한 내용에 대해 사색을 했다고 합니다.

그리고 굳이 깊이 있는 사색이 아니더라도 넋이 나간 듯 일명 '멍때리는' 시간도 아이의 뇌에 휴식을 주고 더 활성화하는 데 도움을 줍니다. 일본 도후쿠대학의 연구팀은 이런 시간이 창의력과도 깊은 관계가 있는 뇌의 백색질 활동을 증가시킨다고 밝혔습니다. 모든 일상이 빠르고 흘러가고 자극적인 화면에 수시로 노출된 하루를 보내는 아이는 스스로 차분하게 마음을 가다듬으며 시간을 보낼 기회를 얻기 어렵습니다. 이렇게 뇌에 휴식 시간을 틈틈이 주게 되면 아이의 몸과 마음 모두를 다듬을 수 있습니다.

◇ 감정 조절을 하기 힘들어한다면

만약 아이가 감정을 참지 못하고 폭발하면 선생님이나 부모가 차분하게 달래 줘야 합니다. 그렇지만 생각보다 상황이 격앙되어 있다면 부모도 침착하게 대응하기 어려워지곤 합니다. 감정의 혼돈 상태에 빠진 아이를 도와주는 방법은 생각보다 쉽고 단순합니다.

공감의 1단계: 그랬구나.

공감의 2단계: 그래서 많이 속상했겠구나.

공감의 3단계(질문): 어떻게 도와주면 좋겠니?

공감의 4단계(질문): 어떤 일 때문에 기분이 안 좋은 거니?

공감의 5단계: 눈물 날 정도로 속상했구나. 기분이 나아질 것 같으면 편하게 울어도 돼.

이런 방식으로 대처하면 된다는 사실을 아는 분들도 많습니다. 평소에는 잘 쓰지 않는 말투이다 보니 상황이 닥치면 잘 나오지 않는다는 점이 문제입니다. 그렇더라도 기회가 될 때마다 연습을 하면 확실히 나아집니다. 그리고 부모의 대부분은 아이가 겪는 감정과 자신의 감정을 동기화시키기 쉽지 않습니다. 상황을 알더라도 이해할 수 없는 경우도 많습니다. 그게 그렇게도 속상할 일인지 아무리 생각해도 도무지 이해가 안 되기도 합니다.

아이는 아직 감정을 조절하는 능력을 배워 나가고 있는 과정의 굳지 않은 찰흙과 같은 단계나 마찬가지입니다. 이럴 때 부모가 감정의 틀을 어떻게 빚어 주느냐에 따라 아이의 정서 수준이 정해집니다. 일단 다섯 단계 중 두세 가지만이라도 되는 대로 연습 삼아 시도해 보면 어떨까요? 처음에는 어색하기도 하고 아이에게 진짜 도움이 될지 의문스러울 수도 있겠지만, 몇 번만 시도하면 이 말이 얼마나 마법 같은 힘을 가졌는지 알 수 있습니다.

◇ 심리검사는 참고용으로만

심리검사도 아이의 마음을 좀 더 알기 위해 활용할 수 있습니다. 심리검사는 인성검사, 성격검사, MBTI 검사, 다면적 인성검사(MMPI), 아동발달검사(K-CDI), 학습전략검사(MLST-Ⅱ), 학습성향검사, 문장완성검사(SCT), 로샤검사 등 다양합니다. 일부 검사는 관공서에서 운영하는 시설에서 무료 또는 저렴한 비용으로 받을 수도 있습니다.

젊은 세대들에서부터 유행하는 MBTI도 심리검사의 한 종류입니다. MBTI는 '레이블링 게임(특정 유형으로 딱지를 붙여 자기 정체성을 확실하게 하려는 시도)'에 열광하는 젊은이들에 의해 요즘 특히 더 주목받고 있습니다. 그렇지만 심리학 전문가의 일부는 MBTI가 성향을 너무 극단적으로 나눠 놓았기 때문에 과학적으로 인정할 만한 근거가 있는 검사는 아니라고 합니다.

이처럼 심리검사는 다양하며 검사 비용도 천차만별이라 선택하기도 쉽지 않습니다. 일단 초등학교에서는 1, 4학년 때 자체적으로 학생 정서행동특성검사(CPSQ-II)를 하는데 추가 검사를 원하신다면 1388 청소년상담센터(https://www.cyber1388.kr)를 통해 무료 온라인 검사도 가능합니다. 더 많은 정보를 원하신다면 아이에게 필요한 분야의 검사를 찾아서 할 수 있습니다.

그렇지만 이때 유의할 점은 너무 이른 나이에 하면 문항 자체를 이해하지 못할 수 있으므로 정확한 결과가 나오기 어려울 수 있다는 부분입니다. 고학년은 시험처럼 생각해서 좋아 보이는 답만 고르기도 하기에 신뢰도가 떨어지기도 합니다. 아이에게 필요한 검사를 적당한 기간을 두고 주기적으로 해 보되 검사 결과는 아이의 성장에 참고용으로 사용하면 됩니다. 심리학에서도 인정받고 있는 심리검사는 최소 수십 가지가 넘습니다. 한두 가지의 검사 결과에 지나치게 일희일비하면서 의존할 필요는 없다는 점을 기억하시기 바랍니다.

역경 지수를 키우는 교육

: AQ

(Adversity Quotient)

목 차

1. 아이와 함께 여행을 자주 다닐 준비가 되어 있는가?
2. 좌절을 극복하는 긍정적인 아이로 키울 수 있는가?
3. 아이 인생은 아이의 것이라는 사실을 인정할 수 있는가?
4. 슬기롭게 훈육하는 부모가 될 수 있는가?
5. 비인지 능력(눈치, 끈기)의 중요성을 알고 있는가?
6. 제대로 놀 줄 아는 아이로 키울 수 있는가?
7. 갈등(학폭, 왕따)을 극복할 수 있는 지혜를 줄 수 있는가?

AQ(Adversity Quotient)는 역경 지수라는 의미입니다. 미국 학자 폴 스톨츠(Paul Stoltz)가 최초로 제안했으며 요즘에는 IQ, EQ보다 더 중요한 지수라고 강조되는 개념입니다. 살면서 생길 수 있는 많은 역경에 좌절하지 않고 목표를 향해 다시 도전하고 성취할 수 있는 역량을 지수화했습니다. 아이에게 역경이나 난관이 발생했을 때는 부모가 나서기보다는 스스로 이겨낼 수 있도록 이끌어 주어야 합니다. 어려움을 이겨내는 과정을 통해 끈기와 의지력, 자기 주도성, 문제 해결력을 얻을 수 있습니다. 위대한 업적을 이룬 사람들 중에는 공부를 못한 사람은 있지만 역경을 극복하지 못한 경우는 없었다는 점에서 AQ는 굉장히 중요한 지수입니다.

AQ를 키우는 교육

아이와 함께 여행을 자주 다닐 준비가 되어 있는가?

> 여행이란 우리가 사는 장소를 바꾸어 주는 것이 아니라 우리 생각과 편견을 바꾸어 주는 것이다.
>
> —아나톨 프랑스

아이가 학교에서 돌아오면 의외로 자주 하는 말이 있습니다. 바로 "ㅇㅇ는 이번에 어디로 여행 간대요"입니다. 친구들이 학교에서 자랑도 많이 하며 아이에게도 제일 뇌리에 많이 남는 이야기가 바로 여행인 모양입니다. 그만큼 아이는 여행이란 단어에 대한 기대치가 높습니다.

안타까운 부분은 이런 기대치를 어른이 오해하는 경우가 많다는 점입니다. 아이의 기준에서 여행은 부모와 함께 어디를 가는 모든 행위를 의미합니다. 반대로 어른이 생각하는 여행의 의미는 그럴듯한 계획과 비용으로 비행기 정도는 타고 이름난 관광지를 가야 합니다. 아이는 '간다'에 의미를 두지만, 부모는'어디'를 더 중요하게 생각합니다. 여행은 재충전과 아이의 성장을 위함이지 남들에게 자랑하기 위해서가 아닌데 말이죠. 혹시 이런 고정관념이 있다면 아이를 위해서라도 깊이 고민해 보고 벗어날 필요가 있습니다.

◇ 집 밖을 나가기만 해도 일단은 여행

아이는 복잡한 뇌 구조를 가지고 있지만 의외로 단순한 부분도 있습니다. 그래서 아주 거창한 선물을 해 주지 않더라도 충분히 만족감과 행복을 느낄 수 있습니다. 해외여행이 아닌 가족과의 동네 또는 근교 나들이로도 아이는 부모와의 애착이 형성됨은 물론 정서적인 안정감도 느낍니다. 멀리 가야 한다는 부담을 버리고 일단 집 근처의 가까운 곳이라도 좋습니다. 도서관이든 공원이든 아이와 함께 나서기만 하면 그때부터가 바로 나들이며 여행입니다. 일상에서 벗어나 부모와 함께 시간을 보내기만 해도 아이는 즐거워하니까요. 그것만으로도 우리는 충분히 좋은 부모가 될 기회를 얻을 수 있습니다. 거기에다 여행을 통해 새로운 자연환경, 색다른 음식, 이질적인 문화를 좀 더 경험하게 해 준다면 더할 나위가 없습니다.

요즘 학교에서는 요즘 안전사고를 비롯한 불미스러운 사고를 걱정해 수학여행을 없애거나 줄이고 있습니다. 이러한 추세는 안타까울 수밖에 없습니다. 학교도 학부모도 신경 쓸 일만 많아지는 학교 밖의 학습을 원하지 않기 때문이죠. 이렇게 대외적인 상황들이 아이의 기회를 빼앗고 있으니 아이가 다양한 세계를 경험할 수 있는 기회를 틈나는 대로 만들어 줘야 합니다.

◇ 아이가 계획하고 학교 수업에 맞춘 체험 여행

부모는 큰맘 먹고 일정을 조율하고 적지 않은 비용을 들여 아이를 위한 여행을 계획합니다. 대개 해외여행이 그렇습니다. 여정을 마치고 나면 부모들은 아이가 넓은 세상을 경험했으니 크게 성장했으리라 믿고 자신의 고생이 헛되지 않았다 생각하며 뿌듯해합니다.

하지만 아이에게 물어보면 여행 만족도가 떨어지는 경우가 의외로 많습니다. 어릴 때는 밖에 나가기만 해도 좋아하던 아이의 태도가 미묘하게 바뀌었음을 느끼게 됩니다. 이런 동상이몽은 부모가 세운 일방적인 계획으로 진행된 여행일 때 많이 생깁니다. 아이의 자율성이 반영되지 못한 여행이라 그렇습니다. 「SBS 스페셜: 아이와 여행하는 법」 편에서는 아이를 성장시키기 위한 여행이 무엇인지에 대해 정확히 짚어 줍니다. 개그맨 정종철 씨 가족은 아이들이 스스로 계획하는 팀과 부모가 주도하는 팀으로 나누어 각자 하루의 일정을 보냅니다. 그 결과 아이들이 계획에 적극적으로 참여했던 팀의 만족도가 굉장히 높았습니다.

부모가 아이와 힘들게 여행을 가는 이유는 부모의 재충전뿐만 아니라 아이의 견문을 넓혀 주고 그를 통해 성장하기를 원해서입니다. 이런 목적이 제대로 이루어지려면 여행 계획을 짤 때부터 아이를 참여시킬 필요가 있습니다. 무엇을 먹을지, 어디를 볼 지를 함께 고민하며 자신이 갈 여행지에 대해서 미리 알아보는 방식으로 말이죠. 아이가 아직 어려 여건이 허락하지 않으면 부모가 정한 계획들을 사전에 아이에게 공유하고 의견을 묻는 정도도 괜찮습니다. 이런 과정을 통해서 아이는 여행을 더 즐겁고 주도적으로 즐길 수 있습니다.

교과서를 비롯해 아이가 그동안 책이나 영상으로 접한 지식을 확인하는 여행도 좋은 선택지가 될 수 있습니다. 초등학교 교과 연계 체험으로 포털 검색을 해 보면 관련된 이런 프로그램들이 소개된 사이트들을 확인할 수 있습니다. 간접적으로만 접했던 지식을 직접 자신의 눈으로 볼 수 있는 여행은 아이에게도 충분히 교육적인 효과와 즐거움을 동시에 줄 수 있을 테니까요.

◇ 수박 겉핥기식 여행이 아닌 문화인류학적 여행

2018년에 저는 가족 여행과 회사 워크숍을 포함해 제주도를 네 번이나 다녀온 적이 있습니다. 같은 지역을 여러 번 갔더니 안타깝게도 별다른 감흥을 주지 못했습니다. 그래서 2019년에 제주도에 방문했을 때는 새로운 방식을 시도해 봤습니다. 혼자 스쿠터로 애월(제주도 11시 방향 지역)에서부터 서쪽 방향으로 제주도를 일주하는 경험이었죠. 혼자서 하는 오토바이 여행이라니, 어떻게 보면 참 무모한 도전이었지만 그 스쿠터 여행은 제 인생에서 가장 기억에 남는 추억입니다. 편하게 목적지에 데려다 주는 버스나 차로는 절대 갈 수 없는 좁은 길을 지도만으로 찾아다니는 방식은 번거롭고 힘들었지만 즐거운 경험이었습니다. 그때 처음으로 제주도의 자연환경과 인문 환경을 색다른 시선으로 느낄 수도 있었습니다.

토머스 모어의 소설 『유토피아』는 여행하는 두 가지 방식에 대해서 언급합니다. 율리시스식 여행은 '여행을 통해 배우는 사람', 플라톤식 여행은 '배우기 위해 여행하는 사람'을 말합니다. 저도 스쿠터 일주를 통해서 뜻하지 않게 두 가지 여행을 경험한 셈이었습니다. 지나고 보니 이런 여행이야말로 자신을 성장시킬 수 있는 여행임을 알게 되었습니다.

이런 여행 이외에도 가치가 큰 여행 방식이 있습니다. 전문가들이 깨달음을 얻는 여행의 최고봉이라고 일컫는 문화인류학적 여행입니다. 문화인류학은 세계의 여러 인간과 문화를 종합적인 관점으로 비교, 연구하는 학문입니다. 이런 여행을 통해 현지인과 밀접한 관계를 맺어 보고, 그를 통해 서로 다른 문화를 가진 사회를 연결하는 능력도 가질 수 있습니다.

일반적인 여행과는 다르기에 문화인류학적 여행은 당장 경험하기는 쉽지 않을 수 있습니다. 이를 대체하기 위한 방법으로는 미술관이나 박물관을 자주 활용하는 방법도 좋습니다. 재미와 교훈도 함께 얻을 수 있고 인류의 역사와 문화에 대해서 배워 생각의 틀을 넓힐 수 있습니다. 여행의 대체재로 충분하게 활용할 수 있습니다.

◇ 여행이 주는 선물

여행을 통해 아이가 얻는 선물은 종합 선물 세트나 다름없습니다. 아이들과 같은 반이었던 서은이는 낯가림이 심하고 친구들과 어울리기보다는 조용히 책 읽기를 좋아하는 아이입니다. 3학년 방학 때 서은이는 유명 관광지가 아닌 곳으로 오랫동안 여행을 다녀왔습니다. 그 후 서은이는 활동적으로 변했고 웃음도 많아졌습니다. 낯선 여행지에서 긴 시간을 보내는 동안 부족했던 친화력과 활달함을 키울 수 있었던 것입니다.

우리나라 스포츠 스타인 손흥민 선수는 실력도 세계 최고 수준이지만, 일명 '인싸력'이라고 불리는 뛰어난 친화력으로도 주목을 받았습니다. 팀 동료들뿐만 아니라 다른 팀 선수와도 스스럼없이 어울리는 그의 모습은 기사로도 자주 보도되어 팬들을 흐뭇하게 합니다. 스포츠 선수라도 새로운 환경에서 적응하기란 쉬운 일이 아닙니다. 재능이 아무리 많은 사람이라도 바뀐 환경에 적응하는 능력이 떨어진다면 성공 가능성은 떨어질 수밖에 없습니다. 사람들과 쉽게 어울리는 능력은 그 사람에게 더 성장할 기회가 있음을 뜻하니까요.

이렇듯 중요한 친화력을 키우기에는 여행보다 좋은 활동이 없습니다. 여행은 다양한 사람과 음식을 비롯해 새로운 자연과 문화까지 접할 수 있습니다. 그렇기에 평소에 익숙한 환경을 잊고 어색함과 불편함을 이겨내야 합니다. 또한, 여행은 역경을 극복하는 능력을 키우는데 도움이 됩니다. 물건을 잃어버리기도 하고 익숙하지 않은 음식을 먹어야 하기도 하며, 특이한 사람들도 만나는 등 예상치 못한 상황들을 계속 만나기 때문입니다. 목적지로 가는 길을 잃기도 하고 낯선 곳에서 자야 하니 스스로 성장할 수밖에 없습니다.

예전 유럽 여행 중 오스트리아 잘츠부르크에서 체코로 이동하는 교통편을 실수로 놓친 적이 있습니다. 기차역 앞에서 일행 다섯 명을 태우고 갈 밴을 예약했는데 오전 아홉 시였던 약속 시간을 열두 시로 착각해서 일어난 사태였습니다. 여행 일정을 주도했던 저는 잘못을 깨닫는 순간 머리가 하얗게 되었습니다. 비용 문제뿐만 아니라 목적지에 제시간에 도착하지 못하면 그날 숙소까지 문제가 생기는 심각한 상황이었습니다. 정신을 차리고 급히 여행사 직원과 현지 숙소 직원, 일행과 상의 끝에 기차를 통한 이동을 빠르게 선택했습니다. 세 번이나 기차를 갈아타긴 했지만 다행히 늦게나마 그날의 목적지에 무사히 도착할 수 있었습니다.

그때의 여행을 회상하면 다른 경험보다도 그날 겪었던 실수의 추억이 제일 선명하게 남아 있습니다. 시간과 금전적인 손해가 있었지만 나름대로 대처를 잘해서 위기를 잘 극복했다는 점에서 쉽게 경험하기 힘든 값진 여행의 교훈을 얻었던 셈입니다.

여행은 그 단어만 들어도 설레고 행복합니다. 아이를 성장과 애착 향상을 위해서라도 기회가 되는대로 다양한 경험을 할 수 있는 여행을 많이 하실 수 있기를 바랍니다. 아이가 청소년이 되어 버린 뒤에는 함께할 수 있는 시간이 많지 않을 테니까요.

AQ를 키우는 교육

좌절을 극복하는 긍정적인 아이로 키울 수 있는가?

> 나를 죽이지 못하는 모든 시련은 나를 한층 더 강하게 만든다. 살아 있는 한, 나는 점점 더 강해질 것이다.
>
> —니체

예전에 아이가 자전거를 타다가 넘어져서 꽤 큰 상처가 생긴 적이 있습니다. 아이의 부상도 걱정이었지만, 아이가 다시는 자전거를 타지 않겠다고 할까 싶어 신경이 쓰였습니다. 실패로 인한 두려움으로 아이가 좋아하는 활동을 포기하거나 좌절하는 상황은 원치 않았으니까요. 다행히도 아이는 그때의 아픔을 잘 극복하고 다시 자전거를 탈 수 있게 되었습니다.

실패를 두려워하지 않으며 좌절을 극복하고 다시 도전하는 긍정적인 아이. 말만 들어도 기특하고 아름다운 모습입니다. 역경과 실패를 극복하는 능력을 의미하는 회복 탄력성은 인생의 행복과 성공에 매우 중요한 능력으로 알려져 있습니다. 다시 도전하기 위한 힘과 용기는 실패한 횟수와 비례합니다. 결국 실패를 경험해야 아이는 성장할 수 있다는 의미입니다.

◇ 0표의 기적

민수라는 아이 친구는 2학년 1학기 때 학급 회장 선거에 출마해서 0표라는 초라한 성적을 받았습니다. 하지만 결코 좌절하지 않고 2학기에 학급 회장 선거에 다시 도전해서 결국 부회장이 되었습니다. 저 역시 초등학교 6학년 때 전교 회장 선거에서 4명 중 3등으로 낙마했고, 그때의 충격으로 꽤 오랫동안 투표로 뽑는 자리에 도전하지 못했습니다. 사람들 앞에 나선 뒤에 실패를 경험했을 때 느끼는 좌절감은 생각보다 큽니다. 이 아픔을 극복하기 위해서는 주위의 도움이 필요하기도 하죠.

혹시 이러한 좌절이 아이에게 생겼을 때 부모가 대수롭지 않게 반응한다면 적지 않은 상처가 됩니다. 좌절감이라는 녀석은 아이가 스스로 해소하기 쉽지 않습니다. 부모가 상처를 보듬어 주고 극복해 낼 수 있도록 다독여 준다면 아이에게 큰 힘이 될 수 있습니다. 부모가 그동안 경험했던 좌절의 감정을 아이에게 공유해 주는 방법도 좋습니다.

아이가 4학년 때 떨어지면 상처를 받는다면서 학급 회장 선거에 나가기를 주저했습니다. 그때 저의 슬픈 경험담을 말해 주었습니다. 저는 신입 사원 연수 때 직원 대표 선거에 나가 꼴찌로 탈락했습니다. 그 다음에 반이 넷으로 나뉜 뒤 반장을 뽑을 때도 탈락했죠. 그 이야기를 아이에게 덤덤하게 해 주자 엄청 창피했겠다며 웃어 보였습니다. 그런 실패의 기억은 창피함이 컸지만 추억이 되었을뿐더러 큰 경험이 되어 다시 도전할 용기를 얻게 도와주었다고도 말해 주었습니다. 결국 아이는 반장 선거에 씩씩하게 나가 좋은 결과를 얻을 수 있었습니다.

◇ 자폐증을 앓는 아이는 어떻게 큐브 챔피언이 되었나?

「스피드 큐브의 천재들」이라는 다큐멘터리는 큐브 랭킹 세계 1위였던 펠릭스 젬덱스와 그를 꺾는 맥스 파커의 대결을 다룹니다. 큐브를 빛의 속도로 맞추는 모습도 흥미로웠지만, 더 눈에 띄는 내용은 바로 맥스 파커가 어렸을 때부터 자폐스펙트럼 장애를 앓고 있었다는 점이었습니다. 그의 부모는 자폐 증상에 대한 생활 치료요법의 하나로 큐브를 선택했고 계속 배워왔다고 합니다.

맥스 파커에게는 하루하루가 실패와 좌절의 연속이지 않았을까 싶습니다. 곁에서 지켜보는 부모의 마음은 짐작조차 할 수 없습니다. 그런 상황에서도 그 아이가 자신이 처한 현실에 좌절하지 않고 큐브에 도전해서 큰 성취를 이룰 수 있도록 도운 사람은 바로 부모였습니다. 그 결과 맥스 파커는 3x3x3 큐브 세계 기록(3.13초)을 비롯해

4x4x4, 5x5x5, 6x6x6, 7x7x7 큐브 세계 신기록을 가진 큐브 천재로 거듭나게 되었습니다.

미국의 커뮤니케이션 학자인 폴 스톨츠 박사는 역경을 만났을 때 대처하는 자세에 따라 사람을 세 유형으로 나누었다고 합니다.

1. 힘든 문제가 생기면 포기하고 도망치는 겁쟁이 유형

2. 그 자리에 주저앉아 현상 유지만 하는 캠핑족 유형

3. 역경에도 포기하지 않고 극복해 내는 등반가 유형

사소한 부분부터 끊임없이 실패를 겪고도 끝까지 좌절하지 않고 도전하는 모습을 보면 회복 탄력성이 좋은 등반가 유형으로 아이를 키우기 위해서는 부모의 역할이 매우 중요함을 깨닫게 됩니다.

부모의 역할은 그리 어렵고 복잡하지 않습니다. 아이가 느끼는 좌절감을 스스럼없이 말할 수 있도록 하고, 어떤 부분에서 개선이 필요한지 깨달을 수 있도록 열린 질문으로 대화를 하면 됩니다. 그런 과정을 통해 속상한 마음을 추스를 수 있습니다. 또 상심한 아이를 위해 그동안의 노력과 과정에 대한 칭찬과 위로도 해 줘야 합니다. 아이가 혼자 힘으로 자신에게 어떤 부분이 부족했는지 되돌아보고 개선할 방법을 깨달을 수 있게 된다면 그것만으로도 아이는 한 단계 더 성장할 수 있으니까요.

◇ 남극은 긍정적인 사람들과 함께

실패와 좌절하면 어니스트 섀클턴 경을 빼놓을 수 없습니다. 1914년 인듀어런스라는 배를 이끄는 탐험대의 대장으로서 남극 탐험을 시도했지만 처참하게 실패했던 사람입니다. 이 사람의 항해기는 『인듀어런스』라는 책으로도 발간되어 사람들에게 알려졌으며 엄청난 감동을 주었습니다.

그런데 성공도 아닌 실패한 사람에게 어떻게 위대하다는 수식어가 붙게 되었을까요? 섀클턴의 배는 남극 탐험을 시작한 지 얼마 되지 않아 유빙(떠다니는 빙하) 사이에 갇히게 됩니다. 몇 달 동안 갇혀 있는 동안 얼음 속에서 빠져나오기 위해 끊임없이 애를 썼지만 결국 실패하고 말았고, 배를 버릴 수밖에 없는 상황까지 처하게 되었습니다.

그는 선원들과 함께 작은 구조용 보트 세 대만 가지고 탈출을 시도합니다. 항해의 출발지였던 아르헨티나 근방의 사우스조지아섬까지 돌아오기까지 벌인 634일간의 눈물겨운 사투는 우리에게 진짜 좌절이란 무엇인지를 생각하게 하기 충분합니다. 이 실패가 뜻깊은 이유는 목숨을 걸고 수많은 위기를 극복했다는 점과 더불어 27명의 대원 중 단 한 명의 선원도 목숨을 잃지 않고 귀환했기 때문입니다. 이들의 여정은 비록 실패했지만 많은 사람에게 감동을 주었고 '위대한 항해'로 불리게 되었습니다. 실패와 좌절에 굴복하지 않고 끊임없이 다시 일어난 섀클턴 경을 비롯한 선원들의 회복 탄력성이 지금의 역사를 만든 것입니다.

흥미로웠던 점은 섀클턴 경이 탐험 전 항해에 참여할 선원을 뽑는 면접에서 뛰어난 항해 능력보다는 긍정적인 성격을 가진 사람을 위주로 뽑았다는 사실입니다. 극한의 상황에서도 좌절하지 않고 이겨낼 수 있는 능력을 최우선으로 여겼다는 의미입니다. 10명도 채 타기 힘든 구조용 보트를 타고 노를 젓고 바닥을 채우고 있는 물도 퍼내며 파도와 거대한 얼음 조각들을 헤쳐 나가는 대목에서는 상상만 해도 황당하기 짝이 없는 내용이 나옵니다.

> 힘겨운 상황 속에서도 맥카티는 모든 사람을 부끄럽게 했다. "지금껏 내가 만난 사람들 가운데 도저히 어떻게 해볼 수 없는 가장 낙천적인 사람이다. 키를 잡고 있거나 배의 얼음을 떼어내고 물을 퍼내는 그 사람에게 다가가면, 그는 언제나 행복한 표정을 지으며 '좋은 날입니다'라고 말했다."
>
> — 『인듀어런스』 중에서

결과적으로 섀클턴의 모험은 실패했지만 긍정적인 선원들을 뽑았다는 점은 옳은 선택이었음을 증명해 내고 말았죠. 우리는 살아가면서 수없이 많은 실패를 경험합니다. 실패를 통해 더 나은 사람으로 성장할 수 있느냐는 그 사람이 얼마나 빨리 실패를 딛고 일어나느냐로 판가름 납니다. 나를 좌절시키는 고통스러운 상황을 실패로 받아들이기보다는 내가 극복해야 할 과제라고 생각할 수 있어야 합니다. 긍정적인 마음을 가져야 한다는 의미죠.

미국의 심리학자인 윌리엄 제임스가 처음 한 말로 알려졌지만, 방송인 노홍철 씨가 방송에서 언급해서 더 화제가 된 말이 있습니다.

"행복해서 웃는 것이 아니라 웃어서 행복한 것이다."

◇ 야, 솔직히 네가 힘든 게 뭐 있어?

보통 아이의 천진난만한 행동을 보면 걱정이 하나도 없는 듯해 보입니다. '네가 스트레스 받을 일이 뭐가 있니? 사회생활을 하면서 이리저리 치이기를 하니 아니면 카드값, 대출이자, 학원비 때문에 돈 걱정을 하길 해?'라는 생각을 아마 부모라면 한 번쯤은 해 본 적이 있을 겁니다. '너한테 돈을 벌어 오라 그러지도 않았고, 하라는 것만 하고 하지 말라는 것은 안 하면 되는데 그게 뭐가 그렇게 어려운 거니?' 이 말 역시 마음속으로라도 해본 적이 있을 법한 말입니다.

그렇지만 아이도 나름대로 자신들의 세계에서 치열한 경쟁을 하고 실패와 좌절을 겪으며 스트레스를 받으며 살아갑니다. 또한, 불안(무엇을 잃거나 어떤 일이 일어날까 봐 걱정되고 조마조마한 감정 상태), 두려움(특정한 사건이나 대상에 대해 느끼는 무서움, 일어나는 사건에 대한 불안정한 심리), 혐오(어떤 사람이나 대상을 싫어하는 감정)처럼 어른처럼 다양한 심리적 불안도 있습니다. 마냥 걱정 없이 사는 듯해 보이지만 결코 그렇지 않습니다.

둘째가 옛날에 소통 일기를 쓰며 적을 내용이 하나도 없다며 투덜거렸습니다. 그날의 주제가 뭐냐고 물었더니 바로 '어린이라서 좋은 점'이었습니다. 하기 싫은데 하라고 하고, 하고 싶은데 못 하게 하는 부모와 선생님, 나와는 완전히 다른 다양한 성격들을 가진 친구들까지 모두 자신을 힘들게 합니다. 놀고 싶은데 학원도 가야 하고 숙제도 해야 하는 데다 아빠 엄마는 내 이야기는 제대로 들어 주지도 않는다면 스트레스가 생기는 건 당연합니다.

드라마 「스카이캐슬」에서는 극 중 염정아의 둘째 딸 예빈이가 학원 친구들과 편의점에서 과자를 훔치며 학업 스트레스를 해소하는 장면이 나옵니다. 어른들이 아이들의 세계를 조금이라도 이해하고 소통하려고 노력했다면 이런 일은 생기지 않았겠죠. 평소 아이와 소통을 자주 한다면 아이의 행동을 좀 더 이해할 수 있게 될 테니까요. 평소에 다져 놓은 부모와의 공감대는 아이가 좌절감을 느낄 때 빛을 발할 수 있습니다.

◇ 아이의 잠재력을 쉽게 재단하지 마세요.

요즘 부모들은 아이에 대해 잘 알려고 노력하며 사랑도 깊습니다. 반면 아이에 대해서 너무 잘 알게 되면서 생기는 부작용도 있습니다. 아이가 가진 능력의 최대치를 어른의 기준으로 재단한다는 점입니다. 어느 지점에서 힘들어하고 실패하는지에 대해서 잘 알고 있기에 아이가 새로운 도전을 할 때 부모가 미리 판단해 버립니다. 그렇게 된다면 아이는 부모의 과도한 배려로 자신의 한계를 뛰어넘어 성장하기 어려워집니다.

몇 해 전에 아이들과 함께 양평 용문산에 간 적이 있습니다. 조그만 가방에 간식을 챙기고 운동화만 덜렁 신고 동네 뒷산에 오르듯 가게 된 산행이었습니다. 알고 보니 용문산은 꽤 험한 산이었고, 결과적으로는 설악산을 다녀왔을 때보다 힘들었습니다. 저는 등산을 하는 내내 아이들에게 계속 내려가자고 사정을 했습니다. 아이들이 힘들다고 주저 앉는다면 제가 업고 내려와야 할지도 모른다고 지레짐작한 거죠. 올라가며 만나는 분마다 '아이들이 올라가기에는 힘들 텐데'라고 했기에 더욱 심란했습니다.

놀랍게도 아이들은 왕복 5시간 30분간의 산행을 짜증을 내지도 않고 업어 달라고 하지도 않고 해 냈습니다. 절대로 성공하지 못해 내리라고 여겼는데 말이죠. 그때의 경험을 계기로 아이들의 잠재 능력을 어른의 잣대로만 쉽게 판단하지 말고 포기하지 않고 끝까지 도전할 수 있도록 용기를 줘야 한다는 사실을 깨달았습니다.

그렇다고 일부러 좌절하는 상황을 만들 필요는 없습니다. 아이에게는 좌절의 경험이 아니라 좌절을 이겨 내는 힘이 필요하니까요.

『부모 공부』와 『완벽한 공부법』의 고영성 작가와 『말투를 바꿨더니 아이가 공부를 시작합니다』의 정재영, 이서진 작가에 따르면 사람의 사고방식은 고정형, 성장형 두 가지라고 합니다.

고정형 사고방식은 성격과 능력이 이미 정해져서 바꿀 수 없지만 성장형 사고방식은 노력에 따라 충분히 발전할 수 있는 유형입니다. 아이의 사고방식을 스스로 한정해 버리는 고정형으로 만든다면 아이에게 숨어 있는 무궁무진한 잠재력을 계발하기는 어렵습니다. 결국 이런 성장형 사고방식을 키우고 큰 성취를 이뤄낼 수 있느냐는 아이의 도전을 끊임없이 응원해 주는 부모에게 달려 있습니다.

"이불 밖은 너무 위험해!" 이 말은 도전하기보다는 안전한 곳에서 자신을 지키려는 하는 인간의 방어 심리를 나타낸 말입니다. 꽤 다양한 상황에서 사용됩니다. 인간이라는 동물은 변화나 새로운 도전을 본능적으로 싫어합니다. 『마흔 수업』과 『세븐 테크』의 김미경 작가가 세바시 강의에서 했던 말을 곰곰이 생각해 볼 필요가 있습니다. "앞으로는 실패 이력서, 즉 실패의 경험이 많을수록 취업하기가 쉬울 것이다."

아이들은 실패나 좌절에 매우 민감하기에 어른은 이런 교육에 대해 특히 조심스럽습니다. 인간은 살아가면서 수없이 많은 실패를 겪습니다. 우리 윗세대가 그래 왔고, 우리도 그래 왔으며, 아이의 삶이라고 해서 다를 바가 없습니다. 이런 실패 경험에 대한 내성을 키워 빠르게 극복할 수 있는 능력은 인생의 성공에 생각보다 중요한 역할을 한다는 사실을 잊지 마시기 바랍니다.

AQ를 키우는 교육

아이 인생의 주인은 아이라는 사실을 인정할 수 있는가?

남에게 의지하면 실망하는 경우가 많다. 새는 자신의 날개로 날고 있다. 따라서 사람도 스스로 자기의 날개로 날아야 한다.

–조제프 에르네스트 르낭

사마천의 『사기』「열전」에는 춘추 전국 시대 위나라의 유력 정치가였던 신릉군의 손님이 말했던 유명한 이야기가 나옵니다. "세상일에는 잊으면 안 되는 것이 있고, 또 잊어야만 하는 것이 있습니다. 남이 공에게 베푼 은덕은 잊으면 안 됩니다. 그러나 공께서 다른 사람에게 베푼 은덕은 잊으셔야 합니다."

아이를 키우다 보면 기대치가 생기기 마련입니다. 자녀를 낳고 키웠으니 내가 희생했다며 보답을 바라는 말과 행동은 결코 바람직하지 않습니다. 아이의 성공을 부모의 성공과 동일시하는 순간부터 불행의 씨앗이 싹트기 시작합니다. 부모는 아이가 올바른 인성과 습관 그리고 건강한 신체를 가지고 자신의 삶을 온전히 살아나갈 수 있도록 돕는 역할만 하면 됩니다. 인형처럼 부모가 원하는 이상적인 삶을 살라고 해서는 안 됩니다. 행여나 아이에게 많이 베풀고 희생했다고 여기고 '내가 널 어떻게 키웠는데!'라는 마음이 들기 시작한다면 아이와의 관계는 점점 더 어려움을 겪을 가능성이 큽니다.

◇ 무기력한 아이로 만드는 가장 빠른 지름길, 학원

아이들이 한때 영재 대상 학원에 잠시 다닌 적이 있었는데, 결국 제 어리석음을 깨닫고 두 달 만에 그만두게 했습니다. 토요일 낮에 힘들게 학원에 데리고 다녔지만, 아이들은 전혀 즐거워하지 않았습니다. 되려 수업을 마치고 나올 때의 모습을 보면 항상 야간 자율학습을 마치고 나오는 고3 수험생처럼 무기력하고 침울해 보였습니다. 원하지 않는 학원을 부모의 욕심으로 더 보내다가 아이를 망치겠다는 생각이 들어서 학원을 중단하고 빠르게 예전의 일상으로 돌아왔습니다.

"아이가 능력이 있으면 빨리 뭐라도 시켜야 한다.", "지금 안 시키고 나중에 시키면 늦는다.", "다른 사람들은 못 시켜서 안달이라는데." 등의 말을 주위에서 자주 듣습니다. 문제는 이런 부류의 결정들이 대부분 아이의 의사나 정서를 고려하지 않고 부모의 일방통행식 통보로 이루어진다는 점입니다.

간혹 아이를 위한답시고 삐뚤어진 모정을 보이기도 합니다. 아이들이 다닌 영재 학원은 웩슬러 검사를 보고 일정 수준의 아이들만 다닐 수 있었습니다. 어느 날 학원에서 아이들을 기다리는데 어떤 엄마가 테스트를 보러 왔는데 알고 보니 아이와 계속 연습을 하고 와서 검사를 치렀다는 사실을 알게 되었습니다. 인지 능력을 테스트하는 웩슬러 검사는 선천적인 지능검사의 한 종류로 신뢰도에 손상을 줄 수 있으므로 보통 사전 연습을 권하지 않습니다.

테스트를 마치고 온 여덟 살 정도의 아이에게 아무렇지도 않게 "연습한 대로 잘 풀었어?", "그 문제들은 엄마랑 연습 많이 했었잖아."라며 초조하게 말하는 그 엄마의 모습은 학원이 아이 인생의 모든 문제를 해결해 주리라고 믿는 듯해 보여서 안타까웠습니다. 명문대에 입학한 학생들의 상당수는 "사교육은 아이가 정말로 원할 때 시켜야 효과가 좋다."라고 말합니다. 그렇지만 부모들은 그런 경험에서 우러나온 말들을 '그건 그 아이가 특별한 경우라서 그런 거야'라며 귀담아듣지 않습니다. 아이에게 있어 이 순간은 다시 오지 않다 보니 마음이 조급해지기 때문입니다.

아이들은 그 영재 학원을 포기한 대신 더 값진 가치를 얻었습니다. 주말에 여유롭게 재울 수 있었고, 절약한 학원비를 더 유익한 곳에 소비할 수 있었습니다. 현재는 학원을 선택할 때 항상 아이와 의논을 합니다. 아이가 원하지 않으면 당연히 시키지 않습니다. '엄마가 가라고 해서' 라는 답변은 초등학교 6학년 학생에게 학원에 가는 이유를 묻자 가장 많이 나온 답입니다. 2016년 대구교육청이 주관해서 실시한 설문조사에서 이 답변이 91.6%를 차지했다고 합니다. 스스로가 원해서라고 답한 비율은 2%도 되지 않는다는 사실은 시사하는 점이 많습니다. 아이를 학원에 보내고 싶다면 부모 스스로가 먼저 우리 아이가 학원이 필요한지를 냉정히 생각해 보고 명쾌한 답이 나오면 아이와 함께 고민해 봐야 합니다. '왜 학원에 다녀야 하는지', '학원에서 무엇을 얻을 수 있는지', '누구를 위해서 공부를 하며 학원을 다니는지'에 대해 말입니다.

◇ 너는 도대체 왜 공부를 해야 하는지 알고 있니?

한국직업능력개발원에서는 2018년 「우리나라 고등학생의 학습 동기와 학습 전략, 학업 성과」라는 제목의 보고서를 발표했습니다. 고등학교 2학년, 1만 500여 명의 학습 동기를 설문조사하고 분석한 결과가 담겨 있었습니다. 결과는 안타깝게도 **'부모님이나 선생님의 칭찬을 받기 위해서'**(32.1%) 또는 **'부모나 선생님이 공부하라고 시켜서'**(20.3%)라고 답변한 비율이 꽤 높았습니다. 예비 고1을 대상으로 한 다른 설문조사에서는 **'남들이 다해서'**(44%)라는 결과도 있었습니다.

우리는 왜 잠을 자고 밥을 먹어야 하는지를 물어본다면 쉽게 대답합니다. 안타깝게도 "왜 공부를 해야 하나?"라고 묻는 아이에게 "좋은 대학에 가야 좋은 직업을 얻을 수 있다."라는 말 말고 명확한 답을 주지 못하는 경우가 많습니다. 초등학교 때부터 좋은 성적을 거둬야 좋은 고등학교에 진학할 수 있습니다. 결국 대학 입시에서 좋은 대학에 입학하는 일이 인생 최후의 과제가 된 아이들도 많습니다. 좋은 대학의 졸업장은 좋은 직업과 인생의 행복을 보장해 줄 수 있다고 막연히 믿습니다. 하지만 실제 서울대 졸업생의 취업 비율은 종합대학 중에서도 5위(70.1%)밖에 되지 않습니다. 부모가 공부해야 하는 이유를 정확히 알지 못하고 제대로 알려 주지 않으면 아이는 좋은 학교로의 진학을 가장 큰 목표로 정하고 아빠 엄마를 위해 공부를 한다고 말하게 될 수도 있습니다.

공부해야 하는 이유를 다양한 방식으로 알려 주고 동기 부여를 할 필요가 있습니다. 저는 아이들에게 틈나는 대로 알려 줍니다. "네가 하고 싶은 일이 공부가 필요 없는 분야라면 하지 않아도 괜찮아. 그렇지만 네가 하고 싶은 일을 아직 찾지 못했다면 그때까지는 공부를 열심히 해야 나중에 네가 갖고 싶은 직업이 있을 때 공부가 장애가 되지 않을 거야." 프로 스포츠 선수도 공부해야 하고, 유튜버도 공부해야 하며, 프로 게이머도 공부를 해야 합니다. 세상에 공부하지 않고 성공할 수 있는 일은 그리 많지 않다는 점도 알려 줍니다.

그와 더불어 아이에게 작은 경험부터 배움을 통한 즐거움이나 성취감을 맛볼 수 있도록 지도해 줘야 합니다. 문제 하나를 풀어도 칭찬을 아끼지 않는 부모를 보며 기분 좋지 않을 아이는 없습니다. 아이가 공부에 노력을 쏟을 수 있도록 부모가 곁에서 격려해 준다면 부모가 아닌 자신을 위해 도전할 힘을 얻게 됩니다.

◇ 나 자신이 행복해야 자식도 행복하다는 사실을 모르는 부모

GOD의 데뷔곡인 '어머님께'에서는 '어머님은 짜장면이 싫다고 하셨어'라는 가사가 나옵니다. 아이는 왜 어머니가 짜장면을 안 드시는지 알지 못하다가 어른이 되고 부모가 되어서야 깨닫게 됩니다. 부모는 자신을 위해 써도 부족할 시간과 비용을 아이에게 할애합니다. 그래서 어른이 아닌 부모가 위대하다고 말하는 이유입니다.

그렇다고 마냥 아이를 위해 부모의 삶을 희생한다면 그 또한 바람직하지 않습니다. 실제로 아이를 위해 부모, 특히 엄마가 자신의 경력을 포기하는 경우는 많습니다. 아름답고 존경받아 마땅한 일이지만, 지나치게 아이에게 집중하다 보면 부작용도 생깁니다. 아이의 성공이 내 인생의 성공이며, 아이의 실패는 내 인생의 실패가 되고 그 안에서 '나'라는 존재가 없어져서입니다. 이렇게 아이를 위해 지나치게 자신을 희생하면서 엄마로서의 삶만 산다면 우울감을 느끼게 될 뿐 아니라 아이의 정서에도 부정적인 영향을 미칩니다. 이런 문제를 예방하려면 아이에게 하는 만큼 못지않게 자기 행복을 위한 투자도 해야 합니다.

아이들의 친구였던 영찬이네 부모는 그런 점에서 현명했습니다. 두 사람은 한 달에 한 번씩 자신만의 시간을 가질 수 있도록 배려합니다. 어린 두 아이를 온전히 아빠나 엄마가 혼자서 돌보면 배우자는 충분한 자유 시간을 통해 쌓였던 스트레스를 해소해 왔습니다. 네덜란드에도 아빠가 아이를 혼자 돌보는 '아빠의 날'이 있는데 이와 비슷한 개념입니다.

아이와의 갈등은 아이보다는 부모의 문제로부터 비롯된 경우가 많습니다. 자신을 사랑하지 않으면 아이도 사랑하기 힘듭니다. 아이의 미래만큼 부모의 삶도 소중하다는 사실을 잊지 말아야 합니다. 공부든 운동이든 취미 활동이든 그동안 아이 때문에 미뤄둔 일이 있다면 용기를 가지고 도전해 보시길 바랍니다. 저 역시 아이를 키우며 사이버대학에서 복수 학위를 취득했습니다. 쉬운 길은 아니었지만 자신을 위해서 삶을 산다는 느낌도 들었고 아이에게도 좋은 본보기가 될 수 있겠다는 생각도 들었습니다. 아이에게 부모의 인생 또한 중요하다는 사실을 어릴 때부터 알려 준다면 아이도 부모를 보면서 자신의 삶도 소중히 여기게 될 것입니다.

◇ 조언은 해 주되 지나치게 아이의 삶에 개입하지는 마세요.

보통 부모는 아이보다 오래 살았기에 자신의 생각이 합리적이라고 생각합니다. 자신의 시행착오를 아이가 되풀이하지 않기를 원하기에 아이의 주장이 못마땅할 수도 있습니다. 그렇지만 지나친 개입은 결국 아이의 자율성을 침해하고 인형처럼 만드는 행동과 다르지 않습니다. 적절한 조언과 응원으로 아이를 차츰 독립적인 존재로 받아들여야 합니다.

쉽게 판단하고 정해주기보다는 기다려 주며 아이를 아이 인생의 주인공으로 인정해 주면 됩니다. 사춘기 때 부모들이 제일 견디기 힘든 말이 "제가 알아서 할게요."라고 합니다. 자신의 욕구를 포기하며 어럽게 키워낸 자식이지만 이런 말을 들을 때는 거리감이 느껴집니다. 그래서 선배 부모들은 자식은 뜻대로 되지 않음을 빨리 깨달을수록 좋다고 합니다.

체로키 인디언 부족에게는 독특한 성인식이 있습니다. 아이의 눈을 가린 채 숲속에서 혼자 하룻밤을 보내도록 합니다. 규칙은 단 하나, 아침 해가 밝을 때까지 눈가리개를 벗지 못한다는 점입니다. 아이는 가족이라는 울타리를 벗어나 혼자서 엄청난 두려움과 외로움을 스스로 이겨 내야 합니다. 너무나도 길게 느껴졌을 하룻밤을 온전히 이겨 내면 비로소 눈가리개를 벗습니다. 그때 아이의 눈앞에 처음 보이는 광경은 눈부시게 아름다운 자연과 하나의 실루엣이라고 합니다. 그 실루엣은 다름 아닌 먼발치에서 자신을 밤새 묵묵히 지켜봐 주던 아버지입니다.

현실에서는 아이의 힘들어하는 모습을 보면 안쓰럽고 속상합니다. 조금만 도와준다는 명목으로 성급하게 아이가 할 수 있는 일을 부모가 대신해 주기도 합니다. 스스로 생각해 볼 기회를 빼앗고 일방적으로 지시를 내리는 경우도 많습니다. 결국 이런 행동은 아이가 혼자 일어나 걸으며 다리 근육을 키울 기회를 뺏는 행위나 다름없습니다. 부모는 체로키 부족의 아버지같이 아이를 믿고 지켜봐 주면서 길을 잃었을 때 조언해 주는 역할만으로도 충분합니다.

『탈무드』에는 “자녀에게 고기를 잡아 주면 한 끼밖에 못 먹지만 고기를 잡는 방법을 가르쳐 주면 평생 먹고살 수 있다.”라는 말이 있습니다. 이제는 고기를 잡는 방법만 안다고 살아남을 수 있는 시대는 지났습니다. 고기를 잡고 싶은 마음이 들게끔 만들고 자기 삶을 주도적으로 이끌어 나가는 사람이 되어야 한다는 사실을 잊지 말아야겠습니다.

AQ를 키우는 교육

슬기롭게 훈육하는 부모가 될 수 있는가?

> 아이를 잘못 가르치면 아이를 잃는 것이나 다름없다.
>
> –존 F. 케네디

자라나는 아이는 대부분 부모에게 혼이 납니다. 아이의 말과 행동은 아직 부모가 안심할 정도로 사회화되어 있지 않기 때문에 늘 지도가 필요합니다. 훈육은 일관성을 가지고 아이가 자신이 하는 행동으로 인해 발생하는 결과를 예측할 수 있게 돕고, 적절한 행동이 무엇인지 배울 수 있도록 하는 자녀 교육의 핵심 키워드입니다.

아이가 자라면서 겪게 될 많은 어려움을 스스로 이겨 내기 위해서는 슬기로운 훈육이 절대적으로 중요할 수밖에 없습니다. 문제는 훈육이 너무 느슨해지면 방임으로 치부되고 지나치면 학대가 될 수 있으므로 적당한 선을 찾아야 하는데 그 부분이 쉽지 않다는 점입니다.

◇ 이젠 절대 때리지 않을게

초보 아빠였던 저 역시 쌍둥이 아들을 키우다 보니 시행착오의 연속이었습니다. 생각대로 되지 않으면 화내고 후회하고 사과하는 일상을 반복했습니다. 아이로 인해 생긴 화를 주체하지 못했을 때는 아이들에게 체벌을 했던 적도 있었습니다.

둘째가 다섯 살 무렵이었을 때 꽤 오래전이어서 잊어버릴 법도 한 시기에 제게 받았던 체벌을 아이가 정확하게 기억하고 있다는 사실을 알았습니다. 저는 그 말을 들으며 큰 충격을 받았고, 미안해서 눈물이 날 정도로 가슴이 아팠습니다. 다시 한번 사과한 뒤 안아 주며 이제는 절대로 그러지 않겠노라고 다시 약속했습니다. 여기서 놀라웠던 대목은 체벌받은 기억은 있으나 무슨 이유로 혼이 났는지를 아무도 기억하지 못한다는 사실이었습니다.

저 역시 어린 시절 부모님께 심하게 혼난 적이 몇 번 있었습니다. 그런데 얼마 되지도 않던 체벌을 여태 응어리처럼 가지고 있었으면서도 아이에게 제가 겪은 일을 대물림하고 있었으니 지금 되돌아보면 아빠로서 너무 미숙했다는 생각이 들어 미안했습니다. 그때의 일이 계기가 되어 아이에 대한 체벌은 제 사전에서 완벽히 사라지게 되었습니다.

◇ 아동 학대의 현실

2021년 민법개정으로 인한 자녀징계권이 폐지되기 직전 발표된 보건복지부의 「2019 아동학대 연차보고서」에 따르면 부모들은 자녀를 체벌하는 이유로 "자녀의 문제 행동을 고치기 위한 효과적인 수단으로 생각해서(35.9%)"라고 답했습니다. 부모들의 상당수가 체벌을 효과적인 수단으로 생각합니다. 문제는 체벌이 싫고 화나는 마음, 억울함과 같은 부정적인 감정이 이런 상황이 일어나게 된 아이의 잘못은 덮어 버리기 때문에 아이에게는 나쁜 기억으로만 남게 된다는 점입니다.

자녀 시절을 경험한 어른들에게도 설문조사를 해 보았습니다. 어른들에게 '나의 잘못된 행동을 바로잡는 데 도움이 된 부모의 말 또는 행동은 무엇이었나?'(세이브더칠드런, 가정 내 체벌 수용 인식 및 경험 조사_2019, 전국 20~60대 성인 남녀 총 10,000명 대상)라는 질문을 했습니다. 절반이 넘는 응답자가 잘못된 행동을 한 이유를 물어봐 주고 더 나은 해결 방법 알려 주기(68.5%)가 효과적이었다고 답했습니다. 신체적 체벌이 도움이 되었다는 응답은 1.4%에 그쳤습니다. 그럼에도 2021년 아동 학대 연차보고서에 따르면, 아동 학대 신고 건수(37,605건), 재학대 건수(5,517건), 아동 학대 발견율(5.02%)까지 모두 매년 증가하고 있는 추세입니다.

체벌에 대한 인식 변화가 더딘 이유는 아무래도 체벌의 범주가 너무 지나치게 넓기 때문일 수도 있습니다. 체벌은 단순하게 아이를 손, 물건으로 때리거나 때리겠다고 위협한 행위만 포함되지 않습니다. 넓은 범위로는 아이에게 고함을 지르는 행위, 부부 싸움을 아이 앞에서 하는 행위, 아이를 어디로 보내 버리겠다고 하는 행위나 애정 표현을 하지 않는 것까지도 포함됩니다. 물론 이런 정서적인 부분까지 넓게 해석하여 학대로 포함해 놓으니 부모가 느끼기에는 거북하게 느껴질 수도 있습니다.

하지만 당장 모든 걸 한꺼번에 바꿀 수는 없더라도 신체적인 체벌부터 시작해 하나씩 바꿔나가는 노력을 하다 보면 훨씬 나아진 가정이 될 수 있습니다. 체벌을 통해 분위기를 무섭게 만들어 아이를 변화시키는 방식은 공포심을 이용하므로 당장은 효력이 있을 수 있습니다. 그렇지만 시간이 갈수록 내성이 생기기 때문에 약효가 떨어집니다. 아이와의 관계도 점점 악화될 수밖에 없기에 이런 방식의 훈육은 사춘기 때쯤 되면 감당하기 힘든 부메랑으로 돌아올지도 모릅니다. 게다가 체벌을 받으며 성장한 아이들은 폭력적인 성향이 생길 수 있다는 연구 결과도 깊이 생각해 볼 필요가 있습니다.

◇ 화를 조절하며 현명하게 아이를 훈육하는 법

아이에게 화를 내고 나면 생각보다 괴롭습니다. 한차례 거한 폭풍이 지나간 후에 정신을 차려 보면 아이한테는 미안하고 자신한테는 실망하며 정작 훈육의 효과는 미미함을 깨닫게 됩니다. 더 큰 문제는 화를 내는 부모를 보며 아이는 심리적으로 위축되어 자신감을 잃게 될뿐더러 감정을 표출하는 방법에 대해 잘못 배울 수 있다는 점입니다. 당연히 화를 내지 않고 아이를 키우는 모습은 누구나 꿈꾸지만 실천하기는 힘들다는 점도 사실입니다.

오은영 박사는 부모가 화내지 않기란 현실적으로 어렵지만 노력하는 자세는 중요하다고 강조했습니다. 저 역시 그런 시도를 해 보았습니다. 제 머릿속의 분노로 가득 찬 화산이 폭발할 기미가 보이는 1차 위기가 오면 심호흡을 합니다. 이런 시도는 성공률이 절반 정도 됩니다. 1차 위기를 넘기면 2차 위기가 찾아오기도 합니다. 그때는 잠시 그 자리를 피합니다. 두 번의 위기까지 잘 이겨 내면 아이와 좀 더 차분하고 냉정한 대화가 가능해집니다.

소리를 지르지 않을 수 있기만 해도 커다란 수확입니다. 일단 폭발을 막았다면 조용히 아이와 마주 앉아, 너의 잘못된 행동으로 내가 화가 났다는 부분을 아이에게 알려 주면서 상황을 수습할 수 있습니다. 물론 이런 시도가 매번 성공할 수는 없지만, 이런 시도를 아예 하기 전보다는 효과가 있음을 해 보시면 깨달을 수 있습니다.

여기서 유의할 부분은 죄책감과 수치심을 명확히 구분해야 한다는 점입니다. 죄책감은 내 잘못된 행위로 인해 생기는 감정이지만, 수치심은 자신의 존재 자체에 대한 잘못을 느끼게 만들어 극단적으로 자아를 마비시키는 감정입니다. 아이를 훈육한다는 명분으로 수치심을 자주 느끼게 하면 어른이 되어서도 남에게 비판받는 상황을 견디기 어려워할 수도 있습니다.

◇ 자신을 먼저 되돌아보고 아이를 현명하게 꾸짖자.

TV 드라마 「금쪽같은 내새끼」에 출연하는 문제 가정의 대부분은 부모에게서 원인을 많이 찾고, 부모의 노력을 통해 아이의 문제를 해결합니다. 저 역시 아이에게 화를 내고 난 뒤에는 그 행동에 대해 자책합니다. 돌이켜보면 아이의 잘못은 부모가 평소 차분한 상태에서 좀 더 알려 주고 신경 써 주지 못한 잘못이 더 크다는 사실을 깨닫습니다. 결국 자신의 실수나 잘못을 인정하고 고치겠다는 용기가 아이를 혼내는 일보다 선행되어야 한다는 사실을 잊지 말아야겠습니다.

자신을 먼저 돌아보고 난 뒤 아이를 훈육하려면 아래와 같이 현명한 방식으로 해야 합니다.

첫째, 훈육은 부모의 화난 감정을 배제하고 잘못된 행동만 다루어야 합니다. 아이에게 훈육을 하는 목적은 부모의 화풀이를 위해서가 아니라 아이를 올바르게 키우기 위해서라는 점을 잊지 말아야 합니다.

둘째, 부모도 아이를 왜 혼내는지, 아이도 부모에게 왜 혼나는지를 꼭 알아야 합니다. 흥분된 상태로 아이를 훈육하다 보면 말이나 감정의 정제가 어려워 아이가 자신이 왜 혼났는지를 모른 채 훈육이 종료되는 상황이 생기기도 합니다. 훈육을 시작했다면 아이의 잘못을 다시 한 번 되새기면서 마무리해야 합니다.

셋째, 혼나는 시간이 너무 길어지면 내성이 생깁니다. 말을 조리 있게 아이 눈높이에 맞춰서 하려다 보니 이야기가 장황해지는 경우가 생깁니다. 지나치게 이야기가 길어진다면 듣는 입장에서도 한 귀로 듣고 한 귀로 흘리게 될 수 있습니다. 그러므로 아이의 집중력을 고려해서 핵심만 간결하게 전달해야 훈육의 효과를 높일 수 있습니다.

넷째, 신체적인 체벌보다는 강력한 불이익이 낫습니다. 훈육에 체벌을 쓰는 건 역효과가 크므로 잘못에 대해서 아이에게 책임을 지우는 형태가 반성에 더 도움이 됩니다. 전문가들도 이런 방식을 권장하며 권리나 보상을 박탈하는 방식이 훨씬 더 효과적입니다.

다섯째, 아이에게 생각할 수 있는 시간을 갖게 해 줍니다. 생각하는 의자의 효과에 대한 논란은 아직도 진행 중입니다만, 아이가 스스로 5~10분 정도 조용한 상황에서 차분히 시간을 갖고 자신의 감정을 가라앉히고 자신이 한 행동을 되돌아보게 하는 일은 시도해 볼 만한 좋은 방법입니다. 물론 부모도 그 시간 동안을 함께해 줘야겠죠.

여섯째, 아이를 훈육할 때는 분명한 원칙을 부모가 가지고 있어야 합니다. 같은 문제가 발생했음에도 어제와 오늘의 훈육 방식이 다르다면 아이도 혼란에 빠집니다. 자기 행동을 잘못이라고 일관적으로 받아들여야 생각이나 행동이 개선되는데, 그 기회를 놓치게 되니까요. 이런 일들이 누적된다면 제대로 된 훈육에 어려움이 생길 수밖에 없습니다.

일곱째, 훈육이 끝나고 난 뒤에는 아이를 차분히 달래 주고, 아이의 말도 들어 주며 안아 줍니다. 혼날 만한 행동이었더라도 아이 역시 억울하거나 항변하고픈 부분이 있을 겁니다. 잘못에 대해서 지적만 하고 부모가 아이의 속상한 마음을 보듬어 주지 않는다면 자칫 아이는 적대감과 반항심을 가지게 될 수도 있습니다. 마지막에는 훈육은 행동에 대한 결과일 뿐 부모가 너를 사랑하는 마음에는 변함이 없다고 달래 주며 아이의 말도 들어 주는 시간은 꼭 필요합니다.

◇ 규칙도 가르치고 기 싸움에도 지지 않도록

아이와의 애착 형성은 매우 중요합니다. 하지만 정도가 지나쳐서 아이를 위해 모든 것을 양보하고 인내한다면 올바른 인격 형성에 좋지도 않으며 스스로 무언가를 이겨 낼 기회를 배울 수도 없게 됩니다. 이런 부분을 간과하다가 시기를 놓쳐 아이와의 관계에서 주도권을 완전히 빼앗기는 부모가 많습니다. 첫 단추가 중요하듯 아이와의 주도권 다툼은 명확하고 일관성 있는 훈육으로 초기 대응이 중요합니다. 김수연 박사는 『김수연의 아기 발달 클리닉』에서 올바른 훈육은 아이의 마음에 상처를 주는 행위가 아니며, 훈육이 잘 된 아이는 자신이 사랑받는다는 사실을 깨닫는다고 했습니다.

아이의 훈육에서 부모가 어렵게 느끼는 부분은 바로 공중도덕이나 집에서의 생활 습관 같은 규칙에 대한 지도인 경우가 많습니다. 아이를 너무 속박하면 창의력이 사라져 틀에 박힌 사고를 하게 되지 않을까 걱정이지만, 아이가 식당에서 소리를 지르지 않고 뛰지 않도록 가르치는 일은 최소한의 예절입니다. 집에서의 생활 습관도 마찬가지입니다. 이런 기본적인 약속들은 아이를 통제하기보다는 오히려 바른 생활을 돕는 방식이기에 단호한 훈육이 필요합니다.

아이가 자라게 되면 몸도 생각도 함께 자라기에 부모를 이기려고 기 싸움을 하려 드는 모습은 자연스러운 성장 과정의 일부분입니다. 아이의 몸이 커지는 만큼 자아도 성장해서입니다. 물론 가끔 못 이기는 척 져 줄 필요도 있지만, 지켜야 할 몇 가지 원칙이 있습니다.

첫째, 필요할 때는 단호하게 행동해야 합니다. 단호한 말투와 화내는 말투는 엄연히 다릅니다. 지나친 자율성은 역효과를 부릅니다. 아이에게만 선택권이 있지 않으며 상황에 따라 양보도 필요하다는 점을 가르쳐야 합니다. 마음이 약해져서 아이에게 부탁이나 협상하듯 하지 말고 시작부터 마음을 다잡고 단호하게 말하면 됩니다.

둘째, 아이가 욕구나 불만을 강하게 표현할 때 이야기를 충분히 들어 줘야 합니다. 아이가 심하게 떼를 부리면 아이한테 말려서 부모까지 덩달아 흥분하게 되어 상황은 더욱 나빠집니다. 아이 마음은 알아주되 아이의 뜻대로 해 줄 수 없는 이유를 솔직하고 설명하되 아이가 자신의 감정을 말로 표현할 수 있도록 유도해야 합니다.

셋째, 평소에 아이와의 유대 관계를 꾸준히 쌓아 두어야 합니다. 만약 아이의 요구 사항이나 미리 정한 약속을 들어 주기 어려운 상황이 발생한다면 아이는 보통 이런 상황을 순순히 받아들이지 못합니다. 그래도 평소 아이와 정서적인 소통을 열심히 해 왔다면 조금 더 수월하게 난감한 처지에서 벗어날 수 있습니다.

넷째, 지나치게 겁을 주거나 거래나 사정을 해서 난감한 순간을 모면하는 방식은 잠깐뿐입니다. 부모들은 아이를 짧은 시간 내에 통제하기 위해 대부분 이런 카드를 사용합니다. 시간이 없거나 사람 많은 곳에서 자주 일어나는 상황인데 이런 방식은 오히려 역효과가 큽니다. 아이가 일시적으로 수긍할 수는 있으나 도리어 내성이 생겨 반항심만 높아질 수 있습니다.

아이가 부모에게 무언가를 기대하고 요구하는 일은 지극히 정상적인 행위입니다. 혹시 아이의 요구를 받아들이기 어려워 거절하더라도 아이의 욕구만큼은 인정해 줄 필요가 있습니다. 이럴 때 부모가 만약 부모의 기준만으로 자녀의 요구를 일방적으로 무시해 버린다면 아이는 좌절감을 느껴 아무것도 바라지 않는 무기력한 상태가 될 수도 있습니다. 아이의 안전을 해치지 않고 수용 가능한 범위라면 아이의 요구 사항을 절충하는 노력도 필요합니다.

아이의 떼나 고집은 자신의 마음을 알아달라고 하는 일종의 표현 방식입니다. 먼저 아이가 느끼는 불만의 감정을 부모가 알고 공감해 준 뒤 말로 표현하고 감정을 해소할 수 있게 돕는다면 아이가 더 성숙해지도록 도울 수 있습니다.

05

AQ를 키우는 교육

비인지 능력(눈치, 끈기)의 중요성을 알고 있는가?

> 재치는 스스로 환영받고 모든 차이를 무너뜨린다. 그 어떤 위엄성, 학력, 강인한 품성도 적절한 재치에는 상대가 되지 않는다.
>
> –랠프 월도 에머슨

'비인지 능력'이 있는 사람이 진정한 인재라는 주장이 요즘 들어 부쩍 힘을 얻고 있습니다. 비인지 능력은 지능, 기억력 등으로 대표되는 인지 능력과는 반대되는 개념입니다. 보통 눈치, 끈기, 열정, 소통, 집념 등을 포함합니다. 단어만 들어도 좋은 의미들이 많지만, 요즘 아이들은 스스로 비인지 능력을 키울 기회가 그리 많지 않습니다. 안타깝게도 이 능력은 선천적으로 타고나지 않으며, 학원이나 학교에서도 키울 수가 없다는 점에서 부모의 역할이 많이 필요한 영역입니다.

◇ 궁상으로 가르치는 결핍

저는 사는 동네마다 아이들의 옷을 수선하기 위해 수선집을 자주 방문합니다. 남자아이 둘을 키우기에 험하게 입은 옷에는 여기저기 구멍이 자주 나서 그렇습니다. 그때마다 그 옷을 들고 수선집으로 가서 거기에 천 조각을 덧대서 꿰매 달라고 합니다. 양가 어른들조차도 가끔 제게 아이 옷 하나 얼마나 한다고 하시며 유난스럽다고 말씀하십니다. 그렇지만 저는 창피하다고 생각하지도 않고 당연한 일이라고 생각합니다. 오히려 아이들을 데리고 함께 가기도 합니다. 돈이 아까워서가 아니라 아이들에게 물건을 소중하게 다뤄야 함을 알게 해 주기 위해서입니다.

라디오에서 요즘 아이들은 결핍을 경험하지 못했다는 점이 생각보다 큰 문제라고 주장하는 분의 이야기를 들은 적이 있습니다. 프랑스의 뛰어난 사상가인 루소 역시 저서인 『에밀』에서 "아이를 불행하게 만드는 길은 아이가 원하는 모든 것을 언제든지 가지게 해 주는 것이다."라고 말했습니다.

요즘은 한 가정에 아이가 보통 많아야 두 명 정도라서 아이 중심으로 가정이 돌아갑니다. 필요한 물건은 웬만하면 다 사 주며 최대한 좋은 음식을 아이에게 먹입니다. 그러다 보니 언젠가부터 아이는 결핍이나 좌절을 느낄 기회가 사라집니다. 요즘은 학교에서도 학용품이나 준비물 같이 기본적으로 챙겨 주는 물품들이 많다 보니 아껴야겠다는 마음을 역시 가지기 어렵습니다. 저희 때조차도 부족함을 느끼기 쉽지 않았는데 지금은 훨씬 더 심해졌습니다.

상황이 이러다 보니 자신의 물건들에 대해 소중하다는 생각을 가지기가 쉽지 않습니다. 결국 아이는 물건을 잃어버리고는 아무렇지도 않게 이렇게 말합니다. "새로 하나 사면 되잖아요." 연필이 부서지고 지우개를 잃어버리면 새로 사고, 공책의 빈 부분이 남았어도 한 학기가 끝났다고 버립니다. 이렇게 아이의 물질적인 요구를 무조건 들어주는 양육 방식은 아이를 올바르게 성장하게 하고, 경제 개념을 세우는 데도 바람직하지 않습니다.

◇ 비인지 능력의 핵심, 그릿(GRIT)

아이가 삶을 성공적으로 꾸려나가기 위해서는 중요한 덕목들이 많습니다. 그중에서도 책 제목으로도 더 많이 알려진 『그릿(GRIT)』은 성장(Growth), 회복력(Resilience), 내재적 동기(Intrinsic Motivation), 끈기(Tenacity)의 앞 글자를 따서 만든 말입니다. 성공에 결정적인 영향을 미치는 근성, 즉 '포기하지 않는 힘'을 뜻합니다. 미국의 심리학자인 안젤라 더크워스(Angela Duckworth) 교수가 처음 개념화했습니다. 그녀는 연구를 통해 그릿이 있는 사람은 학업 성적, 소득이 높으며 자신의 삶에 만족하면서 산다는 사실을 밝혔습니다. 태어났을 때부터 그릿이 넘칠 수도 있겠지만, 대부분의 아이는 그릿을 배우지 못해 쉽게 어려운 상황을 포기하는 경우가 많습니다. 후천적으로 아이의 그릿을 길러 주기 위해서는 두 가지 방법이 있습니다.

첫째, 민주적인 양육 방식이 필요합니다. 미국의 심리학자 바움린드는 부모의 유형을 민주적, 독재적, 허용적, 방임적 양육 태도 총 네 가지로 나누었습니다. 아이의 선택을 존중해 주되 지켜야 할 선을 정해 놓는 민주적인 양육 방식이 아이의 그릿을 키울 수 있습니다. 여기서 '민주적인'이라는 표현은 부모의 적절한 개입이 포함된 개념입니다.

둘째, 부모가 그릿을 가지고 아이에게 보여 줘야 합니다. 부모가 작은 일에도 쉽게 좌절하고 포기해 버리는 모습을 보인다면 자녀가 그 모습을 보고 배우는 것은 불 보듯 뻔한 일이기 때문입니다.

그릿과 더불어 자제력 역시 중요합니다. 기질적으로 자제력이 약하더라도 가정에서 정한 규칙을 일관성 있게 지키는 훈련을 하면 충분히 키울 수 있습니다. 자제력은 성적과의 상관관계가 매우 클뿐더러 현대인의 생존과 성공과도 직결된다고 알려져 있습니다.

특히 자제력은 아까 언급된 결핍과도 연관성이 높습니다. 자녀의 요구 사항이 신속하게 충족이 되는 환경일수록 자제력은 키우기가 힘듭니다. 갖고 싶은 물건이나 먹고 싶은 음식이 있어도 참을 수 있으며, 놀고 싶을 때도 견딜 수 있는 힘이 자제력이라고 할 때 모든 욕구가 바로 충족되는 환경에서는 이를 경험할 수 없습니다. 성공학으로 유명한 나폴레온 힐은 인생의 성공에서 가장 중요한 두 가지로 자신감과 자제력을 꼽았다는 점에서 놓치지 말아야 할 덕목입니다.

◇ 눈치 보는 아이가 아닌 눈치 있는 아이

2019년 11월 6일자 뉴욕타임스에는 'The Korean Secret to Happiness and Success(한국인의 성공과 행복의 비결은 눈치)'라는 제목의 기사가 실렸습니다. 어린아이가 쭈뼛쭈뼛 타인의 눈치를 보면 어른들의 눈에 안타까워 보입니다. 반면에 아이의 눈치 없는 말이나 행동도 역시 눈살을 찌푸리게 만듭니다.

눈치가 있다는 말은 요즘 말로 '센스 있다'는 표현과 맥을 함께합니다. '실용 지능'이라는 단어로도 사용됩니다. 심리학자 스턴버그가 처음 언급한 표현으로 '무언가를 누구에게 언제 어떻게 말해야 가장 큰 효과를 얻을 수 있을지 아는 것'을 의미합니다. 상황에 맞는 말과 행동을 할 수 있다는 점은 아이에게도 중요합니다. 아빠가 음식을 열심히 만들었는데 아이가 "맛이 없다, 토할 것 같다."라며 서슴지 않고 말을 합니다. 엄마가 저녁에 퇴근하고 지친 몸을 이끌고 집에 왔는데 갑자기 준비물을 없다고 당장 사 오라며 떼를 씁니다. 아이의 모든 말과 행동들을 부모가 수용해 줄 수는 없습니다. 집에서야 이해해 준다지만 밖에서도 이렇게 행동한다면 사람들과 관계를 형성하는 데에 많은 곤란함을 겪게 될 테니까요.

예전에 눈치와 관련된 특별한 경험이 있었습니다. 동생 집에 가서 아이들을 데리고 놀이터에서 놀고 있을 때였습니다. 아이들이 노는 동안 저는 그네 근처에 걸터앉아 그 모습을 지켜보고 있었죠. 그러던 중 옆에서 그네를 타던 초등학교 3~4학년 정도의 여자아이들이 나누는 대화를 우연히 듣게 되었습니다.

A. 근데 너네 집은 전세야?

B. 아니 전세 아니야.

A. 그러면 너네 집은 얼마짜리야?

B. 잘 모르겠는데…

A. ○억은 넘어? 우리 집은 옛날에 ○억이었는데 지금은 ○억 ○천이래.

B. …

A. □□네 아파트는 지금 ○○억이 넘는대.

대화에 들으면서 어른들도 꺼내기 어려워하는 주제를 스스럼없이 말하는 아이의 모습에 놀랍기도 하고 한편으로는 씁쓸했습니다. B라는 아이는 제가 보기에도 이 대화가 상당히 불편해 보였는데 A는 그 분위기를 눈치 채지 못한 듯해 보였습니다.

눈치란 다른 사람의 기분 또는 어떤 주어진 상황을 때에 맞게 빨리 알아차리는 능력, 혹은 그에 대한 눈빛을 뜻합니다. 아이는 해야 할 말과 하지 말아야 할 말을 아직 잘 모릅니다. 스스로 깨우칠 수 있을 듯해 보이지만 실상은 그렇지 않습니다. 어른들이 아이의 말에 일일이 감정을 드러내기보다는 차근차근 짚어 줄 필요가 있습니다. 몰라서 그럴 수도 있으니 알려 줘서 고쳐 주면 됩니다. 이런 부분을 잘 잡아 주어야 자라면서 대인관계에서 어려움을 느끼지 않습니다. 눈치 없는 사람이라는 주위의 평가를 받는다면 생각보다 삶을 고단하게 만들 가능성이 높습니다.

오은영 박사의 『마음처방전 성장』 편에서는 눈치를 키우는 방법이 언급됩니다.

1단계: 다른 사람의 이야기를 경청하고,

2단계: 호응하며,

3단계: 자기 생각을 말하고,

4단계: 인정한다.

이렇게 눈치가 있는 사람은 상황 판단을 잘할 뿐만 아니라 분위기를 잘 파악하기 때문에 주위 사람들과의 관계에서도 많은 이점을 얻을 수 있습니다. 비언어적인 부분, 특히 신체 언어도 잘 읽기에 상대방의 호감을 얻는 데에도 도움이 됩니다. 이런 장점들이 있는 눈치는 비인지 능력 중에서도 아이의 인생에 큰 도움이 될 수 있으리라 확신합니다.

『아이의 두뇌는 부부의 대화 속에서 자란다』의 작가 아마노 히라키는 AI 시대가 요구하는 미래형 두뇌를 위해 필요한 능력 다섯 가지를 꼽았습니다. 바로 의사 전달 능력, 다양한 가치관들을 받아들이는 능력, 자기 인식 능력, 과제 설정 능력 그리고 마지막으로 비인지적 능력(대인관계, 끈기, 감정 조절)을 꼽았습니다. 그런 점에서 이제는 과거처럼 똑똑한 아이만이 미래 사회를 이끌어 나가는 주인공이 아님을 다시 한번 생각해 볼 필요가 있습니다.

AQ를 키우는 교육

제대로 놀 줄 아는 아이로 키울 수 있는가?

> 놀이는 우리의 뇌가 가장 좋아하는 배움의 방식이다.
>
> —다이앤 애커먼

요즘 초등학교 중학년(3, 4학년)까지는 수업을 마치면 보통 오후 한 시 반 정도가 됩니다. 이 시간부터 아이에게 넉넉한 자유 시간이 주어지리라 생각하지만, 현실은 그렇지 못합니다. 학원도 가야 하고, 숙제에 독서도 해야 하는 등 일정이 있으니까요. 전문가들은 놀이야말로 아이의 정서적인 발달과 창의력 향상에 가장 중요하다고 말하지만 소용없습니다. 지금 가르치는 분야가 아이의 미래를 위해 필요한 부분이라 생각하다 보니 단 하나도 포기하기 어렵기 때문입니다.

하지만 인간이 밤에 잠을 자야 하듯 놀이도 결코 시간 낭비가 아닙니다. 제대로 된 놀이 시간이나 휴식 시간을 확보해 주지 않고 아이를 너무 빠듯한 일정 속에 넣고 다람쥐 쳇바퀴처럼 돌리다 보면 아이의 올바른 성장도 저해할뿐더러 금세 방전된 건전지가 되어 버릴 테니까요.

◇ 놀이가 중요한 이유

『새로운 미래가 온다』의 저자 다니엘 핑크는 미래 인재의 여섯 가지 조건으로 '디자인, 조화, 스토리, 공감, 의미'와 더불어 마지막으로 바로 놀이를 꼽았습니다. 잘 논다는 말은 아이가 어려운 과제를 극복해 내는 능력을 키울 수 있다는 점에서도 중요합니다.

아이가 놀 시간을 확보하지 못하면 다른 사람과 어울릴 수 있는 기회를 잃어버릴 뿐만 아니라 노는 방법 역시 배울 수 없습니다. 학습 결손으로 인해 공부 머리가 떨어진다는 걱정보다 노는 머리가 없어지는 상황이 더 큰 문제입니다. 놀이를 통해 발생할 수 있는 다양한 상황을 통해 문제 해결력을 익히고 어려움을 극복하는 힘을 키울 수 있기 때문입니다.

EBS에서 방영된 「놀이의 반란」에서도 놀이가 공부보다 얼마나 중요한 역할을 하는지 알려 줍니다. 노는 방법도 제대로 알아야 하는데 즐거움, 주도성, 자발성이 있어야 진짜 놀이라고 할 수 있습니다. 취학 전 공부보다 놀이를 중시하는 부모의 아이는 자기 주도성이나 학습 주도성을 비롯해 도전 정신이 높다고 나타났습니다. 실제로 대뇌

전두엽의 발달과 소뇌의 크기는 놀이 시간과 비례한다는 연구 결과도 있습니다.

세이브더칠드런과 경기도 시흥초등학교가 함께 실시했던 실험은 이와 같은 주장을 뒷받침합니다. 실험은 정상적으로 수업을 받는 집단과 학교에서 매주 한 시간을 마음껏 놀게 해 준 집단으로 나누어 진행했습니다. 재미있게 놀았던 아이들은 공부 흥미(6%)·또래 관계(9%) 점수는 높아지고 우울감·공격성은 큰 폭으로 줄어들었습니다. 정상적으로 수업을 받은 아이들은 실험 전후로 크게 달라진 점이 없었습니다. 놀이로 얻는 효과는 이뿐만이 아닙니다. 교사에 대한 만족도 수치(11%)와 학생들이 협동하고 자기주장을 펼치는 등의 사회성 기술(10%)을 비롯해 자존감, 질서 의식도 올라갔다고 합니다.

◇ 제대로 된 놀이란?

『놀이와 인간』의 저자 로제 카이와는 놀이의 중요성을 강조합니다. 가끔 어떤 부모들은 '놀이를 한다'라는 말의 의미를 '놀기만 하는 것'으로 오해합니다. 놀이는 기본적으로 참여자와 목표, 방법을 가지며 '즐거움'이라는 핵심 목표를 가진 행위입니다. 행위나 결과를 통해서 즐거움을 얻지 못한다면 놀이라고 볼 수 없습니다. 잘 놀게 되면 아이는 창의력, 상상력, 감수성 같이 다양한 능력을 다양하게 키울 수 있습니다.

로제 카이와는 놀이를 크게 네 가지로 분류했습니다.

첫째, 경주나 시합 같은 '경쟁 놀이', 스포츠가 해당됩니다.

둘째, 주사위와 같은 도구를 사용하는 '우연 놀이', 보드게임이 해당됩니다.

셋째, 각자의 역할이 정해져 있는 '흉내 내기 놀이', 역할 놀이가 해당됩니다.

넷째, 스릴, 공포가 있는 '현기증 놀이', 놀이공원이나 익스트림 스포츠가 해당됩니다.

술래잡기나 보드게임, 인형 놀이도 아이에게 가르침을 주는 훌륭한 선생님이 될 수 있습니다. 실제로 부루마블 같은 보드게임을 아이와 한 시간 정도 해 보면 경제 개념에 대해 배울 수 있을 뿐 아니라 연산, 규칙, 전략, 좌절, 회복 탄력성까지 배울 수 있습니다.

아이를 놀게 할 때 유의할 점은 놀이는 자유롭게 활동하게 해야 한다는 점입니다. 아이와 게임을 하는데 주도권을 주지 않고 지나치게 규칙을 강요하거나 학습용 교구를 사용하듯 교육의 연장으로 생각한다면 더 이상 그것은 놀이가 아니게 됩니다.

자녀의 게임 중독을 걱정하는 부모들에게 '아이가 컴퓨터 게임을 끊게 하고 싶으면 게임을 시험 과목으로 만들라'는 말은 이런 이유로 나오게 되었습니다. 아이가 좋아하고 즐겁게 할 수 있는 놀이를 찾았다면 조건 없이 함께 즐겨 주기만 해도 충분합니다.

◇ 승부에 집착하지 않고 끝까지 최선을 다하는 아이

어떤 아이는 놀이를 하면서 지나칠 정도로 지기 싫어합니다. 제 둘째 녀석이 한때 그런 경향이 있었습니다. 게임을 하다가 질 듯하면 금방 포기하고, 지면 토라지는 모습이 저학년 때는 심했습니다. 말로 훈육도 하고 으름장을 놔 보기도 했습니다. "늘 이길 수는 없어, 이렇게 진다고 짜증을 낸다면 누구도 너와 게임을 안 하고 싶을 거야. 계속 그런 식으로 행동할 거면 아빠도 너랑 게임 안 할 거야."라고 말하기도 했습니다. 전문가들이 보셨다면 화들짝 놀라셨을 겁니다.

누구나 승부에서의 패배를 받아들이기는 쉽지 않듯 어린아이도 마찬가지입니다. 아이들의 대부분은 게임에서 지면 직설적인 분노의 감정을 쏟아냅니다. 감정 표출만 하는 단계보다 좀 더 승부에 집착하게 되면 이기는 데 수단과 방법을 가리지 않으려고 하기도 합니다. 이런 경우 어떤 부모는 아이가 상처를 받을까 걱정이 되어 무조건 져주기도 하고 규칙을 아무렇지도 않게 어기는 등 아이가 문제 행동을 보이더라도 눈감아 주거나 무조건 달래서 넘어가기도 합니다. 모두 옳은 방법이 아닙니다. 가족끼리라면 어느 정도 이해해 줄 수 있겠지만, 또래 사이에서 이런 문제는 금방 심해집니다. 이런 문제가 반복된다면 친구 관계에 나쁜 영향을 미칠 수 있으므로 집에서 놀이를 할 때부터 자주 살펴야 합니다.

아이가 승부에 집착한다면 일단 승부가 갈리는 놀이를 당분간 줄이는 방법도 있습니다. 게임을 하기 전에 질 수 있다는 점과 이기기보다는 최선을 다하는 모습이 더 중요하다는 사실을 알려 줘야 합니다. 부모가 함께 게임을 한다면 먼저 의연하게 지는 모습을 보여 주면 좋습니다. 적절한 연기도 동원해서 아쉽지만 결과에 승복하는 모습을 보여 줍니다. 만약 아이가 게임에서 지게 되었다면 끝까지 포기하지 않고 열심히 했다는 점을 적극적으로 칭찬해 주면 됩니다. 분한 마음을 차분히 다스릴 수 있도록 지켜봐 줄 필요도 있습니다.

아이가 승패에 대한 집착이나 의지가 지나치다면 단체 운동을 통해 해소시키는 방법도 괜찮습니다. 미국 초등학교에는 스포츠팀들이 많습니다. 운동 기술을 가르치기 위함이 아니라 인성과 협동심을 키우는 데 도움이 되어서입니다. 한 번의 패배가 모든 것을 결정하지 않는다는 점과 더불어 과정의 중요성을 쉽게 배울 수도 있습니다.

◇ 매일 놀면 소는 누가 키우나?

놀이의 장점은 이미 증명이 되었기 때문에 아이가 잘 놀면 물론 좋습니다. 하지만 아이를 무작정 놀린다면 상대적으로 부모의 불안감도 커지게 됩니다. 노는 데에만 정신이 팔려 있고 무언가를 배우거나 공부하려고 들지를 않을 수도 있으니까요. 여기서 잘 놀게 해 주라는 의미는 공부를 시키지 말라는 의미가 아닙니다. 하루 마음껏 놀라고 하면 아이는 과장 없이 하루 내내 놀 수 있습니다. 주말 오후에 아이들이 마음껏 놀도록 내버려 둔 적이 있었는데, 여섯 시간 동안 쉼 없이 노는 모습을 보면서 이 방식이 마냥 좋다고 보기 어렵다는 사실을 깨달았습니다.

이처럼 아이가 기본적으로 해야 하는 학습 범위나 학습량은 부모의 지도나 조언은 필요합니다. **놀이의 중요성은 무작정 계속 놀리라는 의미라기보다 최소한의 놀 시간을 확보해 주라는 뜻입니다.** 아이가 놀면서 과부하가 된 뇌가 그동안 쌓였던 지식을 정리하고 휴식을 취할 수 있게 해 주라는 의미입니다.

여기서 유념해야 할 점은 요즘 우리 아이들의 최고 장난감인 스마트 기기는 뇌의 휴식과는 거리가 멀다는 사실입니다. 오히려 이런 활동은 뇌에 더 큰 부담을 줄 수 있으므로 놀이를 시켜 준다고 오해하지는 말아야겠습니다.

07

AQ를 키우는 교육

갈등(학폭, 왕따)을 극복할 수 있는 지혜를 줄 수 있는가?

> 당신의 적에게 늘 화해의 문을 열어 놓아라.
>
> —발타자르 그라시안

'니모에게 아무 일도 일어나지 않았으면 좋겠어'는 애니메이션 「니모를 찾아서」에서 니모의 아빠인 멀린의 명대사입니다. 내 아이에게 나쁜 일이 일어나지 않기를 바라는 마음은 모든 부모가 다르지 않습니다. 하지만 알고 보면 그런 바람 속에는 부모가 신경 써야 할 일이 생기지 않기를 바라는 마음도 반영되어 있습니다.

부모가 애지중지하고 안달복달하며 과잉보호한다고 아이가 잘 성장한다고 볼 수는 없습니다. 또래 친구들과 함께 지내면서 사회에 동화되는 능력도 중요합니다. 그러다 보면 아이 주위에서는 또래 문제로 크고 작은 갈등은 생길 수밖에 없습니다. 이를 통해서 아이가 더 성장하게 된다는 점에서 어느 정도는 감내해야 할 일입니다.

◇ 또래 친구들과의 갈등

아이들은 자주 누군가와 다툽니다. 전혀 다투지 않는 아이가 오히려 흔치 않은 경우라 할 수 있습니다. 집에 있을 때와는 달리 밖에서는 내 뜻대로 되지 않는 일들이 수도 없이 생깁니다. 그런 상황을 맞닥뜨리면 아이는 차분히 해결하기보다는 거친 말이나 행동으로 갈등을 해결하려고 합니다. 남자아이뿐만 아니라 여자아이에게도 이런 경향성이 욕설, 폭언, 폭력 등의 다양한 형태로 나타납니다.

부모는 아이에게 평소 싸움보다 대화로 문제를 해결하는 방법이 얼마나 중요한지를 알려 줘야 합니다. 흥분할 때도 차분하고 침착하게 말과 행동을 할 수 있도록 가르쳐 줘야 합니다. 물론 감정의 통제가 쉽지 않지만, 스스로 자신을 통제할 수 있는 최초의 경험에 성공하면 그 뒤에는 훨씬 감정을 조절하기가 더 수월해집니다. 또래와의 다툼은 자세히 살펴보면 자기중심적으로 생각하고 행동함으로 인해 발생하기도 합니다. 세상은 혼자만 사는 곳이 아니라 더불어 살아야 한다는 점도 알려 줄 필요가 있습니다.

마지막으로 부모의 본보기도 중요합니다. 아이는 친구 관계나 미디어를 통해서 많은 정보를 습득하지만 부모가 하는 말과 행동을 제일 쉽게 따라 합니다. 평소 부부간의 갈등 해결 능력이 아이에게 참고 자료가 되기도 합니다. 아이에게 평소 훈육하는 방식이나 뜻하지 않게 다툼이 생기더라도 적절한 선을 유지하며 현명하게 다투고 슬기롭게 마무리하는 모습들이 아이에게는 갈등에 대한 해결 능력에 많은 영향을 미칩니다.

◇ 어떤 상황에서도 합리화할 수 없는 폭력

갈등은 충분한 경험과 연습을 통해 해결 방식을 배울 수 있습니다. 그렇지만 그 갈등이 상대방의 지속적인 괴롭힘과 폭력이라면 문제가 좀 다릅니다. 학교 폭력이나 왕따는 아이의 가슴에서 평생 응어리가 되고도 남을 일입니다. 저도 중학교 때의 경험이 꽤 오랫동안 마음속에 자리 잡고 저를 괴롭혔습니다.

저는 현재 학교폭력심의위원으로 활동하고 있습니다. 한 달에 1~2회 심의를 들어가면 다양한 사례를 접하게 됩니다. 사소한 수준의 다툼이 초기에 해결되지 못하고 부모 사이의 감정이 격해져서 일이 커지는 경우도 있지만, 생각보다 심각한 사안들도 많습니다. 심의까지 오는 동안 아이를 비롯해 피해자뿐만 아니라 가해자의 가족들까지도 함께 힘들어하는 모습들을 보게 되니 늘 마음이 무겁습니다.

이런 학교 폭력 문제는 피해자에게도 큰 고통을 줄 뿐만 아니라 부모의 가슴에도 피멍이 되어 돌아옵니다. 자기 잘못이라고 생각하며 죄책감을 느끼기 때문입니다. 피해자가 되는 경우도 하늘이 무너질 일이지만, 가해자가 되는 경우 역시 돌이키기 쉽지 않은 주홍글씨가 되어 오랜 세월 동안 발목을 잡게 됩니다. 잊을 만하면 터지는 연예계와 스포츠계 공인들의 학폭 논란은 치기 어린 시기의 실수가 어떻게 부메랑이 되어 자신에게 돌아올 수 있는지를 잘 보여 주는 사례입니다.

학교 폭력의 가해자로 지목된 아이 중에는 억울하게 가해자로 몰려서 심의위원회에서 '학교 폭력 아님' 조치를 받는 경우도 간혹 있습니다. 하지만 부모 상당수는 '우리 아이는 맞고 다니면 다녔지 누구를 때릴 아이가 절대 아니다'라며 현실을 부정합니다. 학교폭력심의위원 활동을 해 보고 나니 아이가 평소 학교나 또래 사이에서 어떻게 생활하는지, 어떤 문제와 고민이 있는지 제대로 모르는 부모가 많았다는 점에서 안타까운 마음이 들었습니다.

이런 학교 폭력은 문제가 터졌을 때 인지하고 사후 약방문처럼 뒤늦게 대처하는 경우들이 대부분입니다. 일단 학교 폭력이라는 개념 자체를 이해하지 못하는 분들도 의외로 많습니다. 학교 폭력은 사법적인 잣대처럼 때리거나 맞아야 성립된다고 생각하기 쉽습니다. 그렇지만 전문가들이 해석하는 학교 폭력의 정의는 다릅니다. **'누군가를 의도성을 가지고 지속적인 위해를 가하고, 마음에 상처를 주며 불편하게 만드는 행위'**가 모두 해당합니다. 종류도 언어적, 사회적, 신체적, 심리적, 성적, 금품 갈취, 사이버 괴롭힘까지 다양합니다.

◇ 학교 폭력도 아는 만큼 예방할 수 있다.

최성애 HD행복연구소 소장은 폭력 지수에 따라 학교 폭력을 이렇게 나누었습니다.

레벨 01 드러내지 않고 은근히 따돌림: 외국은 1단계부터 개입

레벨 02 나쁜 표정을 짓거나 나쁜 눈빛으로 바라봄

레벨 03 나쁜 별명을 붙이고 놀림

레벨 04 나쁜 소문을 내거나 모욕을 줌

레벨 05 못살게 굴거나 노골적으로 따돌림

레벨 06 위협하고 협박함

레벨 07 물건을 훔치거나 빼앗거나 망가뜨림: 우리나라는 7~8레벨부터 학교 폭력으로 여김

레벨 08 발로 차거나 몸을 때림

레벨 09 흉기로 위협하거나 흉기를 사용함

레벨 10 살인

외국처럼 우리나라도 1레벨부터도 학교 폭력이 될 수 있다는 사실을 아이들에게 부지런히 교육하고 어른들도 적극적으로 관심을 가지고 문제가 발생했을 때도 회피하지 말아야 합니다. 부모 세대들도 자신의 학창 시절의 기억만으로 학교 폭력을 판단하고는 하는데, 그 기준을 좀 더 높일 필요가 있습니다.

학교 폭력의 가해자나 피해자가 되는 상황을 사전에 방지하고 문제가 발생하더라도 악화시키지 않고 해결하기 위해 다음과 같은 방법을 실천한다면 도움이 될 수 있습니다.

첫째, 비폭력적인 가정 내 분위기를 만들고 부부가 화목해질 필요가 있습니다. 부모가 평소에 욕설이나 폭력적인 행동을 아무렇지 않게 쓰고 상대방을 무시하는 행동을 보인다면 아이도 아마 그대로 배울 가능성이 높습니다. 말로 하는 가르침보다 행동이 중요한 이유입니다.

둘째, 자녀 교육을 통해 행동의 한계를 알려 줍니다. 폭력이나 욕설, 따돌림이 나쁜 행동이라는 사실을 확실히 알려 줘야 합니다. 아이는 법과 도덕, 윤리에 대한 개념이 명확하지 않으므로 선생님의 지도만으로는 모든 내용을 인지하기 어렵습니다. 부모가 명확하게 알려 줘서 아이가 빠르게 인지할 수 있도록 해야 합니다.

셋째, 혹시 모를 피해를 대비해 대인관계 능력, 상황 대처 능력, 자기방어 능력을 알려 줘야 합니다. 친구들과 대화하는 방법, 화가 났을 때 행동하는 방법, 문제가 생겼을 때 선생님이나 부모에게 알려 줘야 한다는 점 등을 가르쳐 주면 됩니다.

넷째, 자녀와 평소 꾸준히 소통하며 유대감을 나눌 수 있는 시간을 가져야 합니다. 다만 학교나 친구 관계에 대해 꼬치꼬치 캐묻는 방식은 소통이 아니라는 점을 항상 아이와의 대화 때 유념해야 합니다.

다섯째, 아이의 자존감과 공감 능력을 키워 줘야 합니다. 아이의 자존감이 낮으면 다양한 상황에서 스스로 심리적인 스트레스를 극복해 내는 능력이, 공감 능력이 낮으면 상대방의 입장에서 배려하는 능력이 떨어지므로 학교 폭력에 훨씬 쉽게 노출될 수 있습니다.

이런 문제를 사전에 인지하기 위해서는 역시 평소 아이와의 대화가 가장 중요합니다. 일단 아이가 불편한 상황에 처했을 때 당당하게 "하지 마!"라고 의사 표현을 할 수 있는지부터 살펴보아야 합니다. 그와 더불어 아이의 말이나 행동에 평소 특이한 부분이 없는지 관찰할 필요도 있습니다. 문제를 인지했을 때는 최대한 빨리 개입해야 합니다. 일상생활에 관한 대화를 평소에 자주 시도할 필요도 있습니다.

인간의 뇌는 위협을 느낄 때 활동이 축소됩니다. 원치 않는 학교 폭력에 휘말리게 되면 아이의 정서적인 문제는 기본이며 학업 성취에도 치명적인 결과를 낳습니다. 학교생활을 하면서 친구들과의 갈등이나 사건 사고가 전혀 생기지 않을 수는 없습니다. 그렇기에 평소 부모와 자주 소통하면서 문제가 발생했을 때 신속하게 대처하면 됩니다.

다산 정약용 선생의 『유배지에서 온 편지』, 율곡 이이 선생의 『격몽요결』의 「접인」 편, 『맹자』에서도 주위 사람들에게 시기를 많이 받았다는 내용이 언급됩니다. 이처럼 모든 사람에게 사랑받을 수 없다는 사실을 알고 좀 더 의연해질 필요도 있습니다.

이처럼 자신에게 일어난 문제가 자신의 잘못으로 일어난 일이 아니라는 사실을 깨닫는 점도 중요합니다. 『미움받을 용기』에 언급되는 내용처럼 친구에게 하는 싫은 소리를 어쩔 수 없이 해야 하는 상황이 생길 수도 있고, 원치 않는 싫은 소리를 들을 때도 있습니다. 이런 곤란한 순간을 이겨낼 수 있다면 아이도 훨씬 건강하게 성장할 수 있습니다.

공존 지수를 키우는 질문

: NQ
(Network Quotiont)

목 차

1. 경위(감사, 인사, 사과)가 바른 아이로 기를 수 있는가?
2. 인생에서 큰 힘이 되는 능력, 경청하는 힘을 키울 수 있는가?
3. 재능보다 겸손함이 중요하다는 사실을 인정하는가?
4. 자기 의견을 잘 말할 수 있도록 도와줄 수 있는가?
5. 좋은 친구를 사귈 수 있는 방법을 알려 줄 수 있는가?
6. 다름과 틀림, 차이와 차별을 제대로 구분할 수 있는가?
7. 학교 활동에 좀 더 적극적으로 참여할 수 있는가?
8. 집안일과 심부름을 중요하게 생각하고 가르치고 있는가?

NQ는 Network Quotiont의 줄임말로 인맥 또는 공존 지수를 뜻합니다. 미래 사회로 갈수록 사람들끼리 서로 협력하고 공존하는 능력이 중요하다고 강조합니다. 코로나19로 인해서 비대면 사회가 가속화되었지만, 이런 변화가 NQ가 불필요함을 뜻하지는 않습니다. 주변 사람들과의 관계를 잘 유지해야 한다는 점이 중요하다는 사실은 어른이 된 부모들이 가장 공감하는 부분입니다. 미국교육협회, 세계경제포럼, ATC21S, OECD와 같은 다양한 기관에서는 미래 인재에게 필요한 능력을 발표했습니다. 공통적으로 포함된 능력이 바로 협업 능력과 의사소통 능력입니다. 이 장에서는 공존 지수를 더 높일 수 있는 방법에 대해서 다룹니다.

NQ를 키우는 질문

경위(감사, 인사, 사과)가 바른 아이로 기를 수 있는가?

> 어느 누구에게도 감사할 줄 모르는 아이를 가진 것은 뱀의 이빨과 같이 무서운 일이다.
>
> —셰익스피어
>
> 사과는 사랑스런 향기다. 사과는 아주 어색한 순간을 우아한 선물로 바꾼다.
>
> —마가렛 리런벡

우리 가족에게는 현관문 앞에 종이로 붙여 놓고 엄격히 지키도록 하는 3사가 있습니다. 바로 감사(感謝), 인사(人事), 사과(謝過)입니다. 인간으로서 갖춰야 할 기본적인 예(禮)이지만, 생각보다 아이들이 제때 제대로 습득하지 못하는 경우가 많습니다. 제 경험상 사회생활을 하면서 가장 인정받고 높은 평가를 받는 사람은 속된 말로 '경위(逕渭)가 밝은 사람'이었습니다. 경위는 사리의 옳고 그럼이나 이러하고 저러함에 대한 분별을 뜻합니다.

대표적인 세 가지가 '감사'와 '인사' 그리고 '사과'입니다. 만나거나 헤어질 때 반갑고 친근하게 인사를 건네고, 작은 도움이더라도 진심을 담아 감사를 표하며, 미안한 상황에서 정중히 사과하는 행동은 인간이 사회를 살아가기 위한 기본적인 태도입니다.

하지만 이런 태도는 아이 스스로 깨우치기도 짧은 시간 안에 습득하기도 어렵습니다. "아직 어린애라서 그렇지 뭐.", "시간이 지나면 자연스럽게 경험으로 배울 수 있겠지."라고 생각하며 이런 교육을 할 시기를 놓쳐 버린다면 후회는 크게 돌아올 수밖에 없습니다.

◇ 감사의 생활화

감사는 뇌 왼쪽의 전전두피질을 활성화하며 긍정적 감정을 만들어 줍니다. UC데이비스대학의 심리학 교수인 로버트 에몬스는 실험을 통해 "생리학적으로 **감사는 스트레스 완화제로 분노나 화, 후회 등 부정적인 감정들을 덜 느끼게 한다.**"라는 사실을 밝혀냈습니다. 이러한 주장을 바탕으로 질병의 회복을 돕는다는 주장도 있었습니다. 감사하는 마음만으로도 뇌의 화학 구조와 호르몬이 변하고 신경전달물질들이 바뀌었다는 점은 놀라운 점이었습니다.

이러한 감사를 습관으로 만들기 위해 일단 집에서부터 변화를 줬습니다. 아무리 작은 일이라도 상대방으로부터 도움을 받는다면 반드시 감사 인사를 하도록 했습니다. 그 습관을 위해 뻔뻔한 방법까지 동원했습니다. 아이가 컵을 달라고 해서 제가 갖다줍니다. 만약에 고맙다는 인사를 하지 않는다면 할 때까지 그 자리에서 가만히 서 있습니다. '엎드려 절 받기' 식의 방법처럼 보이실 수도 있지만, 단호함이 필요합니다. 그렇게 하다 보니 조금씩 아이들에게 습관이 생기기 시작했습니다. 물론 당연히 부모도 모범을 보여야 하기에 제가 아이들에게 도움을 받을 때는 반드시 고맙다는 인사를 전했습니다.

감사를 생활화하기 위해 선택한 또 하나의 방법은 오프라 윈프리의 성공 비결로도 널리 알려진 감사 일기였습니다. 그녀는 한 줄기의 빛조차도 없는 동굴과도 같은 암울한 10대를 보냈지만, 어려운 현실을 극복하기 위해 단 하루도 빼놓지 않고 감사 일기를 쓰면서 이를 통해 인생에서 무엇이 소중하며, 무엇에 초점을 맞춰야 하는지 깨달았다고 합니다. 감사 일기라고 해서 무언가 특별하고 거창하지는 않습니다. 아이들의 일기 아래쪽 공간에 오늘 감사하게 생각되는 일을 무엇이라도 세 가지를 짧게라도 적도록 하면 됩니다. 물론 어른도 아이와 함께하면 훨씬 좋죠. 저도 그렇게 하고 있습니다.

오늘 하루 감사한 일을 기억하려 하면 어른도 쉽지 않습니다. 감사란 상대방이 나에게 베풀거나 도와줘야 하는 거창한 일들이라고 정의해 왔기 때문입니다. 선물이나 도움이 아닌 평소 당연하다고 느꼈던 일들에 대해서까지 범위를 넓혀 보면 감사할 점이 엄청나게 늘어납니다. 오늘 잘 자고 일어나고 하루 세 끼를 먹을 수 있었으며 학교를 잘 다녀왔을 뿐만 아니라 다치지 않은 사실도 감사한 일이 됩니다. 이렇게 감사하는 마음을 가지는 습관이 되도록 쓰다 보면 평범한 일상도 얼마나 우리에게 큰 선물인지를 깨달을 수 있습니다.

◇ 인사의 생활화

인사는 생각보다 습관으로 만들기 어려운 영역이었습니다. 붙임성이 좋아서 아무한테나 살갑게 인사하는 아이와는 달리 낯가림이 있는 아이는 생각보다 쉽지 않습니다. 역시 어른이 일단 먼저 모범을 보이기로 했습니다. 아이들에게 주어진 미션은 간단합니다. '아빠가 인사하는 사람에게 함께 인사를 하자' 였죠.

가게의 계산원, 아파트의 경비 아저씨, 지나다 만난 학부모, 심지어 아이의 같은 반 친구들에게도 제가 먼저 인사를 했습니다. 당연히 처음에는 아이들이 잘 따라서 할 수가 없습니다. 약속했는데 아까 왜 인사를 하지 않았냐고 물으면 타이밍을 놓쳤다며 다음에는 하겠다고 말합니다. 그러기를 몇 번이 반복되었는데 나아지지 않아 다음 단계로 넘어갔습니다.

아이가 또 인사를 하지 않길래 저는 그 자리에 서서 무언의 눈빛으로 아이에게 인사를 하고 오라고 지시합니다. 처음에 아이는 원망과 불만이 그득한 얼굴로 쳐다봅니다. 그렇게 마음을 강하게 먹고 단호한 태도로 몇 번을 해 보고 나니 아이도 비로소 인사가 생각보다 어렵지 않음을 깨닫게 되었습니다. 이렇게 연습을 두세 달 정도 거치니 아이들의 인사 습관이 어느 정도 자리를 잡게 되었습니다. 나중에는 시키지도 않았는데 직원분께 이런 말도 합니다. "좋은 하루 보내세요."라고 말입니다.

이렇게까지 인사 연습을 시킨 이유는 간단합니다. 인사는 그 사람의 첫인상을 결정할 뿐만 아니라 사회생활에서 능력의 한 요소로도 평가되기 때문입니다. 연구에 따르면 첫인상으로 사람의 이미지를 결정하는 데 걸리는 시간은 8초에 불과하다고 합니다. 외모와 표정, 분위기, 목소리 등도 물론 중요한 요소지만 인사야말로 절대 무시할 수 없는 큰 요소입니다.

사회생활을 하다 보면 능력이 뛰어난 사람보다 인사를 잘하고 감사를 잘 표현하는 사람이 더 높은 평가를 받고 성공하는 경우를 자주 봅니다. 이를 달리 해석하면, 능력도 중요하지만 인사나 감사를 표현하는 능력이 어쩌면 험한 세상을 헤쳐 나갈 때 공부보다 중요할 수도 있음을 뜻합니다.

『무궁화 꽃이 피었습니다』, 『고구려』의 저자인 김진명 작가의 강의 때 들은 이야기입니다. 김진명 작가는 아들만 둘인데 모두 뛰어났다고 합니다. 어느 날부터 그는 열 살 정도 되는 해부터 둘째 아들에게만 독특한 숙제를 주었습니다. 살아 있는 모든 사람에게 90도로 인사하라는 과제였습니다. 꽤 시간이 흐르고 학교에 행사가 있어 갔더니 김진명 작가의 과제를 열심히 수행했던 그 아이는 전교 모든 학생과 인사를 나눌 정도로 유명 인사가 되어 있었다고 합니다. 김진명 작가는 자신이 작은아들에게 '인간다움'이라는 선물을 줬기에 하버드대학교 학생들과 토론할 수 있는 지적 수준을 지닌 첫째 아들보다 더 행복하게 살지도 모른다며 자랑스레 말하기도 했습니다.

◇ 사과의 생활화(부모도 실수하는 사람이라는 것을 인정해라)

제 아버지는 정말 존경스러운 분이었지만 아쉬운 점이 딱 하나 있었습니다. 그 시대를 사는 여느 무뚝뚝한 아버지들처럼 사과에 익숙하지 않으셨다는 점입니다. 당연히 아버지께서도 제게 미안한 상황을 만드신 적이 있지만 직접 사과하신 적은 없었습니다. 미안한 마음을 내비치시기는 했지만 말이죠. 그런 점이 아쉬웠다고 느꼈기에 저는 아빠가 되고 나서부터 아이에게 사과할 상황이 생기면 열심히 표현하려고 노력했습니다. 그리고 아이에게 사과에 대한 중요성 또한 가르치기 시작했습니다.

평소 아이들을 지도함에 있어서도 사과하는 방식을 조금 더 구체화했습니다. 아이들이 싸우고 나면 보통 "미안해", "괜찮아"라는 단순한 형태의 사과와 화해 절차가 부모의 주도하에 억지로 진행되다 보니 제대로 앙금을 해소하지 못하는 경우가 많아서입니다. 아이들이 어릴 때 집에서 허락 없이 자신의 공책도 아니면서 한 페이지를 찢는 바람에 분위기가 험악해진 상황이 생겼습니다. 감정이 서로 격해졌지만 차근차근 아래와 같이 세 단계로 나눠서 하나씩 해결해 나가기 시작했습니다.

1단계: 네 공책 찢어서 미안해(자신이 한 행동에 대한 언급과 사과)

2단계: 연습장을 급하게 찾다가 네 공책인 줄 모르고 그랬어(왜 그랬는지)

3단계: 앞으로는 네 물건 만질 때는 허락받고 할게
(앞으로 어떻게 할 것인지 말해 줌)

이런 과정을 거쳐서 사과하는 법을 가르치니 잘못을 한 아이의 사과는 좀 더 진정성을 얻게 되었고, 받아들이는 아이 역시 한결 용서가 쉬워졌습니다. 어른이 모범을 보일 때 아이에 대한 교육도 힘을 얻기에 아이를 가르치려고 하는 만큼 부모로서 잘못된 말이나 행동을 할 때는 부끄러워하지 않고 사과도 실천했습니다.

어른도 아이에게 수시로 잘못합니다. 그때마다 변명으로 일관하지 않고 잘못한 부분이 있다면 그를 인정하고 사과함에 주저하지 않아야 합니다. 항변하고 싶은 마음이 들더라도 아이의 주장에 틀린 점이 없다면 일단 사과를 하고 그에 대한 해명을 충분히 해 줍니다. 부모로서 아이에게 사과하는 행동이 결코 쉬운 일은 아닙니다. 창피하기도 하고 부모의 권위가 떨어져 훈육에 문제가 생길 수도 있다는 걱정이 들 수도 있습니다.

그렇지만 이렇게 부모가 용기 있게 사과하는 모습을 본보기를 보여주면 아이는 사과를 하는 데 엄청난 용기가 필요하거나 어려운 일이 아님을 깨닫게 됩니다. 상대방이 느끼는 마음을 공감할 수 있는 능력도 키울 수 있습니다. 자신이 한 말이나 행동에 책임을 지는 일이 얼마나 중요한지 배울 수 있다는 점에서 부모의 사과는 교육적으로 큰 효과를 지닙니다.

확증편향이라는 인간의 편견을 표현한 심리학 용어가 있습니다. 자신이 보고 싶고 믿고 싶은 부분만 받아들인다는 의미입니다. 아이를 키워 보면 아이의 판단보다 부모의 생각이 옳다고 여기는 이런 확증편향이 종종 생깁니다. 하지만 부모도 완벽하지 않기에 실수를 하거나 감정 처리에 미숙할 수 있습니다. 아이는 영민하기에 이를 기가 막히게 알아채 지적합니다. 민망하더라도 이럴 때는 솔직하게 자신의 실수를 인정하며 반성하는 모습을 보여 주는 편이 좋습니다. 이렇게 함으로써 아이는 부모를 통해 잘못을 수용하는 모습을 비롯해 정직함을 배울뿐더러 정서적인 안정감도 얻을 수 있습니다.

용기 있는 사과의 말 한마디 또는 제스처만 하더라도 서로에게 느꼈던 악감정이 해소되고 관계를 다시 생각할 수 있도록 도와준다고 합니다. 이런 점에서 사과는 아이의 인성 교육에 지대한 역할을 한다는 사실을 잊지 말아야 하겠습니다.

02

NQ를 키우는 교육

인생에서 큰 힘이 되는 능력,
경청하는 힘을 키울 수 있는가?

> 다른 사람의 이야기를 진지하게 들어 주는 경청의 태도는 우리가 다른 사람에게 나타내 보일 수 있는 최고의 찬사 가운데 하나다.
>
> —앤드루 카네기

『보통 사람을 위한 책 쓰기』의 저자 이상민 작가와 대화를 나눌 기회가 있었습니다. 출판업계에 대한 경험이 많던 그는 출판 시장에서 꾸준히 인기 있는 책이 대화법에 관한 책이라는 이야기를 했습니다. 『나는 왜 네 말이 힘들까』, 『만만하게 보이지 않는 대화법』, 『적을 만들지 않는 대화법』, 『말투 하나 바꿨을 뿐인데』 같은 책을 비롯해 이기주 작가의 베스트셀러인 『언어의 온도』와 『말의 품격』도 마찬가지로 인간관계의 기본인 소통에 대해서 다뤘습니다. 이런 종류의 책들이 인기를 끌고 있는 현실은 생각보다 경청이 사람과의 관계에서 얼마나 중요한지에 대해서도 알려줍니다.

◇ 침묵이 아닌 경청이 가장 비싼 금이다.

인간관계에서 대화의 기술은 매우 중요합니다. 그렇지만 사람들은 말을 잘하는 대화의 기술보다 경청의 기술을 조금 더 값지게 평가합니다. 경청이란 상대방의 말을 집중해서 듣고 상대방이 얼마나 소중한지 인정해 준다는 점에서 의미가 있습니다. 그를 통해 상대방은 자신이 존중받는다고 생각하게 되며 안정감을 느낍니다. 진실한 관계를 맺는 가장 효과적인 방법으로 상대가 말을 많이 하도록 유도하는 능력이 꼽혔다는 점도 그런 이유에서입니다.

처음 만나는 사람뿐 아니라 익숙한 관계라 할지라도 말을 많이 하고 나면 자기 말을 들어 준 상대방에게 고마운 마음을 갖게 됩니다. 미국의 전설적인 토크쇼 진행자인 래리 킹은 "말을 제일 잘하는 사람은 논리적으로 말하는 사람이 아니라, 남의 말을 잘 들어 주는 사람이다."라고 했습니다. 톨스토이 역시 소통을 위한 세 가지의 조언을 남겼습니다. "먼저 친구의 의견을 조용히 경청하며, 빠르게 답해야 한다는 압박감에서 벗어나서, 충분히 생각하고 또 생각하라." 이처럼 경청하는 능력은 쉽게 얻기 어려운 만큼 강력한 힘을 가지고 있습니다.

◇ 낮은 지위를 가진 사람의 말도 경청한 다산 정약용과 이순신 장군

다산 정약용은 우리나라 역사상 가장 뛰어난 인물 중 한 명입니다. 그는 『유배지에서 쓴 편지』에서 경청의 중요성을 깨달은 바 있습니다. 정약용 선생은 밥을 파는 노파와 '아버지와 어머니 중에 누가 더 중요하냐?'라는 주제로 깊이 있는 토론을 펼칩니다. 선생께서는 그간 쌓은 지혜로 노파의 코를 눌러 줄 만한 답을 내놓았으나 노파의 답은 다산의 답을 능가했습니다. 이때의 일을 선생은 편지에 이렇게 기록했습니다. "저는 노파의 말을 듣고 흠칫 크게 깨달아 공경하는 마음이 일었습니다. 천지간에 지극히 정밀하고 오묘한 진리가 이렇게 밥을 파는 노파에게서 나올 줄 누가 알았겠습니까? 기특하고 기특한 일입니다."

다산 정약용처럼 뛰어난 대학자가 남의 이야기를 계속 경청할 이유는 많지 않습니다. 더욱이 신분이 낮은 장사하는 노파의 말은 더할 나위도 없습니다. 그렇지만 다른 사람의 생각이 자신과 다르더라도 의견을 끝까지 듣고 깨달음을 얻었으며, 진심으로 받아들였을 뿐 아니라 자신의 글에까지 남겼다는 점은 모든 이들이 본받아야 할 만한 일화입니다.

이순신 장군도 이와 비슷한 일화가 있습니다. 임진왜란으로 무너지기 직전이었던 조선을 지켜 낸 이순신 장군은 작전 회의도 남달랐습니다. 본진이었던 한산도에서 '운주당(運籌堂)'이라는 곳을 만들어서 군사 회의를 할 때면 말단 병사들까지도 참석하게 하여 의견을 물었다고 합니다. 신분 제도와 벼슬의 품계가 엄격했던 조선 시대에서는 흔히 보기 힘든 일입니다. 전란을 겪는 동안 40여 차례의 크고 작은 전투를 겪으면서도 일본군에게 단 한 번도 패전하지 않았던 이순신 장군의 뛰어난 업적에는 남의 이야기를 경청하는 힘도 큰 역할을 했다고 할 수 있습니다.

◇ 아직은 갈 길이 먼 내 아이의 경청 능력

대화가 원활하게 이루어져서 상대방과 소통하고 더 친밀해지기 위해서는 경청하는 자세가 필수입니다. 보통 아이의 말하기 능력은 4~6세부터 폭발적으로 늘어납니다. 어휘력이나 표현 능력이 향상되고 재잘재잘 말하는 모습을 보면 아이가 순조롭게 성장해 가고 있다고 부모는 느낍니다.

반면 말하기, 읽기, 쓰기 능력과 달리 듣는 능력을 키울 기회는 많지 않습니다. 아이의 경청하는 능력을 확인해 보려면 수업을 듣는 모습을 관찰하면 금세 알 수 있습니다. 저는 그동안 아이들의 어린이집과 학교에서 진행하는 학부모 참여 수업에 일일 선생님으로 꾸준히 참여했습니다. 그 덕분에 매년 아이들의 수업 태도 역시 함께 관찰할 수 있었죠.

아이들의 상당수가 나이와는 무관하게 하고픈 말이 있다면 상황이나 순서에 개의치 않고 말을 하는 경우가 많았습니다. 자신의 생각을 말하고 싶지만 시간과 기회는 항상 모자랍니다. 자신의 차례를 기다리거나 다음 기회를 노려야 하지만 그런 모습은 보기 어렵습니다. 선생님은 결국 아이들이 쏟아내는 말들을 제지해 가면서 수업을 진행하고는 합니다. 또래 관계에서도 마찬가지입니다. 자신이 하고 싶은 말만 하는 친구들이 있습니다. 그러면서도 상대의 이야기에는 전혀 귀를 기울이지 않고 기다리지도 못하는 경우가 많죠.

물론 아이가 자신이 하고 싶은 말을 당당하게 말할 수 있다는 점은 충분히 칭찬할 만한 일입니다. 그렇지만 배려하는 마음 없이 다른 사람의 말을 끊거나 수업의 흐름을 깨뜨리면서까지 자신이 하고 싶은 말만 하는 행동은 올바른 성장을 위해서 결코 좋은 방향이라고 보기는 어렵습니다.

우리가 사는 시대가 자기 PR 시대라고도 합니다. 그렇더라도 일명 TPO(시간, 장소, 목적)가 적절하지 않다면 오히려 역효과일 수밖에 없습니다. 어릴 때는 괜찮지만, 이런 부분을 제대로 지도하지 못한다면 나중에는 인간관계에서 많은 어려움을 겪게 될 수 있습니다. 경청은 다른 사람이 가진 의도나 정서를 이해할 수 있고 그를 통해 관계를 발전 및 유지해 나가기에 사회성과도 관계가 깊습니다. 학습 능력과도 밀접합니다. 부모가 하는 말을 잘 듣지 못하는 아이는 결국 친구나 선생님이 전달하는 말 역시 잘 듣기 어렵다는 말과도 같습니다. 들어도 이해를 못 한다면 집중해서 들어야 가능한 공부는 더 어려워진다는 의미입니다.

다만 경청하는 능력은 단순히 부모의 말을 잘 듣고 불만을 표출하지 않는 순종적인 아이라는 개념과는 다릅니다. 부모의 욕심에 의해 평소 지나치게 억눌리며 살아가는 아이는 자신의 감정을 억누르고 남의 눈을 의식하며 살 수 있다는 점도 잊지 말아야겠습니다. 경청은 하되 할 말은 할 수 있는 아이로 키워야 합니다.

◇ 경청하는 능력 키우기

경청하는 능력을 키우는 방법은 그리 어렵지 않습니다.

첫째, 부모가 먼저 경청하는 모습을 보여 줘야 합니다. 부모가 자기 말에 귀 기울여 주는 만큼 아이도 상대방의 말에 귀 기울여야 함을 배울 수 있습니다.

둘째, 중간에 말을 끊지 않도록 합니다. 아이가 상대방의 말을 다 듣지 않고 끊으려 하거나 다른 사람과의 대화 중에 끼어들려고 하면 "혹시 급한 이야기가 아니면 아빠(엄마) 이야기 마치고 하면 안 될까?"라고 말하면 됩니다. 아이에게 조금 더 차분히 경청할 수 있도록 유도해 주면 됩니다. 말을 정말 끊어야 할 때는 꼭 양해를 구하는 말 "말씀 중에 죄송한데"라는 말을 쓰도록 해 줍니다. 일단은 상대방의 말을 집중해서 끝까지 들을 수 있는 연습이 제일 중요합니다.

셋째, 아이가 하는 말에 감탄사를 붙여 주며 아이가 하는 말에 깊이 집중하고 있음을 보여 줍니다. 일명 '리액션'이라고도 불리는 이 방법은 함께 대화하는 상대방의 기분을 좋게 해 주는 아주 좋은 방법이기도 합니다. 이런 간단한 방법으로 아이가 잠시 멈추고 기다릴 수 있는 연습을 하면 경청의 능력은 생각보다 빠르게 습득될 수 있습니다.

그리고 가족회의는 경청과 화술을 동시에 익힐 수 있는 가장 좋은 방법 중 하나입니다. 최근 우리 집의 가족회의 주제는 "왜 아빠 엄마는 집에서 불(전등)을 안 끄고 다니는가?”와 “집안일을 도와주었을 때 용돈을 받아야 하는지와 받는다면 얼마로 정해야 적당한가?”였는데요. 가족회의를 통해서 아이들의 의사 결정권을 존중해 줄 수 있고 자립심, 논리적 사고력도 키울 수 있습니다.

서로 소통할 수 있는 시간이 점점 줄어드는 상황에서 가족회의는 가족끼리의 근황과 정보를 교환할 수 있는 좋은 기회가 됩니다. 아이들이 평소에 가진 불만이나 건의 사항을 이야기할 수 있고, 어른들은 아이들에게 하고 싶은 말을 할 수 있으니 이보다 더 좋은 시간은 없다고 할 수 있습니다. 평소에 조금만 시간을 할애해서 일정한 형식을 갖춘 가족회의를 주기적으로 해 본다면 위에 언급한 다양한 장점을 비롯해 경청하는 능력까지 충분하게 키울 수 있습니다.

NQ를 키우는 교육

재능보다 겸손함이 중요하다는 사실을 인정하는가?

> 경서의 문구를 가르쳐 줄 스승은 만나기 쉬우나 도덕을 가르쳐 인격을 양성해 줄 스승은 만나기 어렵다.
>
> —『자치통감』

선유자익(善遊者溺)이라는 사자성어는 헤엄을 잘 치는 사람이 도리어 물에 빠져 위험해진다는 뜻입니다. 자신의 능력이나 재주를 믿고 너무 자만하지 말라는 교훈을 가지고 있습니다. 세상에는 뛰어난 사람이 많지만 인품으로 인정받는 사람은 많지 않습니다. 경쟁 위주의 교육 시스템이 낳은 폐해라고 볼 수도 있습니다. 하지만 실력에 걸맞은 인성, 즉 겸손함을 갖추지 못한다면 아이는 과연 사람들에게 진심으로 인정받으면서 행복하게 살 수 있을까요?

◇ 덕승재(德勝才)를 실천하는 삶

'덕승재(德勝才)'라는 말이 있습니다. 전혜성 동암문화연구소 이사장이 자신의 저서 『섬기는 부모가 자녀를 큰 사람으로 키운다』에서 언급했던 개념입니다. 덕이 재능보다 많아야 훌륭한 사람이 될 수 있다는 자신의 신념을 나타냈습니다. 실제로 이러한 신념을 자녀 교육에서 평생 강조해 왔던 그녀는 자녀 여섯 명을 모두 하버드와 예일대를 보내 글로벌 리더로 키워 낸 입지전적인 인물이 되었습니다.

매사에 자신감이 있는 모습은 중요합니다. "칭찬은 고래도 춤추게 한다."라는 말은 한때 엄청난 유행이었고, 현재는 자녀 교육에서도 중요한 개념으로 자리 잡았습니다. 하지만 칭찬과 더불어 아이에게 중요한 부분이 하나 더 있습니다. 바로 겸손입니다. 스스로 잘해 낼 수 있으리라 믿고 자신 있게 행동하는 것은 물론 바람직하나 그 마음이 너무 지나친 경우에는 교만으로 이어질 수 있습니다.

높은 곳에서 내려다보는 위치에 있다고 진심으로 사람들이 그 사람을 존경하고 우러러보지 않습니다. 반대로 우리가 낮은 자세로 겸손하게 행동한다고 해서 사람들이 가볍게 생각하거나 무시하지도 않습니다. 우리가 사회생활을 통해 잘못 습득된 편견일 뿐이죠. 오히려 겸손함이라는 덕목을 추가함으로써 더욱 돋보이는 사람이 될 수도 있습니다.

부모로서 항상 우리 아이의 능력과 잠재력을 믿어 줘야 하지만, 내 아이만 최고여야 한다고 생각한다면 아이를 위해서도 옳지 않습니다. 상대방을 배려하고 이해해 주는 덕이 있는 재능은 아이를 더 큰 사람으로 성장시킵니다.

◇ 능력만 있다고 성공하는 시대는 갔다.

러시아의 대문호 표도르 도스토옙스키의 소설 『죄와 벌』에 등장하는 주인공인 대학생 라스콜리니코프는 자신이 사는 지역에서 악명 높은 전당포 주인이자 고리대금업자인 노파를 살해할 계획을 세웁니다. 여기서 그는 자신의 살해 동기를 합리화하기 위해 이해하기 힘든 논리를 생각해 냅니다. '뛰어난 인간은 평범한 사람들에게 적용되는 도덕적인 선을 넘을 수 있다'는 생각이었죠.

나폴레옹은 죄 없는 수많은 사람(약 400만 명)을 죽음으로 몰아간 전쟁광이었으며, 그의 시대에는 여성의 인권은 매우 낮았으며, 빈민도 엄청나게 늘어나 어두운 면도 많습니다. 그런데도 그는 뛰어났던 능력과 업적들만 부각해 준 후세에 의해 현재도 위대한 영웅으로 추앙받습니다. 그처럼 뛰어난 사람은 자신의 신념에 따라서 하는 어떠한 행위도 정당화될 수 있다고 판단했습니다. 라스콜리니코프도 자신을 나폴레옹과 같은 사람이라 생각했고 자신의 살인 역시 합리화하기에 이르렀습니다.

남들보다 뛰어난 능력이 있다고 모든 행위에 면죄부가 주어질 수는 없습니다. 역사적으로 많은 인물은 선민의식을 비롯해 교만과 우월감에 사로잡혀 치명적인 오류를 범합니다. 분서갱유를 자행했던 중국의 진시황이 그러했으며, 러시아의 황제였던 이반 4세 역시 재위 내내 잔인한 행동을 일삼았고, 히틀러는 전 세계를 파멸 직전까지 내몰았습니다. 이런 문제가 생기는 이유는 성장하면서 뛰어난 능력은 얻었을지 모르나 그에 걸맞은 인성(덕)을 키우지 못했기 때문입니다.

그와 반대로 다른 사람을 배려하고 사람들의 마음을 얻어 그것을 바탕으로 큰 성취를 이룬 경우도 있습니다. 공자도 평생 뜻을 이루지는 못했으나 그의 가치인 인(仁)에 제자들이 모여들었고, 그의 가르침이 수천 년 동안 이어질 수 있도록 했습니다. 충무공 이순신 역시 임진왜란 때 보여 준 겸손한 리더십과 부하에 대한 배려로 마음을 얻어 혁혁한 전공을 세울 수 있었습니다.

이 밖에도 겸손하고 자신을 낮추면서 행동한 사람들이 큰 업적을 이룬 경우는 많습니다. 재능뿐만 아니라 덕과 겸손을 키우는 교육은 부모를 통해서만 가능합니다. 아이가 뛰어난 능력을 지녔다면 그에 맞게 상황에 맞춰 자신을 낮출 수 있는 겸손도 지닐 수 있도록 이끌어 주어야 합니다. 그렇게 된다면 친구를 사귈 때도 학벌이나 성적, 가정 형편이 아닌 그 사람의 됨됨이로 사람을 판단할 수 있는 능력도 생길 수 있습니다.

◇ 동서양의 고전에서 나타난 겸손의 중요성

겸손의 중요성은 그리스 신화의 아라크네 이야기에서도 드러납니다. 시골 처녀였던 아라크네는 아테나 여신과 비교될 정도의 옷감 짜기 실력을 지닌 여인이었습니다. 신과 시합을 할 수 있을 만큼의 실력이 있었지만, 신 앞에서도 겸손하지 못했기에 아라크네는 결국 신의 저주를 받아 남은 생애를 거미로 살 수밖에 없었습니다.

『채근담』에서도 이런 이야기가 나옵니다. "완전한 명예나 아름다운 지조는 누구나 다 갖고 싶어 한다. 그러나 이것을 독점해서 혼자 차지하지 않고 남에게 나누어 줄 줄 알아야 해를 멀리하고 자기 몸을 온전히 할 수가 있다. 또 욕된 행실이나 더러운 이름은 누구나 다 이것을 갖고 싶어 하지 않는다. 하지만 이것을 전부 남에게만 미루어서는 안 된다. 그것을 조금쯤은 나에게 이끌어 가져서 나의 빛을 숨기고 덕을 길러 나가도록 해야 한다."

동양 최고의 인물 전기가 사마천의 『사기』라면 서양에서는 『플루타르코스 영웅전』을 꼽습니다. 그리스의 철학자이자 정치가이자 작가였던 그는 책의 서문에 아버지가 그에게 남긴 조언을 기록해 두었습니다. "아들아, 사람들에게 너 혼자서 그 일을 해낸 것처럼 말하지 않도록 조심해라. 내가 이루었다가 아니라 네 동료들과 함께했다고 하거라. 비록 네 동료들이 너를 돕지 않았지만 네가 이룩한 성공의 영예를 나누어 가질 수 있을 것이고, 그리하면 항상 뒤따르는 남의 것을 가로채려는 시기심을 피할 수 있을 것이다."

◇ 원만한 사회생활을 위해서도 꼭 필요한 겸손

부모 역시 안타깝게도 사회생활을 해 본 뒤에라야 이런 말들의 진의를 깨닫게 되는 경우가 많습니다. 아이도 직접 겪어 보지 않았기에 겸손의 중요성을 스스로 깨닫기가 어려우므로 다양한 사례를 들어가며 아이에게 알려 줘야 합니다.

직장에서 제일 어렵다고 느끼는 부분은 업무가 아닌 인간관계입니다. 학교나 직장생활에서 사람을 밀어 올려주기는 쉽지 않지만 끌어내리기는 정말 쉽습니다. 몇 마디 험담만으로도 평판을 깎아내리는 일이 가능해서입니다. 그렇기에 겸손은 모든 것을 덮을 수 있는, 처세에 있어 가장 큰 담요라고도 표현합니다.

어떤 일에 성공했을 때 자기 능력 덕이라고 생각하는 일이 반복되면 자아도취에 빠지고 겸손을 잃게 됩니다. 회사에서도 인품이 훌륭하고 평판이 좋은 사람들이 있었습니다. 그런데 승진을 한 뒤 사람이 완전히 다른 사람이 되었다는 소식을 종종 들립니다. 좋은 이미지를 한결같이 유지하기란 그만큼 힘든 일입니다.

셰익스피어의 4대 비극 중 하나인 『맥베스』 역시 성공을 맛보며 점점 더 오만해지는 인간의 본성을 적나라하게 묘사합니다. 그는 계속되는 승리로 자만심에 도취되지만 그의 곁에는 그를 더 부추기는 부인뿐입니다. 결국 하지 말아야 할 행동까지 하게 된 그는 양심을 잃고 파멸을 맞습니다.

인간은 뛰어난 잠재력이 있지만 혼자서 모든 일을 해 낼 수는 없습니다. 그렇기에 부모는 아이가 오만하고 잘못된 생각이나 행동을 하지 않도록 제대로 된 조언을 해 줘야 합니다.

겸손한 인성은 인생의 성공과 행복을 위해 중요한 덕목입니다. 서울대 경력개발센터의 이찬 센터장은 "서울대 입시 성공기는 많지만 서울대생의 취업 성공기는 많지 않다."라는 말을 한 적이 있습니다. 이제 기업은 다양한 형태의 협업이 가능한 인재를 더욱 선호하고 있습니다. 자신만 중요하게 여기며 경쟁에만 매몰되지 않고 인성과 사회성을 바탕으로 협업이 가능한 아이가 앞으로 가장 중요하게 쓰이게 될 세상이 오고 있음을 잊지 말아야겠습니다.

04

NQ를 키우는 교육

자기 의견을 잘 말할 수 있도록 도와줄 수 있는가?

> 말을 많이 한다는 것과 잘한다는 것은 별개이다.
>
> –소포클레스

유창한 말솜씨를 뽐내는 모습은 아이뿐만 아니라 어른들까지 누구나 꿈꾸는 일입니다. 그 사람이 가진 지식이나 의견을 표현할 때 말과 글은 아주 중요한 역할을 해서입니다. 말하기 능력은 보통 집이나 보육기관을 통해 향상해 나갑니다.

문제는 집에서는 제법 말을 하던 아이가 밖에 나가기만 하면 말이 사라지거나 횡설수설하기도 한다는 점입니다. 자신감이 부족해서 일수도 있고 어떤 말을 할지 머릿속으로 정리하지 못해서 일수도 있습니다. 적당한 표현이 생각이 나지 않아서인 경우도 있습니다. 물론 아이가 자랄수록 아이의 말하기 능력은 시간이 갈수록 점차 자연스럽게 나아지겠지만, 집에서 조금만 신경을 써 준다면 훨씬 좋아질 수 있습니다.

◇ 말 잘하는 능력은 타고나는 것이 아닌 노력

사람들 앞에서 유창하게 말을 하는 다른 집 아이들을 보면 부모 마음에서 부러울 때가 많습니다. 반면 우물쭈물, 쭈뼛쭈뼛하며 자기 생각을 제대로 표현하지 못하는 우리 아이를 볼 때면 속상하기도 하고 걱정스럽기도 합니다. 말을 잘하기 위해서는 일단 자주 말을 하게 만드는 방법이 가장 좋습니다. 말하기 능력에 도움이 되는 방법은 다음과 같습니다.

첫째, 음독하기입니다. 뉴스에 나오는 내용을 따라 말하거나 책을 음독하면 발음에 도움이 됩니다. 혼자 읽게 하지 말고 옆에서 같이 보조를 맞춰 주세요. 조금 더 훈련을 시키고 싶다면 뉴스의 원고를 줘서 읽도록 하는 방법도 좋습니다. 이때 억양, 말투, 시선, 표정 등 아이의 표현하는 방법에 개선해야 할 점이 있다면 조언해 주면 됩니다.

둘째, 가족들과 토론하기입니다. 가장 오랫동안 함께 시간을 보내는 가족과의 대화를 늘리면 말하는 요령은 자연스럽게 올라갑니다. 그러기 위해서는 일상 대화의 수준을 조금 더 높일 필요가 있습니다. 토론식의 대화는 아이의 생각을 밖으로 끌어내는 데 많은 도움을 줄 수 있습니다. 이때 최대한 논리적으로 묻고 논리적으로 답하는 노력이 필요합니다.

아직 다양한 주제로 토론이 어렵다면 아이가 겪을 법한 일을 상황극으로 만들어 연습할 수 있게 해 주는 방법도 좋습니다. 친구에게 함께 놀자고 할 때, 학용품이나 돈을 빌려 달라고 하거나 친구와 다툼이나 언쟁이 생겼을 때 등 다양한 상황을 만들 수 있습니다. 익숙하지 않고 긴장된 환경에서 인간의 뇌는 수축합니다. 당연히 이런 상황에서는 아이가 위축되어 말하기가 어려워지는데 이런 방식의 연습을 해 보면 적잖은 도움이 됩니다.

셋째, 어휘력 높이기입니다. 상황에 맞는 적절한 단어의 사용도 중요합니다. 어휘력은 2장에서 언급한 방법처럼 교과서를 비롯해 어려운 도서의 단어를 정리하는 등 꾸준히 써 나가면서 접촉 빈도를 늘려 나가면 말하는 능력도 반드시 향상됩니다.

말을 잘하는 재능은 보통 태어날 때부터 타고난다고 합니다. 그렇지만 널리 알려진 달변가들은 꾸준한 연습과 노력 그리고 용기라는 덕목으로 수천 년간 이어진 명성을 얻었습니다. 고대 그리스 아테네의 영광을 이끌었던 전설적인 군인이자 정치가인 페리클레스는 뛰어난 웅변가이기도 했습니다. 완벽했던 연설 뒤에는 흥미로운 에피소드가 있습니다. 그는 대중 앞에서 연설을 할 때마다 자신이 실수하지 않도록 신에게 빌었다고 합니다. 세계적인 명연설가였던 미국의 링컨 대통령이나 루스벨트 대통령도 대중 앞에 설 때면 언제나 긴장된다고 실토한 적이 있을 정도이니까 말 잘하는 능력은 결코 재능만으로 이루어지지 않았음을 알 수 있습니다.

◇ 유머 감각이 있는 아이

"내 목은 매우 짧으니 조심해서 자르게."

섬뜩한 말이긴 하지만 이 말은 『유토피아』의 저자인 토머스 모어가 억울하게 참수형을 당하는 순간 사형 집행인에게 마지막으로 남겼던 유머라고 합니다. 인생을 유머와 해학과 함께할 수 있다면 큰 축복이라고 할 수 있습니다. 긍정적인 삶의 철학을 보여 줄 수 있기 때문입니다.

우리는 유머 감각이 있는 사람을 즐거운 사람, 같이 있으면 재미있는 사람 정도로 생각하고 중요한 덕목으로까지 생각하지 않습니다. 하지만 외국에서는 성공하는 사람들에게 꼭 필요한 덕목 중 하나로 평가합니다. 반장 선거 유세에서 한 친구가 "제가 반장이 된다면 우리 반에 잘 터지는 와이파이 공유기를 설치하겠습니다."라고 하자 아이들의 웃음이 터졌다고 합니다. 어른이 보더라도 부러운 유머입니다. 그나마 다행스러운 부분은 유머는 후천적인 노력으로 얼마든지 개선할 수 있다는 점입니다.

유머 감각은 순발력, 관찰력, 창의력, 긍정적인 성격을 기반으로 합니다. 연예인 중에서 개그맨들이 가장 재주가 많고 머리가 좋다는 사실은 널리 알려져 있습니다. 똑같은 유머라도 적절한 순간을 포착하는 능력이 순발력입니다. 같은 사물과 상황을 바라보더라도 그 안에서 웃음 포인트를 발견하는 능력은 관찰력과 창의력입니다. 유머는 항상 성공할 수 없습니다. 반응이 없거나 재미없다는 비판을 받을 수도 있습니다. 그런 어려움을 견디며 계속 즐기고 도전하면서 감각을 단련해 나가야 합니다. 그렇기에 긍정적인 성격도 매우 중요합니다.

유머 감각을 위한 아이의 연습	유머 감각을 위한 부모의 연습
1. 상대방을 바라보면서 말하도록 합니다.	1. 아이가 틀에 박힌 사고방식을 깰 수 있도록 해 주세요.
2. 정확한 표현을 알려 줍니다.	
3. 긍정적인 표현을 쓰도록 알려 줍니다.	2. 간단한 유머집 같은 책을 자주 읽어 주세요
4. 밝은 표정으로 말하도록 합니다.	3. 어른도 유머에 관심을 가지고 아이의 유머에는 적극적으로 칭찬해 주고 웃어 주세요.
5. 경청하는 능력을 길러 줍니다.	

유머 감각을 키우기 위해서는 틀에 박힌 사고방식, 즉 고정관념에서 벗어난 사고방식이 중요합니다. 독서는 당연히 기본입니다. 간단한 유머를 찾아서 알려 주어 기억하게 해 주는 방법도 좋습니다. 가장 중요한 점은 어른도 부지런히 평소에 유머 있는 모습을 보여 주면서 아이 유머에는 자주 웃어 주며 가장 열렬한 팬이 되어야 합니다. 아이의 유머는 아이의 삶을 좀 더 풍요롭고 여유롭게 살 수 있게 도와줄 수 있는 중요한 역할을 할 수 있습니다.

◇ 언어 예절을 갖춘 아이

아마 지금까지 욕을 한 번도 하지 않은 어른을 찾기란 쉽지 않습니다. 저 역시도 마찬가지입니다. 너무 화가 나면 입에서 저도 모르게 욕이 튀어나오고 반성하기를 반복합니다. 안타깝게도 우리 아이도 역시 자라면서 욕을 배우고 언젠가는 쓰게 되겠죠. 욕설을 배우는 경로는 부모의 말이나 TV, 유튜브, 게임, 친구, 학원 등등 다양합니다. 문제는 아이가 어른의 예상보다 너무나도 이른 시기에 욕설을 일상어처럼 자연스럽게 쓰고 있다는 점입니다. 욕설을 사용하는 초등학생의 비율은 예전과 비교했을 때 점점 높아지고 있습니다.

아이들의 욕설이 심각한 문제가 되고 있다는 점에 전문가들은 인터넷의 보편화를 가장 큰 원인으로 꼽습니다. TV나 유튜브에는 재미를 위해 아무렇지도 않게 욕설과 비속어가 등장합니다. 학폭위에서 호구라는 말을 사용해서 언어폭력으로 인정되었던 사례가 있었습니다. 그 말을 어디에서 배워서 쓰게 되었냐고 물었더니 가해 학생은 이렇게 대답합니다. TV에서 재미있는 농담처럼 주고받길래 생각 없이 사용했다고 말이죠.

부모가 올바른 시청 지도를 해야 하지만, 매번 그러기는 쉽지 않습니다. 그와 더불어 온라인 게임이나 SNS도 욕설의 습득에 상당한 역할을 합니다. 게임상에서 얼굴조차 모르는 사이임에도 불구하고 욕설이 난무하며 게임을 함께하는 친구들끼리도 욕설을 아무렇지 않게 주고받습니다. 손님이 많은 동네 PC방을 저녁 시간에 가보신 적이 있는 분이라면 금세 이해하실 수 있습니다. 일상 언어보다는 욕설들이 훨씬 더 많이 오고 가는 그곳은 신세계나 다름없습니다.

제 직장 동료의 아들인 성빈이는 정말 성실한 학생이었습니다. 놀랍게도 성빈이는 중학교에서 왕따를 당했던 경험이 있었다고 합니다. 그 이유는 황당하게도 단지 욕을 할 줄 몰라서였습니다. 다행히 그런 아이들에게 휩쓸리지 않았고 성빈이는 뜻하는 고등학교와 대학교에 무사히 진학할 수 있었습니다. 또래 문화에 민감한 아이들일수록 욕설의 유혹에도 쉽게 넘어갈 가능성이 높은 점도 유의해야 합니다.

욕설은 사실 그 어원 자체만으로도 문제가 많습니다. 그와 더불어 아이의 올바른 인격 형성에 도움이 되지 않으며, 자기 조절과 통제에 많은 악영향을 줍니다. 예전에 우연한 기회로 중학생들을 편의점에서 5분 정도 관찰할 기회가 있었습니다. 테이블에서 컵라면을 먹으면서 딱히 특별한 내용 없는 일상적인 대화를 나누고 있었는데, 그 짧은 시간에도 아이들의 대화는 확실한 특징이 있었습니다. 논리력과 표현력, 어휘력은 떨어졌고 대부분의 대화에서 "아, C8!, 병신아, 지랄마, 미x새x"의 표현들이 말의 시작이나 끝에 함께한다는 특징이 있었습니다. 여자아이들이라고 크게 다를 바 없었습니다. 이와 같은 사례가 특별한 경우가 아니라는 사실은 EBS에서 시행한 욕 사용 실태조사를 보면 더 확실해집니다. 이 조사에 따르면, 청소년들이 일상적인 대화를 할 때 75초마다 한 번씩 욕을 쓴다고 합니다.

욕설을 단순히 성장하는 아이들끼리의 친근함의 표현이나 또래 문화로 가볍게 받아들여서는 곤란합니다. 이는 한 인간의 인격적 수준을 떨어뜨리는 폭력적인 행위입니다. 그것만으로 끝나지 않습니다. 「EBS 다큐프라임 '욕'해도 될까요?」의 실험에 따르면, 욕설을 많이 쓸수록 계획성은 떨어지고 충동성은 높으며 어휘력에도 나쁜 영향을 끼친다고 합니다. 부모님들이 제일 심각하게 고민해야 할 또 하나의 사실은 욕설을 많이 하는 그룹일수록 성적이 낮다는 연구 결과입니다.

인쓰(인성 쓰레기), 문찐(문화 찐따), 이뭐병(이건 뭐 병신도 아니고), 핑프(핑거 프린세스_검색해도 나오는 글을 질문으로 올리는 사람을 비하하는 말) 등의 비속어 역시 혐오나 비하, 비난의 의미가 담겨 있기에 가볍게 생각할 수 없습니다. 이렇게 인터넷으로 떠도는 신조어 중에서도 비속어가 포함된 줄임말들이 많으므로 지도가 필요합니다. 이를 단순히 요즘 젊은 세대들의 문화로만 생각해서는 안 됩니다.

일단 부모가 아이의 욕설이나 비속어를 들었다면 당황하지 말고 차분하게 접근하면 됩니다. 초기에 강한 대응으로 뿌리 뽑겠다는 욕심으로 너무 다그치지 않아야 합니다. 아이가 처음에 제대로 몰라서 한 말일 수도 있는데 지나치게 혼낸다면 오히려 아이의 반감을 사고 훈육의 효과를 떨어뜨릴 수 있기 때문입니다. 쓰지 말아야 할 이유, 자신이 사용한 말의 뜻을 알려 주고 욕설의 원인에 분노가 있다면 대체할 수 있는 말이나 방법을 고민해 볼 필요가 있습니다. 그와 더불어 가장 중요한 부분은 부모가 아이 앞에서 욕을 쓰지 말아야 하며, 유해 매체를 통해 접하지 않도록 적절히 지도해 줘야 한다는 점입니다. 결국 아이들의 욕은 무언가를 보고 들었기에 따라할 수 있었을 테니까요. 욕이 왜 나쁜지를 더 쉽게 이해시키려면 이 말을 아이에게 꼭 알려 주는 방법도 추천합니다.

> "욕은 무능력한 자들의 마지막 무기이다."
>
> – 작자 미상

NQ를 키우는 교육

좋은 친구를 사귈 수 있는 방법을 알려줄 수 있는가?

우기정인(友基正人)이면 아역자정(我亦自正)이라. 바른 사람을 친구로 사귀면 나 또한 바르게 된다.

—소포클래스

모두를 믿지 말고 가치 있는 이를 믿어라. 모두를 신뢰하는 것은 어리석고 가치 있는 이를 신뢰하는 것은 분별력의 표시이다.

—데모크리토스

코로나19 사태로 인해 2020년부터 2년 가까이 일선 학교에서는 온라인 수업이 폭발적으로 늘어났습니다. 이로 인해 학습 결손과 학력 격차도 생겼죠. 하지만 가장 안타까운 부분은 친구를 사귈 기회를 빼앗겼다는 점입니다. 학교는 공부하는 곳이기도 하지만, 건강한 인간관계를 형성하는 방법을 배우기도 하는 곳인데 등교 수업의 축소로 인해 그 기회를 잃어버리고 말았죠.

예로부터 3월만 되면 부모들의 걱정이 시작됩니다. 선생님은 어떤 분을 만날지, 우리 아이가 학교에서 적응은 잘할지, 친구는 잘 사귈 수 있을지 등의 걱정이 많아서입니다. 선생님도 중요하지만 친구를 잘 사귀는 일 또한 가볍게 여길 수 없습니다.

부모는 아이가 바람직한 친구 관계를 형성하고 그 친구를 통해 선한 영향을 받기를 원합니다. 하지만 자신의 학창 시절 경험으로 습득한 현실은 그렇지 못한 경우가 많다는 사실을 알고 있습니다. 그렇다 보니 부모는 아이의 친구 관계에 개입해야 할지에 대해서 자주 고민하게 됩니다. 과연 부모는 어느 정도까지 이런 부분에 관여해야 할까요?

◇ 우리 아이가 내성적이라…

보통 내성적인 성격은 친구 관계를 넓히는 데 취약하다고 합니다. 내성적인 성격은 엄밀히 봤을 때 사회성보다는 사교성이 부족하다고 봐야 합니다. 남과 사귀기를 좋아하고 쉽게 친해지는 사교성과 사회와 집단에 적응하고 타인과 원만한 관계를 갖는 사회성은 다른 개념입니다.

공동체에 필요한 규범을 얼마나 잘 습득하고 적응하며 살 수 있는지, 타인에 대한 공감 능력은 있는지 등의 개념을 갖는 사회성이 조금 더 넓은 의미라고 볼 수 있습니다. 사교성에 지나치게 집착할 필요가 없다는 점은 덴마크의 철학자인 키에르케고르가 언급한 단독자라는 개념을 통해서도 공감할 수 있습니다. 단독자는 자신을 올바로 바라보고 상대방에 휘둘리지 않으며 누구와도 관계를 잘 맺는 사람을 뜻합니다.

내성적인 아이에게도 장점이 많습니다. 집중력이 높아 실수가 적고 사람을 깊게 사귀는 능력이 있습니다. 배려심이 많아 남에게 상처를 잘 주지도 않습니다. 실제로 설문조사에 따르면, 응답자의 42.6%(성인), 46.4%(학생)가 자신을 내성적인 성격으로 생각한다고 답했습니다. [서울 고려병원 신경정신과 이시형 과장팀이 학생 792명(평균 17.1세)] 이 조사와 더불어 성인 1,014명(평균 32.3세)을 대상으로 한 「연령에 따른 성격 성향의 차이」를 보면 전 국민의 두 명 중 한 명은 내향성인 셈입니다. 아이의 내향성이 드물거나 걱정할 일이 아니라는 말입니다.

하지만 부모는 아이가 좀 더 적극적이고 외향적인 성격이기를 원합니다. 사람들과 어울리고 친구를 사귀는 데에 어려움이 겪어 어른이 되어서 악영향이 있을까 걱정이 들어서입니다. 타고난 기질과 성격이 내성적이라고 해서 행복한 삶을 살기 어렵다고 볼 수는 없습니다. 아이의 성격을 바꿔 보겠다고 무리하게 접근하면 오히려 역효과가 될 수 있습니다. 내성적인 성격의 장점을 유지하면서 아쉬운 점은 보완해 나가는 노력을 해 나간다면 훨씬 큰 효과를 볼 수 있습니다.

내성적인 성격의 아이를 키우는 부모들이 갖는 걱정은 크게 네 가지 정도입니다.

첫째, "아이가 놀림을 잘 당할까 걱정이네요."입니다. 일단 아이에게 단호한 말투로 상대방에게 "하지 마!"라고 말하는 연습해 보는 방법도 좋습니다. 명확하지 않은 태도에 상대방은 자신의 행동을 괴롭힘으로 인지하지 못할뿐더러 장난을 더 부추길 수도 있어서입니다. 혹시 놀림받는 이유에 특유의 말투나 행동이 있다면 그런 부분은 부모가 개선할 수 있도록 도와주는 방법도 좋습니다. 이런 일이 계속되면 아이의 대인관계에 대한 자신감이 떨어질 수 있으므로 정도가 심할 때는 선생님의 도움을 받을 필요도 있습니다.

둘째, "부끄러움이 많아 새로운 사람과의 대화 자체를 어려워해요." 이런 상황에서는 시간을 가지고 천천히 아이가 새로운 사람에게 친근함을 느낄 수 있게 도움을 줘야 합니다. 아이의 성향과 맞는 친구를 함께 초대해서 어울리게 하는 방법도 좋습니다. 오주원 국제뇌교육종합대학원 상담심리학과 교수는 이런 아이를 억지로 또는 너무 급하게 바꾸려 하기보다는 많은 공감이 필요하다고 강조합니다.[1] 아이의 변화는 정서적 안정감이 밑바탕이 되어야 하기에 부모의 인내심이 많이 필요합니다. 또 많은 어른이 그러했듯 아이들은 커 가면서 성격이 바뀌는 경우도 많으니 너무 조바심 낼 필요도 없습니다.

---

1) https://kr.brainworld.com/Opinion/20532

셋째, "사소한 일에도 상처를 크게 받아요." 어떤 아이는 친구들의 작은 장난에도 너무 심각하게 받아들여서 시시콜콜 부모에게 이릅니다. 상처받은 아이를 보듬어 주는 일은 당연한 부모의 의무입니다. 그렇지만 아이들의 세계에서 장난과 괴롭힘은 경계가 상당히 모호합니다. 정말 문제가 될 상황인지 아니면 아이가 예민하게 반응한 건지를 정확히 판단해야 합니다. 허용 가능한 범위였다면 아이가 씩씩하게 이겨 낼 수 있도록 마음을 다잡아 줍니다. 하지만 정도가 심하다면 상대방이나 선생님에게 의사 표현을 정확히 할 수 있도록 평소 집에서도 지도해 줘야 합니다. 그래도 상황이 나아지지 않았을 때는 부모가 나서면 됩니다.

넷째, "친구를 제대로 사귀지 못할까 걱정이네요." 아이가 친한 친구가 없음에 대해 큰 불편함을 느끼지 않는다면 부모가 굳이 개입하지 않아도 됩니다. 이런 아이는 자라면서 필요성을 느낀다면 충분히 친구를 사귈 수 있습니다. 스스로 해결할 만한 그럴만한 능력이 있기 때문입니다. 반대로 친구 사귀기를 원하지만 혼자서 해 내기가 쉽지 않은 상황이라면 조언이나 도움이 조금은 필요합니다. 이럴 때는 일단 아이에게 친구가 만들 수 있다며 충분한 격려를 해 주어야 합니다. 그와 동시에 아이가 친구를 사귀기 어려운 이유가 혹시 따로 있는지 평소 다른 친구와 있을 때 하는 말과 행동을 꼼꼼히 살펴봐 줄 필요가 있습니다.

◇ 많은 친구보다 좋은 것은 믿을 수 있는 한두 명의 친구

생텍쥐페리의 소설 『어린 왕자』에서는 어린 왕자가 자신의 별에 두고 온 꽃에 물을 주기 위해 자신의 별로 다시 돌아가려고 결심하는 장면이 나옵니다. 여우를 통해 진정한 '관계'를 배우고 자신에게 꽃이 얼마나 중요한 존재였는지를 깨닫습니다. 부모는 은연중에 아이에게 친구가 많았으면 좋겠다는 생각을 합니다. 새로운 사람들과도 두루두루 잘 어울려야 아이 인생이 성공할 수 있으리라고 믿습니다.

그렇지만 친구가 많다고 한들 힘들고 외롭고 힘든 상황일 때 고민을 털어놓을 진정한 친구 하나 없다면 아무런 의미가 없습니다. 얕고 넓게 사귄 수십, 수백 명의 친구는 엄밀히 보면 친구라고 보기 어렵습니다. 그냥 지인(知人)일 뿐입니다. 우리의 전화기에도 수백 개는 족히 넘는 지인의 연락처가 있지만, 이 중에서 한 달에 한 번 이상 꾸준히 연락하는 경우는 10%에도 미치지 못합니다. 좋은 친구는 부모가 채워 줄 수 없는 부분들을 보완해 줄 수 있습니다. 특히 또래 문화에 민감해지는 시기에는 정서적인 의지를 할 수 있기 때문입니다.

적은 수의 친구는 단점이 아니라 오히려 자신을 성장시킬 수 있는 기회가 될 수 있습니다. 사이토 다카시 교수는 『혼자 있는 시간의 힘』을 통해 일기와 독서로 외로움을 이겨내고 정서적으로 성숙해질 수 있다고 강조했습니다. 혼자 있으면서 사람들과 있을 때 보거나 느낄 수 없었던 부분을 깨달을 수도 있고, 자신의 목표에 대해서도 생각해 볼 수도 있습니다.

유행에 민감한 소비 문화나 SNS는 소외되는 상황을 견디기 힘들어 하는 사회 분위기를 반영하고 있습니다. 자신의 내면을 가꾸기보다는 남에게 보이는 모습에 더 집중하고는 합니다. 사람들을 많이 만나지 않더라도 충분히 그 시간과 에너지를 자신을 위해 온전히 사용하는 연습을 할 수 있다면 아이는 훨씬 더 성숙한 어른으로 성장할 수 있습니다.

◇ 나쁜 친구를 사귈 때는 부모가 개입해야

인생의 선배인 부모는 친구 관계가 얼마나 중요한지 이미 알고 있습니다. 고등학교 시절 친구를 잘못 사귀어 빛의 속도로 엇나갔던 모범생 친구를 가까이서 본 적이 있었기에 공감하는 부분입니다. 그렇기에 내 아이의 친구들은 성향도 맞고 배울 점도 있으며 부모도 가정적이어서 서로 소통이 가능하기를 은연중에 원합니다. 위대한 철학자인 아리스토텔레스 역시 "친구란 무엇인가? 두 개의 몸에 깃든 하나의 영혼이다."라는 말로 친구를 사귀는 일에 대한 중요성을 강조했습니다.

아이의 친구는 부모 입장에서도 중요하며 민감한 일입니다. 부모의 개입 없이 아이 스스로 좋은 친구를 사귈 수 있다면 좋겠지만, 아직 가치관이 완전히 형성되지 않은 아이는 안목이 부족할 수밖에 없습니다. 문제 행동을 하는 친구들과 어울리거나 친구에게 집착하기도 합니다. 이런 상황이 생긴다면 일단은 파악된 친구의 문제가 일시적인 행동인지 확인부터 해야 합니다. 일회성의 문제라면 친구가 아닌 행동의 문제점을 짚어 주는 훈육으로 충분합니다. 평소 아이와의 소통이 원활하다면 바르지 않은 행동에 대해 스스로 반성하며 깨달을 수 있습니다. 하지만 친구와 관련된 일로 비슷한 문제가 반복적으로 발생한다면 그때는 부모가 개입할 필요가 있습니다.

유대인 가정에서도 자녀의 친구 관계가 바람직하지 않다고 판단되면 직접적으로 개입합니다. 단 배울 점이 없고 오히려 친구가 자녀에게 나쁜 영향을 줄 수 있다는 확신이 들 때 한해서입니다. 나쁜 친구를 사귀느니 차라리 친구가 없는 편이 나을 수도 있습니다. 다른 일들보다 친구 관계에만 과도하게 집착하는 행동 역시 마찬가지로 부모의 개입이 필요합니다. 건강한 관계를 통한 바람직한 성장과는 거리가 멀어져서 그렇습니다. 이런 소통 역시 부모와 아이와의 관계가 평소 원만해야 가능하다는 점을 유념해야 합니다.

그렇다고 아예 처음부터 모든 부분에 개입할 필요는 없습니다. 우리가 시장에서 좋은 물건을 구별하는 능력이 나쁜 물건을 사 보면서 생겼듯 아이도 경험으로 배울 수 있어야 합니다. 아이가 나쁜 행동과 나쁜 친구를 스스로 알아볼 수 있는 기회를 갖지 못한다면 자신과 잘 맞는 친구를 사귀기 어려울 수 있습니다.

또 한 가지 중요하게 생각해야 할 점은, 아이에게 좋은 친구를 사귀어야 한다는 점을 강조하기 이전에 우리 아이가 먼저 다른 아이들에게 친하게 지내고 싶은 좋은 사람이 되어야 한다는 사실입니다. 항상 베푸는 마음을 가지고 배려하는 모습을 배우며 자란다면 좋은 친구를 만날 기회는 훨씬 많아질 수 있습니다.

◇ 공부보다 어려운 대인관계

청소년상담지원센터의 2022년 상담 현황을 보면, 아이들이 정신건강 문제 다음으로 많이 고민했던 분야가 바로 대인관계, 즉 친구관계(64,346건)였습니다. 아이들에게 사람을 대하는 방법은 공부보다 어려웠던 모양입니다. 어른들조차도 평생토록 인간관계에 어려움을 겪는데 아이들이야 오죽하겠습니까. 인간관계는 기본적으로 사회성을 기반으로 하며 이 사회성은 대인관계 지능과 깊은 연관이 있습니다. 물론 가정에서는 대인관계 지능이 낮다고 해서 어려움을 겪을 일이 크게 없습니다.

하지만 학교라는 테두리에 들어서는 순간 아이는 환경의 변화를 통한 시련을 경험합니다. 유치원이나 어린이집처럼 선생님이 꼼꼼히 보살펴 주던 보육 환경과는 다르기 때문입니다. 같은 반 20여 명의 다양한 성향의 친구들을 만나게 되면서 자기중심적으로 돌아가지 않는 새로운 세계와 마주하게 됩니다. 이런 또래 집단 속에서 아이는 대인관계 지능을 키움과 동시에 평가받게 됩니다.

사회성과 밀접한 대인관계 지능을 높이는 방법은 다음과 같습니다.

첫째, 아이의 말을 경청해 주어야 합니다. 부모가 아이의 이야기를 잘 들어 주어야 다른 사람의 이야기를 아이도 잘 들을 수 있습니다.

둘째, 다양한 역할극을 해 봄으로써 간접 경험을 할 수 있도록 도와줍니다. 학교, 마트, 식당 등 모든 상황을 아이가 다 경험해 볼 수는 없습니다. 많은 상황을 설정함으로써 아이의 생각의 틀을 키워 주면 좋습니다.

셋째, 아이가 좋아하는 책에 나오는 인물에 감정 이입을 해 보고 생각을 주고받는 연습을 해 봅니다. 꼭 주인공일 필요는 없습니다. 이렇게 상대방의 입장을 이해하는 경험을 하게 해 주면 친구 관계에서 많은 도움이 될 수 있습니다.

NQ를 키우는 교육

다름과 틀림, 차이와 차별을 제대로 구분할 수 있는가?

> 모든 색은 어둠 속에서 똑같아진다.
>
> –프란시스 베이컨

예전에 인터넷을 통해 씁쓸한 뉴스를 접한 적이 있습니다. 일반 분양과 저소득층 임대로 공급된 아파트 단지에서 일반 분양 입주민들이 임대 공급 아파트의 아이들과 초등학교를 다르게 해 달라고 교육청에 민원을 넣었다는 내용이었습니다. 놀이터에서 노는 아이들 소리가 시끄럽다며 입주민들이 민원을 제기하자 놀이터를 거주민들에게만 개방한 아파트, 길 건너편의 초등학교 아이들이 등하교하는 시간에 지나다니지 못하도록 입구를 펜스로 막아 버린 아파트까지 이와 유사한 사례는 많습니다.

아이들과 이런 뉴스를 보며 혀를 차고 있지만 혹시라도 저 역시 그런 행동들에 동조했던 적이 있을지도 모를 일입니다. 부모 자신이 이기적이라면 아이 역시 이기적인 행동을 할 확률이 과학적으로 높습니다. 유전적인 요소뿐만 아니라 부모의 말과 행동을 보고 배울 테니까요. 내 아이를 좀 더 인간답게 키우려면 일방적인 지시보다는 부모의 말과 행동부터 바뀌어야 합니다.

◇ 배려하는 능력을 키울 수 있는 절호의 기회

아이들이 다녔던 어린이집에는 '장애 통합반'이 있었습니다. 또래에 비해 신체나 정신적으로 성숙해지는 시간이 좀 더 필요한 아이들이 평범한 아이들과 함께 한 반에서 교육을 받습니다. 제 아이들은 4세 때부터 장애 통합반에 배정되면서 처음에는 적응에 어려움을 겪었습니다. 하지만 시간이 지나면서 다른 친구를 위한 배려를 배우는 기회가 되었기에 아이들의 성장에 많은 도움이 되었습니다.

안타까웠던 사실은, 일부 부모님들이 장애 통합반에서 우리 아이를 빼 달라는 요구를 한다는 점이었습니다. 원장님의 말씀을 빌리자면, 장애 통합반이 아이들의 정서적인 성장에 많은 도움이 된다는 말씀을 드리지만, 안타깝게도 그런 민원은 매년 반복되고 있습니다.

당연히 내 아이의 입장에서도 불편한 부분이 있습니다. 돌발적인 행동이 많은 아이들이다 보니 내 아이가 직접적인 피해를 입을 수도 있고 상대적으로 내 아이에 대한 선생님의 관심이 모자라는 일이 생길 수도 있으니까요. 그렇지만 아이들은 이런 친구들과 생활하면서 양보와 배려를 배울 수 있는 장점도 분명히 있습니다. 자연스럽게 친구를 도울 기회를 얻고 자신을 자랑스러워하며 자기 효능감도 키울 수 있습니다. 집에서는 쉽게 배우기 힘든 이타심을 배울 수 있죠.

외국에서는 장애인을 지칭할 때 일반적으로 '다른 장점을 지닌 사람'이라고 표현합니다. '장애를 지닌 사람'이란 명칭도 'People First 운동'에 의해 장애를 사람 뒤에 써서 'Disabled Poeple'이 아니라 'People with Disability'라고 씁니다. 이렇듯 사회적인 약자를 위한 배려는 교육을 통해서도 드러납니다. 요즘 다름을 받아들임으로써 올바른 가치관을 추구하는 통합 교육은 시대의 흐름입니다. 유엔이나 유니세프 같은 여러 국제기구에서도 평등과 통합, 정상화 이념을 통한 교육 방식을 해야 한다고 강조하고 있습니다.

물론 몸이 불편한 분들을 비롯한 소수를 위한 배려는 어떤 사람에게는 불편하게 느껴질 수 있습니다. 우리가 사는 민주주의 사회는 다수결의 원칙에 따라 모든 사안을 결정해 왔기에 더 그럴 수 있습니다. 하지만 우리가 항상 더 나은 쪽에서만 살 수 있을 거라고 확신할 수 없습니다. 그런 점에서 나보다 어려운 상대방을 이해할 수 있는 교육은 올바른 인성을 기르기 위해서도 중요합니다.

◇ 너와 나는 근본이 달라

일전에 교장 선생님을 통해서 '○○ 키즈'라는 단어에 대한 웃지 못할 에피소드를 들은 적이 있습니다. 강남의 ○○초등학교에서는 눈에 띄거나 뛰어난 아이들이 보이면 엄마들이 이렇게 묻는다고 합니다. "걔, ○○ 키즈야?" ○○ 키즈란 중간에 온 전학생이 아니라 입학할 때부터 ○○초등학교를 다녀야만 얻을 수 있는 칭호라고 합니다. 언제 어떻게 생겼는지도 모를 그런 단어를 어른들은 과연 무엇을 위해 만들었을까요? 아마도 너와 나는 다르다는 사실을 구분해서 상대적인 우월감을 나타내기 위해서였겠죠.

제가 예전에 살던 동네에서는 이보다 더 충격적인 일도 있었습니다. 그 지역의 초등학교 2학년 학생이 쉬는 시간에 친구들과 무슨 일로 화가 났는지 갑자기 교실을 뛰쳐나갔었다고 합니다. 그러고는 조금 뒤 수업 도중에 문을 열어젖히고는 이렇게 소리쳤습니다. "야, 이 거지 ㅅㄲ들아!"라고 말이죠. 알고 보니 그 아이는 그 동네에서 제일 비싼 주상복합 아파트에 살고 있던 친구였다고 합니다.

이런 이야기는 마치 신라 시대의 폐쇄적인 신분 제도였던 골품제를 연상시킵니다. 성골 〉 진골 〉 6두품 〉 5두품 순으로 나뉘는 골품제는 신분의 경계가 극명하게 나뉘고 신분 상승도 불가능했습니다. 이런 불합리한 제도는 신라가 멸망하게 된 제일 큰 원인이기도 했습니다. 지금 우리는 민주주의와 자본주의 시대에 살지만, 돈이나 학력이 큰 힘이자 능력으로 평가되고, 그에 따라 사람들은 보이지 않는 신분으로 나뉩니다. 물질적인 능력을 다른 중요한 가치들보다 우선시하는 이런 행태를 천민자본주의라고 합니다. 전학을 왔든 사는 곳이 다르든 간에 이런 잣대로 사람을 구분하는 법을 배우게 된다면 그 아이는 결국 또래들 사이에서 고립된 삶을 살게 될 수밖에 없습니다.

◇ 우월감은 사람을 얼마나 망가뜨릴 수 있는가!

「EBS 다큐프라임 '공부의 배신, 나는 왜 너를 미워하는가?'」 편에서는 경쟁과 평등, 차이와 차별의 경계에 대해 생각하게 해 줍니다. 현재 우리나라의 대학은 다양한 형태의 수시 모집으로 입시전형을 치릅니다. 아시다시피 수시 모집 제도는 교육의 대물림과 공정성의 문제로 최근에도 끊임없이 논란이 제기되고 있습니다.

그렇지만 이 프로그램은 입시 제도가 아닌 다른 방향에서 새로운 문제점을 제시합니다. 대학 안에서 전형에 따라서 새로운 계급 사회가 형성되고 있는 안타까운 현실에 대해서 말이죠. 명문대의 입학 전형은 크게 일반 전형(대부분 특목고 또는 자사고 출신)과 기균(기회 균등), 지균(지역 균등)으로 나뉩니다. 기회 균등 전형은 농어촌 학생, 저소득층 학생, 농·생명 고교 계열 졸업 예정자, 장애 학생, 북한 이탈 학생 등이 지원 가능한 전형이며, 지역 균등 전형은 일종의 지역 할당제입니다. 문제는 여기서부터입니다. 명문대에 일반 전형으로 입학한 명문고 졸업생들은 기균이나 지균으로 입학한 신입생들에 대한 불편한 감정을 여과 없이 표현하기 시작합니다.

그들의 이야기를 조금 더 쉽게 풀어서 이야기하면 "나는 소위 명문고라고 불리는 학교에서 잠까지 줄여 가며 열심히 공부해서 이 대학교에 왔다. 기균이나 지균을 통해 입학한 아이들은 나보다 고등학교 때 공부도 열심히 하지 않았고, 성적도 좋지 않은데 이 학교에 입학했다. 이것이 과연 공정한 방법인가에 대한 생각이 들어서 그 친구들에게 기분이 나쁘다."라는 의견입니다.

당연히 일리가 있는 생각입니다. 하지만 수시 모집은 일반적으로 현재, 그러니까 성적에 대한 평가만 하자는 취지가 아닙니다. 아직 제도적인 보완이 필요하지만 지금 성적을 포함해 발전 가능성, 전공 적합성, 인성까지 모두 두루 살펴보며 인재를 뽑겠다는 제도입니다.

그리고 설사 제도적인 문제점이 있더라도 제도가 아닌 그 사람에게 노골적인 적대감을 드러내는 방식은 올바른 해결 방법이라고 보기는 어렵습니다. 이러한 학생들의 불만은 생각에만 그치지 않고 편 가르기 형태의 행동으로까지 표출됩니다. 대학교 개강 파티, 만우절 때 자기의 출신 고등학교 교복을 입는 이벤트를 통해 출신 학교를 구분하고 그 안에서 그들끼리 계급과 서열을 나누기 시작합니다. 우월감을 이렇게라도 표현하는 것이죠.

불완전한 제도로 인한 발생한 안타까운 폐해라고 볼 수 있겠지만 본질은 따로 있습니다. 아이들의 목표는 대부분 좋은 고등학교를 진학해 좋은 대학으로의 입학에만 초점이 맞춰져 있습니다. 궁극적인 교육의 목적은 대학 입학이 아니지만, 쉼 없이 달려가기만 하다 보면 어느새 그렇게 되고 맙니다. 이렇게 아이들의 인성 교육은 뒤로 미뤄 두고 초·중·고 12년 동안 끊임없이 경쟁하며 정육점의 한우처럼 등급과 등수, 이름값에만 얽매이는 기성세대와 우리나라의 교육 시스템이 이러한 사회 문제를 만들고 말았습니다. 이런 문제가 과연 앞으로도 생기지 않으리라는 법이 없습니다.

차이와 차별은 엄밀히 다릅니다. 이 두 가지를 구분할 수 있는 능력은 매우 중요합니다. 그래야 다른 사람과 나의 차이를 인정하고 불합리하게 차별하지 않으며, 또 억울하게 차별당하지 않고 살 수 있습니다. 내가 강자가 되어 누군가를 차별할 수 있다면 반대로 나 역시 누군가에게 약자로 취급되어 차별당할 수 있다는 사실을 잊지 말아야 합니다.

이미 우리가 사는 사회에서는 다양한 유형의 편 가르기가 나타납니다. 제가 몸담은 회사에서도 이미 남녀, 노소, 직군, 직급, 지역, 학력 간의 다양한 갈등이 존재합니다. 가벼운 사회 현상처럼 여기지만 편견과 차별의 종착역은 고립입니다. 미래 인재에게 필요한 능력이 다양한 사람들과의 협업이라는 점에서 아이가 이런 점에서 제대로 된 가치관을 가질 수 있도록 하는 슬기로운 지도가 꼭 필요합니다.

07

NQ를 키우는 교육

학교 활동에 좀 더 적극적으로 참여할 수 있는가?

> 첫째, 본보기요, 둘째 역시 본보기요, 셋째도 본보기다.
>
> –슈바이처
>
> 같이 모이는 것은 시작을 의미한다. 같이 협력해서 일하는 것은 성공을 의미한다.
>
> –헨리 포드

아이가 초등학생이 되면 아이뿐만 아니라 부모도 큰 변화를 겪습니다. 결혼, 출산에 이어 입학은 부모에게는 꽤 부담스러운 이벤트입니다. 가만히 관찰해 보면 어른이 아이보다 스트레스를 더 많이 받습니다. 학년 초기에는 부모의 참여가 필요한 행사도 많았고 챙겨야 할 일들도 너무 많아서 학생보다 부모가 더 바쁘기 때문입니다. 저는 뜻하지 않게 아이 학급의 총회에서 아빠라는 이유로 다양한 감투를 많이 맡게 되었고, 바쁘지만 여러 방면으로 경험할 수 있는 1학년 학부모의 삶을 살기 시작했습니다.

◇ 이 동네에서 제일 튀는 아빠

북유럽의 아빠들은 육아나 자녀 교육에 대한 열정은 '라테파파'라는 단어로 더 널리 알려져 있습니다. 그 흐름에 발맞춰 우리나라 역시 요즘 아빠들의 육아 참여뿐만 아니라 육아 휴직 역시 점점 더 늘어나는 추세입니다.

하지만 막상 아이를 키우며 현실을 살펴보니 우리나라 아빠들의 육아 참여 방식은 북유럽 아빠들과는 달리 적극적으로 앞에 나서기보다는 조용히 눈에 띄지 않는 방식이 많았습니다. 동네에서 아이와 낮에 함께 다니거나 놀아 주는 아빠들은 너무나도 눈에 잘 띄다 보니 관심도 많이 받습니다. 아무래도 부담스러울 수밖에 없는 구조이죠.

그와 달리 저는 적극적인 방식으로 육아와 교육에 참여했습니다. 보통 일선 초등학교에서는 학부모 연수, 학부모 상담, 체육대회 같은 프로그램과 다양한 심의나 회의에 참여하는 학부모 단체가 운영됩니다. 일단 행사가 있을 때는 빠지지 않았고, 학부모 단체에서는 학교 운영위원회 활동도 4년 해 왔으며, 2023년에는 학부모회장까지도 맡았습니다.

막상 이런 활동을 해 보니 학교의 조직은 의외로 아빠를 만나기 힘든 견고한 금남의 영역이었습니다. 그런 이유로 저는 본의 아니게 초창기에는 다른 위원들께 불청객이 되어 눈칫밥을 먹기도 했습니다. 그럼에도 없는 시간을 내며 꾸준한 활동을 했던 이유는 아이에게 좋은 본보기가 될 수 있고 대화의 폭도 넓힐 수 있었기 때문이었습니다.

이렇게 적극적으로 나서는 모습은 아이들에게 충분한 동기 부여가 되었습니다. 새 학기가 시작될 때 학급회장 선거에 나갈 때도 제 평소 모습이 아이의 결심에 꽤 많은 도움이 되었다고 합니다. 그리고 학교와 관련된 주제로 대화를 나눌 때도 공통분모가 많아서 큰 도움이 되었습니다.

만약 이런 활동을 하실 때 유념해야 할 부분은 자신이 맡은 역할을 이용해 아이의 학교생활에 대해 개입하지 않아야 한다는 점입니다. 아이는 아이 대로의 삶을 살아야 하고, 부모는 부모 대로의 삶을 살아야 하니까요. 그리고 김영란법 덕분에 요즘은 세상이 많이 바뀌어 학교에서 엄청난 권력을 가진 학부모도 거의 존재하지도 않습니다.

◇ 사회의 진화, 사회성의 퇴화

OECD 2030 미래 교육 회의에서 OECD 역량국 안드레아스 슐라이 국장은 "앞으로 미래에는 창의력, 문제 해결 능력, 사회성, 역량, 협업, 상호 작용에 대한 중요도가 커졌다."라고 말했습니다. 이 중 사회성과 협업은 인간관계와 매우 밀접한 관계가 있습니다.

평소 자주 가는 단골 가게에서 종업원이 자신에게 아는 척을 했다는 이유로 그 가게에 다시는 가지 않겠다는 내용이 인터넷에서 화제가 된 적이 있었습니다. 더 놀라운 사실은 그 글에 공감하는 사람들이 꽤 많았다는 점입니다. 요즘 세대는 자신의 영역에 새로운 관계가 침범하는 상황을 원치 않습니다. 이런 행동을 요즘 세대는 '선'을 넘는다고 표현하죠.

유발 하라리의 『사피엔스』에서는 호모 사피엔스가 다른 인류의 조상 중에서 유일하게 살아남을 수 있었던 가장 큰 이유를 사회성이라고 꼽습니다. 지금까지 인간은 무리 지어 협력하고 소통하며 생존해 왔습니다. 고도화된 현대 사회와 SNS로 대표되는 온라인상의 얕고 단편적인 인간관계가 오히려 인간의 사회성을 퇴화시키고 있는 셈입니다.

나 혼자 살고 나 혼자 무언가를 한다고 해서 나쁘게 볼 필요는 없습니다. 다만 이런 추세가 지속된다면, 인간관계를 올바르게 형성할 기회를 잃고 자칫 고립된 삶을 살게 될 수도 있습니다. 예전부터 인간은 '우리'라는 공동체의 그늘에서 성장해 왔지만 지금은 '나'를 더 강조하는 삶의 경향이 나타나고 있습니다. 그와 함께 사회적인 경험이나 교류도 감소하고 있습니다. 이런 현상의 심화는 공감 능력과 이타성을 떨어뜨립니다. 이를 두고 전문가들은 사회적 자본(관계망)의 상실이라고 표현하며 경계해야 한다고 주장합니다.

내 자녀가 사회성이 꼭 뛰어나야 할 필요는 없지만, 사람 사이에서 사회적인 관계를 형성하는 최소한의 방법은 알아야 합니다. 비대면 사회가 가속화된다고 해서 그것이 인간끼리의 관계 형성이나 대면 활동 자체가 필요 없어진다는 의미는 아닙니다. 미래 사회를 예측하는 전문가들은 미래형 인재로 '주위 사람과 협력하며 문제를 해결하는 능력'을 가진 사람을 꼽습니다. 사회성을 비롯한 소통 능력은 중요한 경쟁력입니다.

최근 한 매체에서 "한국계 미국인은 똑똑하다. 하지만 실리콘밸리에서는 왜 인도계 CEO가 뽑히는 것인가?"[2]라는 기사가 나온 적이 있습니다. 여기서 언급한 한국계와 인도계의 가장 큰 차이점은 자연스럽게 사람들과 어울릴 수 있는 의사소통 능력이라고 합니다. 아이가 다양한 사람과 만나고 다채로운 경험을 통해 진정한 리더가 되기 위해서는 네트워킹 능력은 매우 중요합니다.

부모가 먼저 적극적으로 사회적인 활동을 한다면 아이의 사회성을 키우는 데도 큰 도움이 됩니다. 부모가 먼저 적극적으로 다양한 사람들과 인간적인 관계를 맺는 모습을 보고 배울 수 있습니다. 친구들을 초대해서 함께 어울리는 방법도 좋고, 학교 활동에도 기회가 된다면 적당한 범위 내에서 참여해 보면 어떨까요?

---

2) https://news.v.daum.net/v/20210902075922520

◇ 선생님과 상담의 중요성
(선생님, 제 아이는 제가 제일 잘 알아요.)

다른 부모들과 대화해 보면 자신의 아이에 대해서 완벽히 안다고 자신하는 분들이 있습니다. 실제로는 그렇지 않은 경우가 더 많죠. 앞서 언급했던 확증편향을 통해 부모는 스스로 아이를 완벽하게 이해하며 키우고 있다고 오해하고는 합니다. 이를 심리학 용어로 '자기 과신의 함정'이라고도 표현합니다. 자신이 보고 싶은 부분만 보다 보니 아이에 대해 객관적으로 알지 못하고 잘못된 예측과 결과로 이어지게 되는 경우가 많습니다.

이런 문제를 예방해 주는 훌륭한 방법이 바로 선생님과의 상담입니다. 선생님은 아이를 부모보다 객관적인 위치에서 관찰할 수 있어서입니다. 자신의 말과 행동도 온전히 기억하거나 이해하기 힘든 존재가 바로 사람입니다. 하물며 자신의 아이에 대해서 다 알고 있다는 식의 확신은 위험합니다. 『아이와 나는 한 팀이었다』의 저자이자 「공부가 머니」의 멘토로 출연했던 최성현 작가 역시 아이에 대한 정확한 이해에서부터 아이에 대한 제대로 된 교육이 시작됨을 강조합니다.

집에서는 차분하고 조용한 성격인 줄 알았던 아이가 친구들과 있을 때는 생각보다 활발하기도 합니다. 그 반대의 경우도 충분히 많이 있습니다. 아무래도 부모가 접하게 되는 아이의 모습은 시간과 장소가 한정되기에 단편적일 수밖에 없습니다. 그러므로 아이의 인지 능력이나 사회성, 문제 행동 등을 모두 알기는 어렵습니다. 아이가 태어나면서 갖는 기질과 달리 성격은 완성되지 않은 상태입니다. 성장하면서 다양한 경험으로 카멜레온처럼 변화를 겪으며 굳어갑니다. 우리가 아이에 대해서 현재 알고 있는 모습은 아이가 가진 수많은 모습 중 하나라고 받아들여야 합니다. 결국 우리는 아이가 보이는 기질과 성격을 지나치게 고치려 하지 말고 긍정적인 요소를 가질 수 있도록 이끌어 주기만 하면 됩니다.

보통 학교의 학부모 상담은 선생님과 정기 상담이 아니더라도 시간을 정해서 수시로도 가능합니다. 일반적으로는 1년에 2회 정도 합니다. 선배 엄마들과 전문가들은 1학기는 전화 상담을, 2학기 때는 방문 상담을 추천합니다.

1학기 상담: 참고가 필요한 직전 학년에서 있었던 사건이나 건강과 같은 아이 신상의 특이 사항
2학기 상담: 수업 태도, 교우 관계, 급식 관련 등의 미리 질문을 준비
불필요한 질문: 선생님이나 다른 아이에 대한 신상 정보 질문, 아이에게 충분히 들을 수 있는 질문

선생님도 사람이라 다양한 성향이 존재하기에 부모들의 평가도 천차만별입니다. 그렇다고 너무 미리 걱정할 필요도 없습니다. 소문은 좋지 않았지만, 직접 겪어 본 뒤의 평가가 더 후했던 분도 많았습니다. 선생님과 학부모는 갑을 관계가 아니므로 고압적인 자세를 가져서도 안 되고 지나친 저자세를 가질 필요도 없습니다. 이렇게 선생님과의 원활한 소통으로 아이에 대한 정보들을 주고받으면 아이에 대

해 깊이 이해하는 데 도움을 얻을 수 있습니다.

◇ 아이 앞에서 선생님께 감사하는 마음만 가지고 흉을 보지 말 걸

아이를 초등학교에 보내게 되면 제일 크게 와닿는 변화가 있습니다. 초등학교 선생님에게 느껴지는 거리감입니다. "어린이집이나 유치원보다 초등학교 선생님은 왜 이렇게 소통하기가 힘들게 느껴지지?"라고 말하는 1학년 엄마들이 많습니다. 당연한 이야기지만 7세까지는 보육이 중심이라면 8세부터는 교육에 특화되어 있습니다. 인원도 한 반에 열다섯에서 많게는 서른 명이 넘기도 하니 선생님의 처지에서는 모든 아이를 살갑고 꼼꼼하게 챙겨 주기는 쉽지 않습니다.

아이에 대해 하나하나 꼼꼼히 살펴 주시던 어린이집 또는 유치원 선생님들과 매일 같이 교감을 나누던 부모는 바뀐 환경에 혼란스럽습니다. 아이에 대해서 수시로 이것저것 전달하던 환경과는 사뭇 다르니까요. 아이를 직접 데리러 가지 않기에 일단 선생님을 만나기도 쉽지 않습니다. 그러다 보니 전화나 대면으로 나누는 대화에도 온도차가 생길 수밖에 없습니다. 당연히 불편하고 어색할 수 있습니다. 하지만 이런 변화를 통해 아이도 부모도 성장해 나간다고 생각하면 한결 마음이 수월해집니다.

아이에게 문제가 생겨서 전화로 대화를 나눌 때도 마찬가지입니다. 물론 선생님의 말투와 태도가 아쉬운 경우도 있습니다. 그렇지만 선생님과 대립하는 태도를 보이기보다는 함께 해결할 방법을 찾아나가야 합니다. 일 년 동안 여행을 함께할 동반자라고 생각하며 원만한 관계를 유지하는 편이 아이의 즐거운 학교생활에도 도움이 됩니다.

뜻하지 않게 불쾌한 상황이 생기더라도 아이 앞에서는 이런 감정을 내색하지 않는 편이 좋습니다. 부모가 선생님에 대해서 불만을 토로하기 시작하면 아이도 눈치가 있으니 당연히 알아듣습니다. 이런 경험이 누적되면 아이의 학교생활에도 부정적인 영향을 미칠 수 있습니다. 아시다시피 아이는 자신을 가르치는 선생님을 좋아해야 말을 더 잘 들으며, 학교생활도 즐거워지며 학교생활에도 잘 적응할 수 있기 때문입니다. 특히 이 내용은 학교 주관으로 전문가를 초빙해 1학년 초에 학부모 대상의 연수 때도 강조되는 부분입니다.

선생님도 당연히 할 말은 있습니다. EBS의 「극한 직업 플러스」에서는 초등학교 1학년 선생님의 어려움을 소개한 적이 있습니다. 초등학교에서 선생님들이 가장 기피하는 학년이 바로 1학년과 6학년이라고 합니다. 자아가 강해져서 선생님의 통제가 어려운 6학년과 아직 학교생활의 적응이 필요한 데다 일부 몰지각한 부모들의 시도 때도 없는 질문과 민원에 시달리는 1학년 선생님의 고충은 널리 알려져 있습니다. 이는 이웃 나라 일본과 중국에서도 마찬가지로 사회 문제가 되고 있습니다. 선생님의 업무는 점점 과중되는 반면에 학부모의 기대치는 커지다 보니 생기는 현상이라는 점에서 상황을 이해하고 대처하는 지혜가 필요합니다.

하지만 학교 선생님 말고도 존중해야 할 중요한 대상이 또 있습니다. 바로 아이가 다니는 학원 선생님입니다. 아이의 관심도나 역량에 따라 학원이라는 곳이 어쩔 수 없이 필요하기도 합니다. 아이를 학원에 보낼 때도 역시 선생님에 대한 예의를 지켜 주는 모습을 아이에게 보여 주어야 합니다. 물론 우리가 돈을 내기 때문에 당연히 양질의 서비스를 제공받아야 한다고 생각할 수는 있습니다. 그렇다고 학원 선생님을 함부로 대할 수 있는 권리까지 얻었다고 볼 수는 없습니다. 부모가 학원 선생님과 소통할 때도 예의를 갖추는 모습을 보여 준다면 아이에게 올바른 소통 방식을 알려줌과 동시에 인성 함양에도 도움이 될 것입니다.

NQ를 키우는 교육

집안일과 심부름을 중요하게 생각하고 가르치고 있는가?

> 자식을 불행하게 하는 가장 확실한 방법은 언제나 무엇이든지 손에 넣을 수 있게 해 주는 일이다.
>
> –에밀

"너는 가만히 있으면 그게 엄마 도와주는 거야.", "그냥 앉아서 책이나 보고 있어.", "그러니까 내가 하지 말라고 그랬잖아." 아이에게 이렇게 이야기해 보신 적이 있으실 겁니다. 아이에게 뭐라도 시켜 보려 하면 신경이 쓰일뿐더러 시간도 두 배는 족히 들어갑니다. 처음은 누구에게나 힘들 수밖에 없습니다. 집안일이나 심부름을 아이가 직접 하면 가족 구성원으로서 스스로 배우고 성장할 수 있는 기회를 얻을 수 있다는 점에서 장점이 많습니다.

◇ 헬리콥터 맘, 잔디깎이 맘의 폐해

요즘에는 준비물이나 과제 준비는 물론 아이가 스스로 할 수 있는 일을 당연스레 대신해 주는 상황이 비일비재합니다. 심지어 요즘에는 대학교나 직장에 가서도 자녀의 삶을 관리해 주는 부모도 부쩍 많아졌습니다. 회사도 "아이 부서를 바꿔 달라, 왜 우리 아이 야근을 시키느냐?, 아이가 오늘 아파서 결근한다."라는 내용으로 직원의 부모 전화도 종종 온다고 합니다.

이런 경우를 헬리콥터처럼 주위를 돌며 감시한다고 해서 '헬리콥터 맘'이라고 하며, 자녀 앞의 장애물을 모두 없애 준다고 해서 '잔디깎이 맘'이라고 부릅니다. 물론 지금은 아이에게 시키느니 손이 빠른 부모가 직접 하는 편이 훨씬 편합니다. 그렇지만 아이가 스스로 할 수 있는 영역을 넓혀 주는 교육을 하지 않은 대가는 생각보다 큽니다.

호주 맥쿼리대학교 정신건강센터의 연구진은 200명의 아이들과 엄마를 추적, 조사한 연구를 발표했습니다. 초기 발달 단계에 지나친 간섭을 하고 과잉보호를 하는 엄마 아래서 자란 아이는 나중에 불안을 더 많이 느끼고 그만큼 삶의 질도 떨어진다고 내용이었습니다. 사랑해서 한 엄마의 행동들이 오히려 아이의 삶을 더 힘들고 어렵게 한다는 분석이었죠.

연구진은 아이들이 3~4세일 때 한 차례 평가한 뒤 5년 후에 다시 조사를 했습니다. 그리고 그 엄마들과 아이들의 상호관계를 관찰하고, 엄마들에게 '나는 자녀가 누구와 놀 것인지 결정해 준다.', '나는 아이가 스스로 옷을 입을 수 있음에도 입혀 준다.' 등의 문항을 포함한 설문조사를 실시했는데, 그 결과 과잉보호하며 통제하는 엄마 아래서 자란 아이가 삶 속에서 불안을 크게 느낀다는 사실을 확인했다고 합니다. 또한, 이 연구를 주도한 제니퍼 허드슨 교수는 "취학 전 유아 시절에 지나치게 간섭하거나 과잉보호하는 엄마의 자녀들이 중기 아동기(6~12세)에 임상적 불안 진단을 받을 확률이 더 높다."라고 덧붙였습니다.

결국 이러한 과잉보호는 아이가 스스로 무언가를 해내고 독립적인 인간으로 살 수 있는 시기를 늦추게 됩니다. 그래서 『안씨가훈』의 「명성과 실질」 편에서도 "자식을 사랑하면 대신해 주지 마라."라고 말합니다. 스스로 무언가를 할 수 있는 기회를 배우는 일이 중요하다는 사실을 강조한 것입니다.

◇ 일거삼득의 정리하는 습관

연예인의 집을 찾아가서 물건들을 정리해 주고 버려 주는 프로그램이 인기를 끌었던 적이 있습니다. 정리 대행 서비스도 인기몰이 중이며 정리 수납 전문가는 이제 우리에게는 익숙한 직업이 되었습니다. 무언가를 치우고 정리하고 버리는 일이 그만큼 어려움을 뜻합니다.

어른도 이러한데 아이는 오죽하겠습니까. 아이를 키우다 보면 쫓

아다니면서 어질러 놓은 물건들을 치우기에도 하루가 부족합니다. 그렇기에 정리로 인한 스트레스를 너무 받는 일부 부모는 아이에게 과할 정도로 화를 내기도 합니다.

오늘도 우리는 아이가 휩쓸고 지나간 자리를 보며 한숨을 쉬며 잔소리를 하지만, 결국은 직접 주섬주섬 치우고 맙니다. 아이에게 정리하는 습관을 들이겠다는 계획은 중요하고 매력적입니다. 안타깝게도 이 원대한 꿈은 꼼꼼한 설계와 인내심이 필요한 어려운 작업이기도 합니다.

아이가 집안일을 돕게 되면 생각 외로 많은 장점이 있습니다. 집중력과 기억력을 키울 수 있고 통찰력, 책임감, 자립심을 기를 수 있을 뿐더러 성취감도 배울 수 있습니다. 그와 더불어 다른 사람들이 무엇을 필요로 하는지 살필 줄 아는 능력도 키워 줍니다. 제대로 배우기만 한다면 아이에게 어마어마한 효과를 주는 마법인 셈입니다.

하버드 의대 조지 베일런트 교수가 11~16세 아이를 35년간 추적 조사를 해서 연구를 했습니다. 그 결과에 따르면, 성공한 삶을 사는 성인으로 자란 아이들이 가진 공통점은 어려서부터 '집안일'을 경험했다는 사실, 단 하나뿐이었다고 합니다.

◇ 집안일을 시키는 효과적인 방법

아무리 좋다고 한들 아이에게 집안일을 시키기란 쉬운 일은 아닙니다. 대부분의 아이는 귀찮아하고 하지 않으려고 합니다. 그런 상황에서 일방적이거나 강압적인 방식으로 접근한다면 오히려 역효과입니다. 시킬 때도 정중히 부탁하거나 놀이처럼 접근하는 방식이 필요합니다. 아이가 쉽게 할 수 있는 항목부터 시작해서 시간을 함께 의논해 정해 보면 집안일도 아이와 함께 즐겁게 할 수 있습니다.

집안일에서 가장 기본은 바로 정리입니다. 아이가 참여할 수 있는 정리의 종류와 난이도는 크게 다음과 같습니다.

정리 난이도					
신발	☆	침구류	☆☆	책 학용품	☆☆☆
장난감	☆	재활용품	☆☆	설거지	☆☆☆☆
식기, 식탁	☆☆	옷, 빨래	☆☆☆	청소기	☆☆☆☆

무슨 일이든 루틴(습관)으로 만들어 주는 가장 중요한 요소는 반복입니다. 정리도 마찬가지입니다. 몇 번의 연습이 누적되어 자신감이 생기면 표에 언급된 집안일 외에도 분리수거나 화장실 청소, 마트 심부름을 시킬 수도 있습니다. 아이와 함께할 수 있는 집안일들은 생각 외로 많습니다.

정리를 습관으로 만들기 위한 방법은 다음과 같습니다.

1. 강압적으로 시키지 말고 아이가 준비가 되었을 때 의욕을 갖고 할 수 있도록 해 줍니다.

2. 습관이 되기 전까지는 부모가 함께 도와줍니다.

3. 나중으로 미루지 말고 그때그때 조금씩이라도 하게 합니다.

4. 물건 보관하는 장소나 라벨링 박스를 만들어서 정리합니다.

5. 필요 없는 물건들은 아이와 상의해서 바로 버립니다.

6. 정리를 마쳤다면 부족함이 느껴지더라도 아낌없는 칭찬을 해 줍니다.

반복적인 행동으로 뇌 안에 뇌 회로가 만들어지는 것을 뇌과학에서는 '습관'이라고 표현합니다. 심원목 성균관대 글로벌 바이오메디컬 공학과 교수는, 습관을 만들면 더 적은 자원으로 뇌를 사용할 수 있어 효율적으로 일을 할 수 있게 된다고 분석했습니다. 이렇게 집안일이 습관으로 만들어지고 익숙해진다면 다른 좋은 습관을 만드는 데도 긍정적인 영향을 미칠 수 있습니다.

◇ 요리는 일석십조의 교육

넷플릭스 시리즈 「베이크 스쿼드」는 의뢰자의 사연에 맞는 디저트를 최고의 전문가들이 만들어서 경쟁하는 프로그램입니다. 이 프로그램을 보면 요리가 얼마나 대단한 종합예술인지를 깨닫게 됩니다. 창의력은 물론 공감 능력, 회복 탄력성, 수학, 화학, 미술, 협동 등 정말 많은 덕목을 배울 수 있다는 사실을 알게 됩니다.

요리도 엄연한 집안일입니다. 아이와 함께하는 요리라고 하면 일단 겁부터 더럭 나는 분들이 많으실 겁니다. 주방에는 칼과 가위뿐만 아니라 가스레인지나 인덕션처럼 위험한 도구들이 많습니다. 그렇지만 아이와의 요리로 얻는 장점은 그런 걱정을 모두 덮을 수 있습니다. 부모와의 교감 형성을 비롯해 심리적 안정감을 주기 때문입니다.

거창한 요리를 만들기가 부담스럽다면 간단한 방법도 있습니다. 호떡, 초콜릿 등 아이의 입맛에 맞는 다양한 믹스형 제품이나 요즘 유행하는 밀키트는 아이와 함께 만들기에 그리 어렵지 않습니다. 이 단계에서 조금 더 발전하면 플라스틱 칼로 재료를 썰게 해 보는 등 요리 과정에서 위험하지 않은 임무를 줄 수 있게 됩니다.

아이가 요리에 참여해 보면 만드는 과정이 재미있지만 한편으로 생각보다 힘든 점이 많다는 사실도 깨닫습니다. 음식의 소중함과 그 음식을 만들어 주는 부모님에 대해 감사하는 마음을 알게 됩니다. 더불어 집안일에 함께 참여했다는 자신감이나 성취감도 얻을 수 있습니다. 오감을 키울 수 있으며 건강한 식습관을 스스로 만들어 나갈 수 있다는 점도 장점입니다.

EPILOGUE

아이의 유년 시절은 하루하루를 버티면서 키우기에도 벅찬 시기입니다. 아직 제대로 된 소통이나 교육이 쉽지 않은 시기라서 더욱 그렇습니다. 아이는 부모의 마음을 알아주지 못하고 하루에도 몇 번이나 걱정하게 만들고 속상하게 합니다. 그런데 생각보다 시간은 빨리 지나갑니다. 아이들이 훌쩍 커 버리고 초등학교 졸업반이 되자 달라진 모습을 보여 줍니다.

예전에는 제가 잔소리를 하면 그냥 가만히 듣고만 있던 아이들이 "제가 알아서 할게요, 그렇게 하는 게 꼭 잘못한 건 아니잖아요."라며 조곤조곤하게 부모의 말에 제법 반박도 잘합니다. 이제는 아이에게 스스로 판단하고 행동할 수 있는 이성이 갖춰지고 있다는 의미겠죠. 아이의 자율성을 존중해 줘야 하는 시기가 왔다는 사실은 자녀 교육의 효과도 많이 떨어질 수밖에 없음을 의미합니다.

올바르게 잘 자란 아이로 키우기 위해서는 선생님과 친구도 잘 만나야 하고 학교나 학원도 중요합니다. 하지만 적절한 시기에 부모의 역할이 무엇보다 중요합니다.

바야흐로 요즘은 생성형 AI의 시대입니다. 새롭게 공개되는 놀라운 기술들은 점점 더 우리의 생활 속으로 파고들고 있습니다. 단순히 앞으로 우리의 삶이 편리해질 수 있다는 의미로만 이 변화를 받아들인다면 큰 오판입니다. 과학, 기술뿐만 아니라 정치, 경제, 국방, 사회, 문화, 환경을 포함한 거의 모든 분야가 지난 20년보다 몇 배나 더 빠르게 변화한다는 의미입니다. 당연히 직업도 마찬가지죠. 이러한 변화는 불가피하며 적응하기 위해서는 준비가 필요합니다. 현재 우리나라의 교육은 예년의 교육에 비해서 분명히 성장했다고 볼 수 있습니다. 하지만 학교 교육만으로는 앞으로 다가올 세상에서 온전히 적응해 살아남을 수 있다고 확신하기 어렵습니다.

특별한 아이는 스스로 습득하고 성장할 수도 있지만, 부모가 옆에서 중요한 부분들을 놓치지 않고 조력자 역할을 조금만 해줄 수 있다면 어마어마한 시너지 효과를 낼 수 있습니다. 이 책은 그런 역할을 하겠다는 의지를 가진 부모를 위해서 쓴 책입니다. 물론 현실적인 어려움도 존재하지만, 어려움을 극복하고 얻은 열매는 정말로 달콤할 수밖에 없을 겁니다.

이 원고를 처음에 쓰겠다고 다짐하고 나서부터 저는 수없이 많은 어려움을 겪었습니다. 아이들과 커다란 갈등을 한 번씩 치를 때마다 제가 많이 부족하다는 생각에 괴롭기도 했습니다. 이 시기에 아이들에게 생기는 문제는 대부분 부모의 책임인 경우가 많으니까요. 심한 경우에는 제가 자녀 교육에 대한 글을 쓸 자격이 있는가 하는 고민을 한 적도 있었습니다. "땀과 노력은 배신하지 않는다."라는 말도 있지만, 옳은 방향으로 땀과 노력을 쏟고 있는지에 대한 의구심도 들었습니다.

이런 위기를 몇 번이나 겪었지만 가족들의 도움과 다양한 강의나 책을 통해서 조금씩 성장해 나갔고, 제가 가고자 하는 방향이 틀리지 않았음을 깨달았습니다. 감사하게도 제가 활동하는 브런치스토리나 네이버 블로그에서의 활동을 통해서 많은 분이 공감해 주시고 격려도 해 주셔서 큰 힘이 되었습니다. 지금은 또래 아이를 키우는 부모님들의 생생한 경험담과 조언과 걱정들도 영감을 주었습니다. 고등학생이나 대학생 자녀를 가진 선배 엄마들이 이 글의 초안을 읽고 자신의 경험담을 공유해 주시며 공감도 해 주셨습니다. 그런 도움들 덕분에 이 책이 빛을 본다면 분명히 누군가에게는 가치 있는 책이 되어 도움이 될 거라는 확신이 들었습니다.

우리 아이들은 유례없는 비대면 시대를 헤쳐 나왔고 부모 세대가 경험했던 어린 시절과는 달리 빠르게 변화하는 세상을 살고 있습니다. 지금도 바뀌고 있는 세계는 어른조차도 따라가기는 벅찹니다. 그래서 우리의 희망인 아이들이 새로운 세상에 잘 적응할 수 있도록 부모의 역할은 더 중요해질 수밖에 없습니다.

제가 글 속에 녹여 낸 내용 중에서는 제가 자신 있게 권하는 내용도 있지만, 제가 아직 온전하게 해내지 못해서 계속 노력하고자 하는 부분도 있습니다. 그리고 저 역시 현재 아이들을 계속 키워 나가고 있는 과정이기에 아이를 잘 키워 냈다는 평가도 아직 받기는 이른 상황이죠. 그렇지만 이 글을 시작한 시점부터 꾸준히 책에서 던진 질문들을 놓치지 않고 노력하면서 잊지 않고 아이의 교육에 적용해 나간다면 분명히 훌륭하게 성장시킬 수 있으리라 확신합니다.

이 책에 언급하는 질문들이 너무 방대하고 어렵다고 느껴져 부담스러울 수도 있습니다. 첫술에 배부를 수 없으며 모든 걸 완벽하게 해 낼 수 없을지도 모릅니다. 다만 마음에 와닿는 대목부터 하나씩 바꿔 나가는 노력을 한다면 그 노력은 결코 헛되지 않을 것입니다. 위대한 도전들은 모두 첫걸음을 내딛기 시작한 뒤 이루어졌으니까요.

이 책이 아이의 교육에 대해서 관심을 본격적으로 가지고 고민이 시작되는 부모님들께 아이를 교육할 때 무엇이 중요한지를 조금이나마 알려드릴 수 있는 나침반의 역할을 할 수 있기를 바라봅니다.

그리고 이 책이 나오기까지 도와주신 수많은 분께 감사의 마음을 전하며, 특히 제 활동을 묵묵하게 응원해 준 아내와 두 아들에게도 고마운 마음을 전해 봅니다.

감사합니다.

◇ 참고문헌

○ 『2040 디바이디드』 조병학 저 | 2019년
○ 『사피엔스』 유발 하라리 저 | 2015년
○ 『독서는 나를 배신하지 않는다』 사이토 다카시 저 | 2015년
○ 『공부머리 독서법』 최승필 저 | 2018년
○ 『초등 1하년 공부, 책읽기가 전부다』 송재환 저 | 2019년
○ 『초등공부, 독서로 시작해 글쓰기로 끝내라』 김성효 저 | 2019년
○ 『슬로리딩, 생각을 키우는 힘』 정영미 저 | 2015년
○ 『철학은 어떻게 삶의 무기가 되는가』 야마구치 슈 저 | 2019년
○ 『공부는 절대 나를 배신하지 않는다』 송영준 저 | 2020년
○ 『강성태 66일 공부법』 강성태 저 | 2019년
○ 『150년 하버드 글쓰기 비법』 송숙희 저 | 2020년
○ 『하루 세 줄 초등 글쓰기의 기적』 윤희솔 저 | 2020년
○ 『아홉 살 마음 사전』 박성우 글/김효은 그림 | 2017년
○ 『부모와 아이의 소통 일기』 권귀헌 저 | 2019년
○ 『메타인지 학습법』 리사 손 저 | 2019년
○ 『완전학습 바이블』 임작가 저 | 2020년
○ 『부모 인문학 수업』 김종원 저 | 2022년
○ 『초등 6년이 자녀교육의 전부다』 전위성 저 | 2015년
○ 『초등 국어 뿌리 공부법』 민성원 저 | 2020년
○ 『영어책 1천권의 힘』 강은미 저 | 2020년
○ 『나의 하버드 수학시간』 정광근 저 | 2019년
○ 『어린이를 위한 독서하브루타』 황순희 글 | 2017년
○ 『노모포비아, 스마트폰이 없는 공포』 만프레드 슈피처 저 | 2020년
○ 『파워풀 워킹 메모리』 트레이시 앨러웨이, 로스 앨러웨이 공저 | 2014년
○ 『오늘 아이랑 집에서 뭐하지?』 21세기북스 편집부 저 | 2020년
○ 『입시 설계, 초등부터 준비해라』 진동섭 저 | 2022년
○ 『90년생이 온다』 임홍택 저 | 2018년
○ 『자존감 수업』 윤홍균 저 | 2016년
○ 『스마트폰으로부터 아이를 구하라』 권장희 저 | 2018년
○ 『스마트폰을 이기는 아이』 루시 조 팰러디노 저 | 2018년
○ 『우리 집에는 꼬마 철학자가 산다』 노신화 저 | 2021년

○『부모 공부』 고영성 저 | 2016년

○『완벽한 공부법』 고영성, 신영준 저 | 2017년

○『말투를 바꿨더니 공부를 시작합니다』 정재영, 이서진 저 | 2020년

○『김수연의 아기발달클리닉』 김수연 저 | 2009년

○『오은영의 마음처방전 성장』 오은영 저 | 2014년

○『아이의 두뇌는 부부의 대화 속에서 자란다』 아마노 히카리 저 | 2020년

○『새로운 미래가 온다』 다니엘 핑크 저 | 2020년

○『놀이와 인간』 로제 카이와 저 / 이상률 역 | 2018년

○『섬기는 부모가 자녀를 큰 사람으로 키운다』 전혜성 저 | 2006년

○『혼자 있는 시간의 힘』 사이토 다카시 저/장은주 역 | 2023년

○『아이와 나는 한 팀이었다』 최성현 저 | 2020년

파이브 포인츠

1판 1쇄 인쇄 2023년 10월 13일
1판 1쇄 발행 2023년 10월 20일

지은이 | 양원주
펴낸이 | 박정태
편집이사 | 이명수 출판기획 | 정하경
편집부 | 김동서, 전상은, 김지희
마케팅 | 박명준 온라인마케팅 | 박용대
경영지원 | 최윤숙, 박두리

펴낸곳 BOOK STAR
출판등록 2006. 9. 8. 제 313-2006-000198 호
주소 파주시 파주출판문화도시 광인사길 161 광문각 B/D 4F
전화 031)955-8787
팩스 031)955-3730
E-mail kwangmk7@hanmail.net
홈페이지 www.kwangmoonkag.co.kr

ISBN 979-11-88768-74-5 03190
가격 20,000원